DEUTSCH ALS FREMDSPRACHE

Susanne Kalender
Petra Klimaszyk

Schritte plus 6

Lehrerhandbuch

Spreiter

Hueber Verlag

Quellenverzeichnis
S. 96: © ullsteinbild/Lehnartz
S. 102: Frosch © Alexander Keller

Symbole / Piktogramme

Binnendifferenzierung

! Achtung/Hinweis

TIPP methodisch-didaktischer Tipp

LANDES KUNDE landeskundliche Informationen über Deutschland

3. 2. 1. | Die letzten Ziffern
2015 14 13 12 11 | bezeichnen Zahl und Jahr des Druckes.
Alle Drucke dieser Auflage können, da unverändert,
nebeneinander benutzt werden.
1. Auflage

Redaktion: Daniela Niebisch, Penzberg; Isabel Krämer-Kienle, Hueber Verlag, Ismaning
Zeichnungen: Jörg Saupe, Düsseldorf
Druck und Bindung: Ludwig Auer GmbH, Donauwörth
Printed in Germany
ISBN 978-3-19-051916-3

Inhalt

Das Lehrerhandbuch – Überblick

Dieses Lehrerhandbuch enthält Hinweise und zusätzliches Material für den Unterricht mit *Schritte plus 6*. *Schritte plus 6* führt zusammen mit *Schritte plus 5* zur Niveaustufe B1 nach dem Gemeinsamen Europäischen Referenzrahmen. Eine ausführliche Konzeptbeschreibung zu *Schritte plus* finden Sie im Lehrerhandbuch zu *Schritte plus 5*.

Praktische Tipps für den Unterricht mit *Schritte plus*

Hier werden einleitend praktische Tipps zum Umgang mit wiederkehrenden Rubriken des Lehrwerks gegeben.

Kopiervorlagen

Das Lehrerhandbuch bietet durch ein differenziertes Übungsangebot die Möglichkeit, den Unterricht auf die jeweiligen Bedürfnisse eines Kurses und die jeweilige Kursdauer abzustimmen:

- Vorlagen zu den Interaktionsaufgaben helfen bei der Unterrichtsvorbereitung.
- Zahlreiche Spiele erweitern das Angebot des Kursbuchs (ab Seite 74).
- Zu jedem Zwischenspiel finden Sie nachbereitende und erweiternde Übungen.
- Wiederholungsübungen und -spiele: Regelmäßige Wiederholungssequenzen sind besonders im Anfängerunterricht wichtig (ab Seite 100).
- Testvorlagen zu jeder Lektion: So können Sie oder Ihre TN die Kenntnisse überprüfen (ab Seite 106).

Anhang

Hier finden Sie die Transkriptionen aller Hörtexte des Kursbuchs und des Arbeitsbuchs sowie die Lösungen zu den Übungen im Arbeitsbuch und den Tests. Diese können Sie bei Bedarf auch für Ihre TN kopieren und zur Selbstkontrolle bereitstellen.

1. Die Foto-Hörgeschichte

Beginnen Sie den Unterricht nicht direkt mit dem Hören der Geschichte. Die TN lösen zu jeder Episode Aufgaben vor dem Hören, während des Hörens und nach dem Hören. Generell sollten Sie die Geschichte so oft wie nötig vorspielen und ggf. an entscheidenden Passagen stoppen. Achten Sie darauf, jede Episode mindestens einmal durchgehend vorzuspielen.

Hören Sie am Ende jeder Lektion die Geschichte mit den TN noch einmal. Das ermutigt sie, denn sie können erleben, wie viel sie im Vergleich zum allerersten Hören nun schon verstehen, und das fördert die Motivation zum Weiterlernen.

1.1 Aufgaben vor dem Hören

Die Aufgaben vor dem Hören machen eine situative Einordnung der Geschichte möglich. Sie führen neue, für das Verständnis wichtige Wörter der Geschichte ein und lenken die Aufmerksamkeit auf die im Text wichtigen Passagen und Schlüsselwörter. Für die Vorentlastung bieten sich außerdem viele weitere Möglichkeiten:

Fotosalat und Satzsalat

Kopieren Sie die Fotos und schneiden Sie die einzelnen Fotos aus. Achten Sie darauf, die Nummerierung auf den Fotos wegzuschneiden. Die Bücher bleiben geschlossen. Verteilen Sie je ein Fotoset an Kleingruppen mit 3–4 TN. Die TN legen die Fotos in eine mögliche Reihenfolge, hören die Geschichte mit geschlossenen Büchern und vergleichen die Foto-Hörgeschichte mit ihrer Reihenfolge. Sie korrigieren ggf. ihre Reihenfolge.
Diese Übung kann um Satzkarten erweitert werden: Schreiben Sie zu den Fotos einfache Sätze oder Zitate aus der Geschichte auf Kärtchen, die die TN dann den Fotos zuordnen. Sie können hier auch zwischen geübteren und ungeübteren TN differenzieren, indem Sie geübteren TN weniger Vorgaben und Hilfen an die Hand geben als den ungeübteren.
Auf fortgeschrittenerem Niveau können sich die TN zu ihrer Reihenfolge der Fotos eine kleine Geschichte ausdenken oder Mini-Gespräche schreiben. Ihre Geschichte können sie dann beim Hören mit dem Hörtext vergleichen.

Poster

Jede Foto-Hörgeschichte gibt es auch als großes Poster, das Sie im Kursraum aufhängen können oder für einen Fotosalat verwenden können. Wenn Sie nur *ein* Poster haben, geben Sie je ein aus dem Poster ausgeschnittenes Foto an eine Kleingruppe. Die Gruppen versuchen dann, den richtigen Platz in der Geschichte für ihr Foto zu finden, und entwickeln eine gemeinsame Reihenfolge. So müssen sich alle beteiligen und mitreden. Alternativ können die TN aus ihrer Gruppe auch je einen TN bestimmen, der sich mit den anderen gewählten TN vor dem Kurs in der richtigen Reihenfolge aufstellen muss, sodass diese TN die Reihenfolge der Geschichte bilden und das Foto vor sich halten. Das macht Spaß, weil die TN sich bewegen müssen und womöglich mehrmals umgestellt werden, bis alle mit der Reihenfolge einverstanden sind.

Hypothesen bilden

Verraten Sie den TN nur die Überschrift der Lektion und zeigen Sie ggf. noch eines der Fotos auf Folie. Die TN spekulieren, soweit es die Sprachkenntnisse zulassen, worum es in der Geschichte gehen könnte (Wo? Wer? Was? Wie viele? Wie? Warum?). Oder die TN sehen sich die Fotos im Buch an und stellen Vermutungen über den Verlauf der Handlung an. Das motiviert und macht auf die Geschichte neugierig. Zudem wird das spätere Hören in der Fremdsprache erleichtert, weil eine bestimmte Hör-Erwartung aufgebaut wird. Fortgeschrittenere Anfänger können sich im Vorfeld Mini-Gespräche zu den Fotos überlegen und ein kleines Rollenspiel machen. Nach dem Hören vergleichen sie dann ihren Text mit dem Hörtext.

Situationsverwandte Bilder/Texte

Vielleicht finden Sie einen passenden Text oder ein Bild / einen Comic, den Sie verwenden können, um in das Thema einzuführen und unbekannten Wortschatz zu klären. Diese Übungsform eignet sich, wenn Sie erst ganz allgemein auf ein Thema hinführen wollen, ohne die Fotos aus der Foto-Hörgeschichte schon zu zeigen. So können Sie z.B. beim Thema „Computer" Prospekte von Computerfachgeschäften mitbringen. Die TN nennen die ihnen bekannten Bezeichnungen zu Computern, Druckern, ... Dadurch wird das Vorwissen der TN aktiviert.

1.2 Aufgaben während des Hörens

Die TN sollten die Geschichte mindestens einmal durchgehend hören, damit der vollständige Zusammenhang gegeben ist. Dabei ist es nicht wichtig, dass die TN sofort alles erfassen. Sie haben verschiedene Möglichkeiten, den TN das Verstehen zu erleichtern:

Höraufträge
Stellen Sie eine oder mehrere Fragen zur Foto-Hörgeschichte. Die TN versuchen, während des Hörens die Antwort auf die Frage(n) zu finden. Durch dieses Vorgehen sind die TN angehalten, sich auf das Wesentliche zu konzentrieren; das Hören wird erleichtert.

Wort-/Bildkärtchen
Stellen Sie im Vorfeld Kärtchen mit Informationen aus der Foto-Hörgeschichte her. Die TN hören die Geschichte mit geschlossenen Büchern und legen die Kärtchen während des Hörens in die Reihenfolge, in der die Informationen in der Geschichte vorkommen.

Antizipation
Wenn die TN wenig Verständnisschwierigkeiten beim Hören haben bzw. wenn die TN schon geübter sind, können Sie die Foto-Geschichte natürlich auch während des Hörens immer wieder stoppen und die TN ermuntern, über den Fort- und Ausgang der Geschichte zu spekulieren. Allerdings sollten Sie die Geschichte im Anschluss auch einmal durchgehend vorspielen.

1.3 Aufgaben nach dem Hören

Die Aufgaben nach dem Hören dienen dem Heraushören von Kernaussagen. Sie überprüfen, ob die Handlung global verstanden wurde. Lesen Sie die Aufgaben gemeinsam mit den TN, geben Sie Gelegenheit zu Wortschatzfragen und spielen Sie die Geschichte noch weitere Male vor, um den TN das Lösen der Aufgaben zu erleichtern. Stoppen Sie die Geschichte ggf. an den entscheidenden Passagen, um den TN Zeit für die Eintragung ihrer Lösung zu geben. Darüber hinaus können Sie die Foto-Hörgeschichte für weitere spielerische Aktivitäten im Unterricht nutzen und so den Wortschatz festigen und erweitern:

Rollenspiele
Vor allem schon geübtere TN können kleine Gespräche zu einem oder mehreren Fotos schreiben. Diese Gespräche werden dann vor dem Plenum als kleine Rollenspiele nachgespielt. Regen Sie die TN auch dazu an, die Geschichte weiterzuentwickeln und eine Fortsetzung zu erfinden.

Pantomime
Stoppen Sie die CD beim zweiten oder wiederholten Hören jeweils nach der Rede einer Person. Bitten Sie die TN, in die jeweilige Rolle zu schlüpfen. Lassen Sie die TN pantomimisch darstellen, was sie soeben gehört haben. Fahren Sie dann mit der Foto-Hörgeschichte fort. Wenn die TN schon geübter sind, können die TN die Geschichte pantomimisch mitspielen, während Sie diese noch einmal vorspielen.

Kursteilnehmerdiktat
Die TN betrachten die Fotos. Ermuntern Sie einen TN, einen beliebigen Satz zu einem der Fotos zu sagen, z.B. „Nasseer und Giovanni wollen Schach spielen.“ Alle TN schreiben diesen Satz auf. Ein anderer TN setzt die Aktivität fort, z.B. „Maja möchte ausgehen. Sie macht sich schick.“ etc. So entsteht eine kleine Geschichte oder ein Dialog. Die TN sollten auch eine Überschrift für ihren gemeinsam erarbeiteten Text finden. Schreiben Sie oder einer der TN auf der Rückseite der Tafel oder auf Folie mit, damit die TN abschließend eine Möglichkeit zur Korrektur ihrer Sätze haben. Diese Übung trainiert nicht nur eine korrekte Orthografie, sondern dient auch der Wiederholung und Festigung von Wortschatz und Redemitteln.

Situationsverwandte Bilder/Texte
Auch nach dem Hören können Sie situationsverwandte Bilder oder Texte zur Vertiefung des Themas der Foto-Hörgeschichte nutzen. Die TN können die Unterschiede zwischen der Foto-Hörgeschichte und dem Text oder der Situation herausarbeiten.
So könnte z.B. mithilfe einer Statistik zu den beliebtesten Gesellschaftsspielen in Deutschland (bzw. in Österreich oder in der Schweiz) ein Gespräch über Lieblingsspiele der TN entstehen.
Texte oder Bilder können auch in eine andere Situation überleiten und nach dem Hören der Foto-Hörgeschichte zur Erweiterung eingesetzt werden (z.B. Lektion 8: Unter Freunden; weiterführend: Kontakte mit anderen Menschen/Kontakte im Berufsleben). Damit werden Wörter und Redemittel in einen anderen Zusammenhang transferiert und erweitert. Sie können so individuell auf die Interessen Ihres Kurses eingehen.

Phonetik

Die Foto-Hörgeschichte bietet sich sehr gut für das Aussprachetraining an, denn sie enthält viele für den Alltag wichtige Redemittel, die sich gut als Formeln merken lassen. Greifen Sie wesentliche Zitate/Passagen aus der Geschichte heraus, spielen Sie diese isoliert vor und lassen Sie die TN diese Sätze nachsprechen. Der Hörspielcharakter und der situative Bezug innerhalb der Foto-Hörgeschichte erleichtern den TN das Memorieren solcher Redemittel. Außerdem lernen die TN, auch emotionale Aspekte (Empörung, Freude, Trauer, Wut, Mitgefühl ...) auszudrücken. Schließlich kommt es nicht nur darauf an, was man sagt, sondern vor allem darauf, wie man es sagt. In jeder Sprache werden ganz unterschiedliche Mittel benutzt, um solche emotionalen Aspekte auszudrücken.

Nicht zuletzt können auch Modalpartikeln wie „doch", „aber", „eben" unbewusst eingeschleift werden. Die Bedeutung von Modalpartikeln zu erklären ist im Anfängerunterricht schwierig und daher oft wenig sinnvoll. Mithilfe der Zitate aus der Foto-Hörgeschichte können die TN diese aber internalisieren und automatisch anwenden, ohne dass Erklärungen erforderlich sind.

2. Variationsaufgaben

Kurze, alltagsbezogene Modelldialoge, die die TN variieren sollen, sind ein wesentliches Merkmal von *Schritte plus*. Diese Modelldialoge sind durch eine orangefarbene geringelte Linie links neben der Aufgabe für Sie und Ihre TN sofort erkennbar. Durch das Variieren der Modelldialoge bekommen die TN ein Gespür für die neuen Strukturen. Durch das aktive Verwenden und Memorieren werden diese zu beherrschbarem Sprachmaterial. Die TN gewinnen Vertrauen in die Erlernbarkeit des Neuen. Für die Variationsaufgaben bietet sich folgendes Vorgehen an:

- Die TN decken den Modelldialog zu und hören ihn zunächst nur. Falls vorhanden, sehen sie dabei zugehörige Bilder/Fotos an. Wenn Sie die Bilder/Fotos auf Folie kopieren, können die TN die Bücher geschlossen lassen und sich auf die Situation konzentrieren.
- Stoppen Sie den Modelldialog beim zweiten Hören nach jedem einzelnen Sprechpart. Die TN sprechen – immer noch ohne mitzulesen – im Chor nach.
- Die TN hören den ganzen Dialog und lesen mit.
- Die TN lesen und sprechen den Dialog in Partnerarbeit in verteilten Rollen.
- Die TN lesen die Varianten.
- Die TN sprechen den Dialog in Partnerarbeit mit Varianten. Die farbigen Unterlegungen helfen zu erkennen, welche Teile des Gesprächs variiert werden sollen. Achten Sie darauf, dass die TN den Dialog erst dann mit Varianten sprechen, wenn sie Sprechsicherheit beim Modelldialog erreicht haben. Wichtig ist auch, dass die Partner ihre Sprech(er)rollen abwechseln, damit jeder TN einmal Varianten bilden muss.
- Abschließend können einige TN ihre Dialoge im Plenum präsentieren. Hier reichen ein bis zwei Beispiele aus. Es ist nicht nötig, alle Varianten präsentieren zu lassen.

Die TN können den Modelldialog auch schriftlich festhalten, um durch Abschreiben ihre Orthografie zu verbessern und sich wichtige Redemittel besser einzuprägen. Bitten Sie die TN auch, den Dialog auswendig zu lernen und vorzuspielen.
Bitten Sie schnelle TN, die Dialoge mit den Varianten auf einer Folie oder an der Tafel zu notieren. Die anderen TN können dann kontrollieren, ob sie die Varianten richtig gebildet haben. Schnelle TN können außerdem zusätzliche Varianten erfinden.

3. Grammatikspot

Schreiben Sie die Beispiele aus dem Grammatikspot an die Tafel und heben Sie die neuen Strukturen – wie im Grammatikspot – visuell hervor. Verweisen Sie auf die Einführungsaufgabe und zeigen Sie jetzt die dahinterstehende Struktur auf. Nach Möglichkeit sollten Sie dabei auf grammatische Terminologie verzichten oder sie nur sparsam verwenden. Die TN sollten das Gefühl haben, Grammatik als Hilfsmittel für das Sprechen zu lernen und nicht als Selbstzweck.

Verweisen Sie auch später immer wieder auf den Grammatikspot. Er soll den TN auch bei den anschließenden Anwendungsaufgaben als Gedächtnisstütze und Orientierungshilfe dienen.

4. Aktivität im Kurs

In den Abschlussaufgaben wird der Lernstoff in den persönlichen Bereich der TN übertragen. Sie befragen sich gegenseitig nach ihren Hobbys, ihren Vorlieben und Abneigungen etc. oder üben den Lernstoff durch eine spielerische Aktivität in Kleingruppen. Bei dieser Art von Aufgaben geht es häufig darum, dass die TN selbst Kärtchen, Plakate oder Formulare herstellen, was nicht nur ein sehr gutes Schreibtraining, sondern auch sehr förderlich für das Kursklima ist (gemeinsam etwas tun!). Die selbst hergestellten Kärtchen dienen als Impuls für kurze Frage-Antwort-Dialoge. Wenn Sie nicht genug Zeit im Unterricht für Bastelarbeiten haben, können Sie zu diesen Aufgaben Kopiervorlagen aus diesem Lehrerhandbuch nutzen.

In den Abschlussaufgaben sollten die TN die Gelegenheit haben, frei zu sprechen und sich frei auszudrücken. Vermeiden Sie daher in dieser Phase Korrekturen. Gerade bei den Aktivitäten im Kurs wird auf einen Wechsel der Sozialform geachtet. Versuchen Sie, die TN auch sonst möglichst oft abwechselnd in Stillarbeit, Partnerarbeit oder Kleingruppen arbeiten zu lassen. Es gibt viele Möglichkeiten, Gruppen zu bilden:
Paare:

- Verteilen Sie Kärtchen, auf denen z.B. Frage und Antwort stehen. TN mit einer Frage suchen den TN mit der passenden Antwort. Dies können Sie später auch mit Verbformen (Infinitiv und Partizip), Gegensatzpaaren, Komposita oder mehrsilbigen Wörtern etc. durchführen.
- Kleben Sie vor dem Unterricht unter oder hinter die Stühle der TN Zettelchen, von denen je zwei die gleiche Farbe haben. Das geht auch mit Bonbons. So können Sie die Partnerfindung steuern.
- Nehmen Sie ein Bündel Schnüre, Anzahl: die Hälfte Ihrer TN. Die TN fassen je ein Ende einer Schnur, am anderen Ende der Schnur finden sie ihre Partnerin / ihren Partner.
- Das „Atomspiel“: Die TN stehen auf und bewegen sich frei im Raum, evtl. können Sie Musik dazu vorspielen. Als Stoppzeichen rufen Sie „Atom 2“ (alternativ: 3/4/5/...). Die TN finden sich paarweise (bzw. zu Dreier-, Vierer-, Fünfergruppen ...) zusammen.

Gruppen:

- Zerschneiden Sie einen Satz in seine Bestandteile: Die TN müssen den Satz zusammenfügen (z.B. „Und wie heißen Sie?“) und bilden eine Gruppe.
- Lassen Sie die TN abzählen (bei einer Gruppe von 21 TN von 1 bis 7, alle Einser gehen zusammen, alle Zweier etc. = sieben Gruppen à drei Personen).
- Zerschneiden Sie Postkarten (Bilderpuzzle) oder Spielkarten und verteilen Sie sie: Die TN suchen die fehlenden Puzzleteile und finden so gleichzeitig ihre Partner.
- Definieren Sie bestimmte Merkmale: Alle mit Brille, alle mit blauen Augen ... bilden eine Gruppe.

5. Das Zwischenspiel

Das Zwischenspiel zu jeder Lektion fördert spielerisch kreativen Umgang mit interessanten Lese- und Hörtexten und vermittelt landeskundliches Wissen. Auch hier werden Themen und Lernziele aus dem Rahmencurriculum umgesetzt. Auf die Zwischenspiele, die prüfungsrelevanten Inhalt haben, wird jeweils hingewiesen.

Sie können die Texte des Zwischenspiels mit den TN einfach lesen bzw. hören und die Aufgaben dazu lösen, ohne sie didaktisch aufzubereiten. Für eine ausführlichere Behandlung der Zwischenspiele finden Sie in diesem Lehrerhandbuch Didaktisierungsvorschläge und eine Kopiervorlage als zusätzliches Übungsangebot. Diese Kopiervorlage sowie landeskundliche Hintergrundinformationen und Vorschläge für Internetrecherchen finden Sie auch im Internet unter www.hueber.de/schritte-plus.

6. Binnendifferenzierung

6.1 Allgemeine Hinweise

Wichtig: Es ist nicht nötig, dass immer alle alles machen! Teilen Sie die Gruppen nach Kenntnisstand und/oder Neigung ein. Die einzelnen Gruppen können ihre Ergebnisse dem Plenum präsentieren: So lernen die TN miteinander und voneinander.

- Stellen Sie Mindestaufgaben, die von allen TN gelöst werden sollen. Besonders schnelle TN bekommen zusätzliche Aufgaben, z.B. Erweiterungsübungen im Arbeitsbuch (siehe unten). Entziehen Sie geübteren TN Hilfen, indem Sie z.B. Schüttelkästen wegschneiden. Dadurch werden diese TN mehr gefordert.
- Binden Sie schnellere TN als Co-Lehrer mit ein: Wenn diese eine Aufgabe beendet haben, können sie die Lösung schon an die Tafel oder auf eine Folie schreiben.
- Stellen Sie Gruppen nach Neigung oder Lerntypen zusammen. Haben Sie beispielsweise visuell und kognitiv orientierte TN, können Sie neue grammatische Formen für visuelle Lerntypen mit Beispielen und Farben an der Tafel präsentieren. Kognitive Lerntypen erhalten eine Tabelle, in der sie Formen selbstständig systematisch eintragen können und sich so ein Schema erarbeiten. Für diesen Lerntyp bieten sich die Übungen im Arbeitsbuch zum selbstentdeckenden Lernen der Grammatik sehr gut an.
- Lassen Sie bei unterschiedlich schwierigen Aufgaben die TN selbst wählen, welche sie übernehmen möchten. Die TN entscheiden dadurch selbst, wie viel sie sich zumuten möchten. Damit vermeiden Sie eine feste Rollenzuweisung, denn ein TN kann sich einmal für die einfachere Aufgabe entscheiden, weil er sich selbst noch unsicher fühlt, ein anderes Mal aber für die schwierigere, weil er sich in diesem Fall schon sicher fühlt.

6.2 Binnendifferenzierung im Kursbuch

Lesen
Nicht alle TN müssen alle Texte lesen: Bei unterschiedlich langen/schwierigen Texten verteilen Sie gezielt die kürzeren/leichteren an ungeübtere TN und die längeren/schwierigeren an geübtere TN bzw. geben Sie den TN die Möglichkeit, selbst zu entscheiden, welchen Text sie bearbeiten möchten.

Hören
Sie können die TN auch hier in Gruppen aufteilen: Jede Gruppe achtet beim Hören auf einen bestimmten Sprecher und beantwortet anschließend Fragen, die sich auf diesen Sprecher beziehen.

Sprechen
TN, die noch Hilfestellung benötigen, können bei Sprechaufgaben auf die Redemittel auf den Kursbuchseiten und auf der Übersichtsseite als Orientierungs- und Nachschlagehilfe zurückgreifen. Geübtere TN sollten das Buch schließen.

Schreiben
Achten Sie auf Vorlieben der TN. Nicht alle haben Freude am kreativen Erfinden von kurzen Texten. Bieten Sie auch Diktate an oder helfen Sie TN, die Schwierigkeiten beim Schreiben haben, indem Sie ihnen Beispieltexte mit Lücken zum Ausfüllen geben. Sie können dann die Fertigkeit „Schreiben“ allmählich aufbauen.

Schon fertig?
Schnellen TN können Sie an vielen Stellen über die Kursbuchaufgaben hinausgehende Aufgaben – gekennzeichnet durch die Frage „Schon fertig?“ – anbieten. Somit können Sie weniger geübten TN ausreichend Zeit zur Bearbeitung der Aufgaben im Kursbuch geben. Gehen Sie herum und helfen Sie individuell.

6.3 Binnendifferenzierung im Arbeitsbuch

Die binnendifferenzierenden Übungen im Arbeitsbuch können im Kurs oder als Hausaufgabe bearbeitet werden. Es empfiehlt sich folgendes Vorgehen:

- Die Basisübungen mit der schwarzen Arbeitsanweisung sollten von allen TN gelöst werden.
- Zusätzlich können die Vertiefungsübungen (blaugraue Arbeitsanweisung) und die Erweiterungsübungen (tiefblaue Arbeitsanweisungen) gelöst werden. Lassen Sie nach Möglichkeit die TN selbst entscheiden, wie viele Aufgaben sie lösen möchten, oder geben Sie bei der Stillarbeit im Kurs einen bestimmten Zeitrahmen vor, in dem die TN Übungen lösen können. So vermeiden Sie, dass nicht so schnelle TN sich unter Druck gesetzt fühlen.

Die schwarzen und blaugrauen Übungen sollten Sie im Plenum kontrollieren – durch Vorlesen im Kurs oder durch Selbstkontrolle der TN mithilfe einer Folie, auf der Sie oder ein TN zuvor die Lösungen notiert haben. Erweiterungsübungen führen über den Basiskenntnisstand hinaus. Hier gibt es auch freiere Übungsformen, z.B. das Schreiben von Dialogen anhand von Vorgaben. Die TN können sich bei diesen Übungen selbstständig zu zweit kontrollieren oder Sie verteilen eine Kopie mit den Lösungen. Bei freien Schreibaufgaben sollten Sie die Texte einsammeln und in der folgenden Unterrichtsstunde korrigiert zurückgeben.

7. Das Lerntagebuch

Gehen Sie bei der Arbeit mit dem Lerntagebuch folgendermaßen vor:

- Machen Sie die Eintragungen zu einer neuen Lerntechnik am Anfang mit den TN gemeinsam, um die Arbeitstechnik zu verdeutlichen. Später können die TN dann selbstständig entscheiden, ob sie diese Lerntechnik anwenden wollen.
- Aufgaben, die eine eindeutige Lösung haben, z.B. eine Tabelle erstellen, sollten im Kurs kontrolliert werden, indem die Lösung z.B. auf einer Folie präsentiert wird und die TN vergleichen und korrigieren.
- Achten Sie darauf, dass die TN sich mit der Zeit regelmäßig selbstständig Notizen zu dem machen, was sie im Unterricht gelernt haben.
- Auf fortgeschrittenerem Niveau kann im Unterricht auch über die verschiedenen Lerntechniken diskutiert werden (Wer wendet was warum an oder nicht an?) und die TN können ihre Tipps austauschen.
- Regen Sie die TN immer wieder dazu an, auch Dinge im Lerntagebuch zu notieren, die sie außerhalb des Unterrichts gelernt und entdeckt haben und die sie in den Unterricht einbringen könnten.
- Regen Sie die TN auch dazu an, Ergebnisse von Gruppenarbeiten und Projekten im Lerntagebuch abzuheften und sich so ein individuelles Tagebuch zusammenzustellen, in dem sie ihre Lernfortschritte dokumentiert haben. Das ist nicht nur eine gute Hilfe zum späteren Nachschlagen und Wiederholen von Lernstoff, sondern auch eine schöne Erinnerung.

8. Die Fokus-Seiten

Die Fokus-Seiten am Ende des Arbeitsbuchs sind eine Mischung aus Input und Übungen zu sehr konkreten Sprachhandlungen, die im Alltag von Migrantinnen und Migranten eine Rolle spielen. Sie greifen Lernziele auf, die im Rahmencurriculum festgeschrieben sind. Sie bieten – thematisch passend zur jeweiligen Lektion – zusätzliche Materialien zu den Themen Alltag, Beruf und Familie. Alle Fokus-Seiten können fakultativ, den Bedürfnissen der Zielgruppe entsprechend, im Unterricht bearbeitet werden. Didaktisierungsvorschläge finden Sie in diesem Lehrerhandbuch.
Zu vielen Fokus-Themen gibt es außerdem ausführliche Projekt-Vorschläge.

9. Die Projekte

Projekte finden Sie im Arbeitsbuch sowohl im Übungsteil als auch auf den Fokus-Seiten. Gehen Sie bei der Projektarbeit folgendermaßen vor:

Vorbereitung
Bereiten Sie das Projekt immer sprachlich so weit wie nötig vor: Wiederholen bzw. erarbeiten Sie mit den TN notwendige Redemittel und noch unbekannten Wortschatz. Das gibt den TN Sicherheit und bereitet sie auf den Kontakt mit Muttersprachlern vor.

Durchführung
Sie können das Projekt als Hausaufgabe aufgeben, die einzeln oder im Team gelöst werden soll. Wenn Sie mehr Zeit zur Verfügung haben, bieten sich die Projekte auch für die selbstständige Gruppenarbeit während der Unterrichtszeit an.

Präsentation
Die TN präsentieren ihre Ergebnisse im Kurs. Damit die Präsentation anschaulich wird, sollten die TN alle Materialien, die sie bei der Projektarbeit benutzt haben, mit in den Unterricht bringen oder eine Collage erstellen, die dann im Kursraum aufgehängt wird. Bei geeigneten Projekten können die TN auch Tonband- oder Videoaufnahmen machen und diese mit in den Unterricht bringen. Solche Präsentationen bereichern den Unterricht und erhöhen die Motivation der TN.

10. Die Lernwortschatzseiten

Jede Lektion endet mit dem Lektionswortschatz, der nach Themenfeldern sortiert ist. Der Lernwortschatz richtet sich nach der Liste des *Deutsch-Tests für Zuwanderer*. Die Teilnehmer können Übersetzungen in ihre Muttersprache, eigene Sätze und Erklärungen ergänzen.

Weitere Unterrichtsmaterialien zu *Schritte plus*

Zur Unterstützung Ihres Unterrichts und für das selbstständige Weiterüben der TN gibt es ein breites, fakultatives Zusatzangebot zu *Schritte plus*:

Für den Lernenden:

- Glossare: sind zu verschiedenen Ausgangssprachen erhältlich und helfen individuell beim Nachschlagen und Lernen von Wortschatz.
- Intensivtrainer: Diese Verbindung aus Testheft und Übungsbuch ist für das selbstständige Lernen zu Hause und zur Selbstevaluation gedacht.
- Übungsgrammatik: Sie enthält den kompletten Grammatikstoff der Niveaustufen A1, A2 und B1 sowie Übungen zum selbstständigen Nachschlagen und Üben.
- Prüfungstraining: Auf die unterschiedlichen Aufgabenstellungen der Prüfungen der Niveaustufen A1, A2 und B1 (*Start Deutsch 1/2, Deutsch-Test für Zuwanderer, Zertifikat Deutsch*) bereiten Zusatzhefte vor.
- Lektüren zur Foto-Hörgeschichte: Lesehefte mit Geschichten über die Protagonisten der Foto-Hörgeschichten fördern das Leseverstehen.
- Portfolio – nur im Internet unter www.hueber.de/schritte-plus: Die Lernenden können sich einzelne Blätter aus dem Internet herunterladen und diese im Lerntagebuch-Ordner abheften. Die bereits im Lerntagebuch erworbenen Lerntechniken sind dabei eine von mehreren Kategorien des Portfolios.

Für die Unterrichtsvorbereitung:

- zusätzliche Lesetexte
- Zusatzmaterialien für die speziellen Integrationskurse für Jugendliche oder für Frauen und Eltern sowie für Kurse mit dem Schwerpunkt Berufssprache (als kostenpflichtige Module im Internet oder als Hefte)
- Poster zu den Foto-Hörgeschichten

Internetservice:
Unter www.hueber.de/schritte-plus finden Sie Online-Übungen für die Lernenden, weitere Arbeitsblätter, die Einstufungstests zu *Schritte plus*, Informationen, Recherchevorschläge, Links und vieles mehr. Im Internet finden Sie auch spezielle Materialien für Österreich und für die Schweiz.

Die erste Stunde im Kurs

Bevor Sie mit Lektion 8 beginnen, sollten Sie je nach Ausgangssituation in Ihrem Kurs die Seite „Die erste Stunde im Kurs" im Unterricht durchnehmen.

Situation 1: Ihr Kurs läuft weiter und alle TN kennen *Schritte plus 5*.
In diesem Fall können Sie mit den TN eine kleine Rückschau halten: Die TN besprechen in Kleingruppen, was sie über den Homeservice, Nasseer, Maja und Giovanni wissen. Sie lesen die Sprechblasen und rekapitulieren die Foto-Hörgeschichten in *Schritte plus 5*. Stellen Sie gezielt Fragen zu den Geschichten und lassen Sie die TN erzählen.
Variante: Wenn Sie wenig Zeit im Kurs haben, können Sie auch direkt mit Lektion 8 beginnen.

Situation 2: Ein neuer Kurs hat begonnen und einige TN haben schon mit *Schritte plus 5* gelernt.
1. Wenn mit *Schritte plus 6* ein neuer Kurs beginnt, der sich sowohl aus neuen TN als auch aus TN zusammensetzt, die schon mit *Schritte plus 5* Deutsch gelernt haben, sollten die TN zuerst Gelegenheit haben, sich kennenzulernen. Bitten Sie die TN, sich kurz vorzustellen und ein Namensschild aufzustellen.
2. Teilen Sie den Kurs in neue und „alte" TN. Die neu hinzugekommenen TN lesen die Sprechblasen im Buch und bekommen so einen ersten Eindruck von den Protagonisten der Foto-Hörgeschichten. Die TN, die die Foto-Hörgeschichte aus *Schritte plus 5* bereits kennen, versuchen gemeinsam, die wichtigsten Informationen aus den Foto-Hörgeschichten von *Schritte plus 5* zu sammeln, und machen Notizen dazu.
3. Die TN finden sich in Kleingruppen aus neuen und „alten" TN zusammen. Die TN, die die Foto-Hörgeschichten schon kennen, erzählen, was sie über die Informationen in den Sprechblasen hinaus über die Foto-Hörgeschichten noch wissen. Die neuen TN stellen Fragen dazu.
4. Neue und „alte" TN finden sich paarweise zusammen und erzählen sich gegenseitig über sich selbst. Jede/r stellt die Partnerin / den Partner im Kurs vor.

Situation 3: Ein neuer Kurs beginnt und die TN kennen *Schritte plus 5* alle nicht.
1. Wenn sich alle TN noch nicht kennen und zuvor mit einem anderen Lehrwerk Deutsch gelernt haben, sollten Sie ebenfalls zunächst Gelegenheit zu einer Vorstellungsrunde geben (vgl. Situation 2).
2. Die TN betrachten die Fotos im Buch und stellen Vermutungen über die Personen an. Sie lesen die Sprechblasen.
3. Die TN finden sich paarweise zusammen und erzählen sich gegenseitig über sich selbst. Jede/r stellt die Partnerin / den Partner im Kurs vor.
4. *fakultativ:* Nutzen Sie die erste Unterrichtsstunde für eine Einstimmung auf das gemeinsame Lernen und spielen Sie den TN einige oder alle Foto-Hörgeschichten aus *Schritte plus 5* vor. Zeigen Sie dazu auch die Fotos. Dies ist nicht nur ein „gemütlicher" Einstieg in den Kurs, sondern die TN aktivieren beim Hören ihre Kenntnisse und können nachfragen, wenn sie etwas nicht verstanden haben. Es ist auch eine gute Möglichkeit, den Wortschatz und die Strukturen, die in *Schritte plus 6* vorausgesetzt werden, aufzugreifen. Sie können rasch feststellen, wo Wiederholungsbedarf besteht.

8 UNTER FREUNDEN

Folge 8: *Ein Bekannter*
Einstieg in das Thema: Kontakte

1 Vor dem Hören: Vermutungen äußern

1. Die Bücher sind geschlossen. Bitten Sie die TN, als Assoziogramm aufzuschreiben, welche persönlichen Beziehungen und was für Kontakte sie zu anderen Menschen (Kurspartner, Nachbarn, Familie ...) haben. Begrenzen Sie die Zeit auf drei Minuten. Geben Sie das folgende Tafelbild vor:

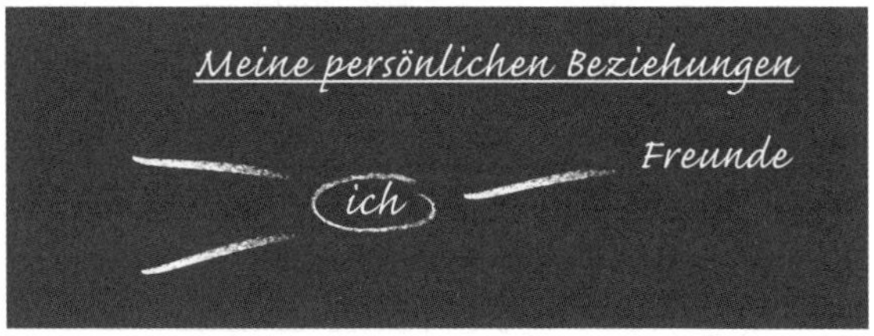

2. Ergebnisbesprechung im Plenum, indem Sie das Tafelbild auf Zuruf der TN ergänzen. Die TN können ihre eigenen Assoziogramme im Kursraum aufhängen, wenn sie mögen.
3. Die TN öffnen ihr Buch. In Partnerarbeit besprechen sie die Fragen a) bis d). Ermuntern Sie die TN, hier zu spekulieren, es geht nicht um „die" richtige Antwort. Wenn Quereinsteiger Herrn Kugler nicht kennen, erinnern Sie an die Geschichte im Friseursalon (*Schritte plus 5,* Lektion 6) und lassen Sie die anderen TN davon erzählen.
   Lösungsvorschlag: a) Schach; b) in der Küche des Homeservices nach Dienstschluss; c) der Friseurkunde aus *Schritte plus 5*, Lektion 6; d) freie Lösung, z.B.: Nasseer ist traurig, weil Maja ohne ihn ausgeht.

2 Vor dem Hören: Eine Worterklärung

1. Die TN sehen sich die Zeichnungen an und überlegen allein oder zu zweit, wo der Ausruf „Revanche!" passt. Sie ordnen die Zeichnungen dem jeweils passenden Ausruf zu.
2. Abschlusskontrolle im Plenum.
   Lösung: 1 B, 2 A: „Verloren, okay. Jetzt aber Revanche!"
3. Um sicherzustellen, dass alle das Wort verstanden haben, lassen Sie einen TN die Situation „Revanche" noch einmal mit eigenen Worten beschreiben. Revanche bedeutet: Man möchte noch einmal spielen, um selbst zu gewinnen.

3 Beim ersten Hören

1. Schreiben Sie die folgenden Stichwörter an die Tafel: „Majas Männer", „verloren", „kein Kino, sondern Schach", „Feierabend", „die Dame", „schon mal gesehen", „Überraschungsfilm", „Eberhard". Diese Stichwörter sind besonders wichtig für den Kontext und sollen den TN das Verständnis der kompletten Geschichte erleichtern. Beim Hören achten die TN darauf, welche Stichwörter zu welchem Foto passen. Achtung: Sie kommen nicht immer wörtlich vor.
2. Abschlusskontrolle im Plenum.
   Lösung: 1 Feierabend; 2 Überraschungsfilm; 3 Majas Männer; 4 Eberhard; 5 kein Kino, sondern Schach; 6 schon mal gesehen; 7 die Dame; 8 verloren
3. Fragen Sie die TN noch einmal, wer Majas Männer sind, und lassen Sie Eberhard zeigen.

4 Nach dem ersten Hören: Wichtige Informationen der Geschichte verstehen

1. Die TN lesen die Beispiele. Sie hören die Geschichte noch einmal und ordnen die jeweils passende Person zu.
2. Abschlusskontrolle im Plenum.
   Lösung: linke Spalte von oben nach unten: G, M, N, M, N, G; rechte Spalte von oben nach unten: M, M, N, G, N

5 Nach dem Hören: Über die Personen der Geschichte sprechen

1. In Kleingruppen von vier TN besprechen die TN die Fragen des Kursbuchs. Regen Sie die TN auch zu einem Gespräch über Eberhard und sein Verhalten gegenüber Nasseer an.
2. Abschlussdiskussion im Plenum. Erklären Sie ggf., dass Nasseer und Maja Kollegen sind, die sich gut verstehen. In der Regel beschränkt sich eine solche Beziehung aber auf das Arbeitsleben. Viele haben selbst mit sehr guten Kollegen nur selten privat Kontakt. Erinnern Sie die TN auch an das Wort „Revanche": Eberhard hat hier gegenüber Nasseer seine „Revanche", denn dieser und Frau Walther haben ihn bei der ersten Begegnung ziemlich an der Nase herumgeführt und als Angeber auflaufen lassen.

A1 **Hörverstehen: Gespräche beim Spielen verstehen**

1. Die Bücher sind geschlossen. Bitten Sie die TN, sich vorzustellen, sie spielten zu Hause mit der Familie oder mit Freunden ein Spiel. Fragen Sie die TN nach typischen Äußerungen, die man beim Spielen macht. Notieren Sie die Vorschläge der TN an der Tafel. Besprechen Sie auch, in welcher Situation man was sagt. Da die TN in *Schritte plus* auch schon öfter gespielt haben, sollte dieser freie Einstieg funktionieren.
   Variante: Wenn die TN wenig Spielerfahrung haben, steigen Sie direkt mit Punkt 2 ein.
2. Die TN öffnen die Bücher und sehen sich die Bilder an. Sie lesen die Sätze und überlegen, zu welchem Foto sie passen könnten.
3. Abschlusskontrolle im Plenum. Die TN hören die Mini-Gespräche und vergleichen ihre Lösungen.
   Lösung: A 2; B 1; C 3; D 4
4. Sprechen Sie mit den TN über die verschiedenen Arten von Spielen. Es gibt Brettspiele, Würfelspiele, Kartenspiele etc. Diese können wieder unterteilt sein in Geschicklichkeitsspiele, Strategiespiele (Schach) etc. Vielleicht fallen den TN noch mehr ein? Fragen Sie nach weiteren Beispielen. Welche Spiele werden auch in den Herkunftsländern der TN gespielt? Die TN erzählen im Plenum, wann und mit wem sie zuletzt gespielt haben.
5. *fakultativ:* Verteilen Sie an Kleingruppen zu vier TN einen Kartensatz von Kopiervorlage L8/A1. Jede Gruppe sollte über eine Uhr oder ein Handy mit Sekundenanzeige verfügen. Die TN spielen reihum. Der erste TN zieht ein Kärtchen und spricht eine Minute lang über das angegebene Thema. Die anderen TN dürfen Zwischenfragen stellen. Nach einer Minute zieht der zweite TN ein Kärtchen etc. Diese Übung dient der Vorbereitung auf die mündliche Prüfung des *Zertifikats Deutsch*. Die TN sollen frei zu einem Thema sprechen, sich selbst und ihre Meinung ausdrücken.

A2 **Leseverstehen: Eine Spielanleitung**

1. Die TN sehen sich die Zeichnungen an und versuchen, sie – noch ohne den Text zu lesen – in eine Reihenfolge zu bringen: Wie läuft das Spiel ab? Die TN können auch Vermutungen darüber äußern, wie das Spiel wohl funktioniert.
2. Die TN lesen die Spielanleitung und ordnen jeden Textabschnitt einem Bild zu.
3. Abschlusskontrolle im Plenum. *Lösung:* A 3, B 2, C 1
4. Weisen Sie auf den Infospot hin und machen Sie deutlich, dass „falls“ dieselbe Bedeutung hat wie das den TN bekannte „wenn“. „Falls“ wird häufig in schriftlichen Kontexten verwendet.

Arbeitsbuch 1–4: als Hausaufgabe

A3 **Aktivität im Kurs: Ein Spiel spielen**

Die TN bilden zwei, in einem großen Kurs vier Mannschaften. Sie spielen das Spiel nach den Spielregeln in A2.
Variante: Wenn im Kurs zu wenig Zeit für das Erstellen von Wortkarten ist, verwenden Sie die Karten aus der Kopiervorlage L8/A3.

PRÜFUNG **Arbeitsbuch 5:** Diese Aufgabe bereitet auf den schriftlichen Prüfungsteil Sprachbausteine, Teil 1, der Prüfung *Zertifikat Deutsch* bzw. auf den Prüfungsteil Lesen, Teil 5, des *Deutsch-Tests für Zuwanderer* vor. Die Prüflinge sollen für einen Lückenbrief das jeweils passende Wort von drei möglichen Wörtern auswählen. Weisen Sie die TN darauf hin, dass es sinnvoll ist, sich immer für eine Möglichkeit zu entscheiden, auch wenn man die Lösung nicht weiß. Denn für falsche Antworten gibt es in der Prüfung keinen Punktabzug.

LERN TAGEBUCH **Arbeitsbuch 6:** im Kurs: Fordern Sie die TN auf, Briefe von Ämtern, Kindergarten und Schule, Firmen ... in den Kurs mitzubringen. Bringen Sie ggf. selbst typische formelle Briefe mit oder kopieren Sie Briefe aus den *Schritte plus*-Bänden. Die TN suchen in ihren Briefen und Briefen von Kurskollegen nach Wendungen, die immer wieder vorkommen, und notieren diese in einer Tabelle. Gehen Sie herum und helfen Sie bei Schwierigkeiten. Die TN vergleichen mit ihrer Partnerin / ihrem Partner und ergänzen ggf. Wendungen. Vergleichen und ergänzen Sie im Plenum. Die TN können ihre Liste zu Hause weiterführen und ergänzen, wann immer sie einen Brief erhalten.

Hey, sag mal, Nasseer, dich kenn ich doch!

Die Anrede

Lernziel: Die TN können auf ein angebotenes Du angemessen reagieren.

Materialien
B3 Kopiervorlage L8/B3

B1 **Vorbereitung: Du oder Sie?**

Erinnern Sie die TN an die Foto-Hörgeschichte. Wie war das Verhältnis zwischen Nasseer und Eberhard? Die TN hören das Gespräch zwischen Eberhard und Nasseer noch einmal. Diskutieren Sie mit den TN im Plenum darüber, warum Nasseer Eberhard siezt, wohingegen dieser ihn duzt.

Lösungsvorschlag: Nasseer siezt Eberhard, um Distanz herzustellen oder weil er als Ausländer unsicher ist, ob er Eberhard einfach duzen kann. Eberhard duzt Nasseer, weil er ein Kollege von Maja ist und sie ihn auch duzt. Es ist heute unter jüngeren Leuten im privaten Bereich üblich, sich sofort und formlos zu duzen.

B2 **Hörverstehen: Das Du anbieten**

1. Die TN lesen die Aufgabenstellung a) und kreuzen beim Hören ihre Lösungen an.
2. Abschlusskontrolle im Plenum. *Lösung*: 1 im Büro; 2 im Kindergarten
3. Die TN lesen die Aufgabe b). Sie hören die Gespräche noch einmal und notieren ihre Lösungen.
4. Abschlusskontrolle im Plenum.
   Lösung: 1 Übrigens, von mir aus können wir uns gern duzen. Ich heiße ...; Schön! Hallo ... Ich bin ...; 2 Ach, wollen wir uns nicht lieber duzen?; Ja, gern! Ich heiße ...
5. Sprechen Sie mit den TN über die Situationen. Wer trifft wen? Wer bietet wem das Du an?

Arbeitsbuch 7: in Stillarbeit oder als Hausaufgabe

B3 **Leseverstehen: Den wesentlichen Inhalt verstehen**

1. Die TN lesen den Text und ordnen die Gespräche in B2 dem jeweils passenden Abschnitt zu. Spielen Sie die Gespräche noch einmal vor, wenn nötig.
2. Abschlusskontrolle im Plenum. *Lösung:* Gespräch 1: Abschnitt 1; Gespräch 2: Abschnitt 2
3. Die TN ergänzen die Regeln in b).
4. Abschlusskontrolle im Plenum.
   Lösung: Im Arbeitsleben: Die Person, die eine höhere Position hat oder schon länger im Betrieb arbeitet, bietet das Du an. Im Privatleben: Die Person, die älter ist, bietet das Du an.
5. Bevor die TN das Rollenspiel von Kopiervorlage L8/B3 machen, sollten sie zuerst im Arbeitsbuch die Übungen 8 und 9 durchgehen. Nutzen Sie die Gespräche, um Probleme beim Duzen bzw. Siezen mit den TN zu diskutieren: Wie sollte ein Kind Bekannte/Freunde der Eltern anreden, wenn die Eltern Du sagen? Darf ich Leute, die mein Ehepartner duzt, auch einfach duzen?
6. Kopieren Sie die Kopiervorlage L8/B3 so oft, dass jeder TN eine Rollenkarte erhält. Mischen Sie die Karten und verteilen Sie sie. Die TN, die den gleichen Buchstaben haben, finden sich zu Paaren zusammen und spielen ein kurzes Gespräch. Sammeln Sie die Karten ein, mischen und verteilen Sie sie erneut. Machen Sie so mehrere Durchgänge.

B4 **Aktivität im Kurs: Über die Konventionen im Heimatland und eigene Erfahrungen berichten**

1. Die TN lesen die Aufgabenstellung und machen sich in Partnerarbeit Notizen dazu. Geben Sie den TN dazu fünf Minuten Zeit.
2. Die TN berichten im Kurs über die Anredeformen in ihrem Heimatland und vergleichen mit der Anrede in den deutschsprachigen Ländern. Sie können ggf. von Begegnungen erzählen, bei denen sie zu ihrer Überraschung geduzt bzw. gesiezt wurden.

Ist das der Bekannte, **über den** du neulich gesprochen hast?

Relativsatz mit Präposition
Lernziel: Die TN können über Freunde und Kollegen sprechen.

C1 **Präsentation des Relativsatzes mit Präposition**

1. Die TN lösen die Übungen 10 und 11 des Arbeitsbuches in Stillarbeit.
2. Die TN lesen die Beispiele und lösen b) und c) entweder mithilfe von Beispiel a) oder mithilfe des Grammatikspots.
3. Die TN hören und kontrollieren sich selbstständig. *Lösung*: b) von dem; c) von denen
4. Notieren Sie Beispiel a) an der Tafel. Fragen Sie die TN, worauf „den" sich bezieht. Ergänzen Sie das Tafelbild wie unten. Erinnern Sie die TN daran, dass sie ähnliche Nebensätze bereits aus *Schritte plus 5*, Lektion 2, kennen. Fragen Sie nach einem Beispielsatz oder ergänzen Sie das Tafelbild wie unten. Wenn nötig, besprechen Sie mit den TN die weiteren Beispiele aus C1 nach dem Muster im Tafelbild.

Ist das der Bekannte, **über den** du neulich [gesprochen] [hast]?
(Du [hast] neulich **über ihn** [gesprochen].)

Arbeitsbuch 12: in Stillarbeit

C2 **Anwendungsaufgabe zum Relativsatz mit Präposition**

1. Die TN lesen die Aufgabenstellung und ergänzen die Sätze. Wenn nötig, besprechen Sie das erste Beispiel im Plenum.
2. Abschlusskontrolle im Plenum.
   Lösung: 1 ..., mit dem ich ein halbes Jahr durch Indonesien gereist bin. 2 ..., von dem ich oft so schöne Gedichte bekomme. 3 ..., über die ich immer lachen muss. 4 ..., an die ich oft denke.
3. Besprechen Sie mit den TN die besondere Deklination von „Bekannter". Beschränken Sie sich darauf, den TN zu erklären, dass „Bekannter" von einem Adjektiv abgeleitet ist und deshalb wie ein Adjektiv dekliniert wird. Weitere wichtige Wörter für das Niveau B1, die so dekliniert werden, sind Jugendlicher, Erwachsener und Angestellter.

! Es geht hier nur darum, die TN dafür zu sensibilisieren, dass es Wörter gibt, die so funktionieren. Deshalb sollte nur anhand der bekannten Wörter geübt werden. Eine Systematisierung erfolgt auf dem Niveau B2.

Arbeitsbuch 13–17: in Stillarbeit oder als Hausaufgabe

C3 **Hörverstehen: Ein Lied verstehen**

1. Bitten Sie die TN, in Partnerarbeit drei Fragen zum Thema „Freizeit und Freizeitaktivitäten" zu notieren. Sammeln Sie die Fragen an der Tafel. Dann stehen die TN paarweise zusammen und sprechen mit der Partnerin / dem Partner fünf Minuten über dieses Thema. Das Tafelbild dient als Hilfestellung. Gehen Sie herum und achten Sie darauf, dass die TN Gespräche führen, d. h. auf die Äußerungen des Partners eingehen und daran anknüpfend das Gespräch weiterführen. Das Thema „Freizeit" ist ein beliebtes Thema in mündlichen Prüfungen!
2. Die Bücher bleiben geschlossen. Sprechen Sie mit den TN darüber, welche Musik sie gern hören und ob die Inhalte von Liedern für sie wichtig sind.
3. Die TN hören das Lied bei geschlossenen Büchern. Sie achten auf das Thema des Liedes.
   Lösungsvorschlag: Es geht um Freundschaft unter Frauen und gemeinsame Aktivitäten.
4. Die TN erhalten eine Kopie der Kopiervorlage L8/C3 und kreuzen beim zweiten Hören an, was die Freundinnen laut Lied zusammen machen (könnten). Geübte TN notieren ohne die Hilfe der Kopiervorlage Stichpunkte während des Hörens. Sammeln Sie auf einer Folie, was die TN gefunden haben.
   Lösung: Man kann durch die City laufen, viele Sachen zusammen tun, zusammen auf Partys gehen, die Nacht durchtanzen, in der Sonne dösen, sich neue Schuhe kaufen, man ist nicht einsam, man kann Billigflüge buchen, zusammen traurig sein, über alles reden, auf gute Musik stehen, über alles lachen, stundenlang versuchen, ein Rätsel zu lösen, einer Meinung sein, ohne zu diskutieren
5. Die TN lesen Aufgabe b). Weisen Sie auf den Grammatikspot hin: Einige – meist maskuline – Nomen erhalten die Endung „-n", außer im Nominativ Singular. Es genügt, wenn sich die TN frequente Nomen wie „Mensch" oder „Nachbar" merken.
6. Die TN bilden paarweise Beispiele nach dem Muster im Buch. Dabei helfen ihnen die Stichpunkte aus dem Lied bzw. die Kopiervorlage L8/C3.

Ist das der Bekannte, **über den** du neulich gesprochen hast?

Relativsatz mit Präposition
Lernziel: Die TN können über Freunde und Kollegen sprechen.

C4 **Aktivität im Kurs: Über Freunde, Bekannte und Kollegen sprechen**

1. Die TN erstellen auf einem Zettel eine Namensliste ihrer Freunde, Nachbarn, Bekannten und Kollegen. Dann erstellen die TN eine zweite Liste, auf der sie notieren, was sie mit den Personen von Liste 1 machen.
2. Sammeln Sie die Namenslisten ein und mischen Sie sie. Ziehen Sie jeweils zwei Listen. Die TN, denen die Listen gehören, arbeiten zusammen und beginnen ein Gespräch nach dem im Kursbuch angegebenen Muster.

Arbeitsbuch 18–19: als Hausaufgabe

PHONETIK **Arbeitsbuch 20:** im Kurs: Den TN soll bewusst werden, dass sich die Sprechweise je nach Situation verändert und auch abhängig von der eigenen Persönlichkeit ist. Sie schließen die Augen und stellen sich vor, wie sie ein Liebesgedicht, einen Vortrag im Kurs oder die Werbung für ein Produkt sprechen würden. Geben Sie ein paar Minuten Zeit zum Fantasieren. Die TN öffnen die Augen wieder und lesen das Gedicht mit der Partnerin / dem Partner in verschiedenen Versionen. Sie können auch Frauen- und Männergruppen einteilen: Die Männer üben den General, den Buchhalter etc., die Frauen die Marktfrau, die Bankdirektorin etc. Sprechen Sie mit den TN über ihre Impressionen: Was fällt ihnen an den Rollen auf? Was fällt ihnen leicht/schwer? Die TN hören zum Vergleich je zwei Versionen von der CD.

D1 **Leseverstehen: Ein Internetprofil verstehen**

1. *fakultativ:* Die Bücher sind geschlossen. Teilen Sie die TN in zwei Gruppen. Jede Gruppe erhält einen dicken Filzstift und ein Plakat. Auf dem Plakat steht: „Wie können Menschen sein?". Zeichnen Sie darunter eine Tabelle und schreiben Sie in die erste Spalte „Aussehen", in die zweite „Charakter". Die Gruppen sammeln Adjektive, die das Aussehen (hübsch, groß, rothaarig ...) bzw. den Charakter (freundlich, hilfsbereit, lustig ...) beschreiben. Die Gruppen hängen ihre Plakate auf und vergleichen. Dabei können Wortschatzfragen geklärt werden.
2. Die TN öffnen ihr Buch und sehen sich kurz das Internetprofil an. Fragen Sie die TN, ob sie Internetprofile kennen oder gar selbst eins haben. Sprechen Sie an dieser Stelle noch nicht im Detail über die Erfahrungen der TN mit diesen sozialen Netzwerken!
3. Die TN lesen das Profil von Miriam und unterhalten sich kurz darüber, ob und warum sie Miriam gern kennenlernen würden. Gehen Sie auch auf Wortschatzfragen ein.

Arbeitsbuch 21–23: in Stillarbeit

D2 **Hörverstehen: Ein Interview verstehen**

1. Die TN lesen die Aussagen 1 bis 9 und äußern Vermutungen darüber, ob diese auf Miriam zutreffen oder nicht.
2. Die TN hören das Interview so oft wie nötig und kreuzen ihre Lösungen an.
3. Abschlusskontrolle im Plenum. *Lösung:* 1 falsch; 2 richtig; 3 falsch; 4 richtig; 5 richtig; 6 falsch; 7 falsch; 8 falsch; 9 richtig
4. Die TN fassen Miriams Erfahrungen noch einmal in eigenen Worten zusammen. Helfen Sie ggf. mit gezielten Nachfragen (W-Fragen!), z.B.: „Warum war sie am Anfang skeptisch?" etc.

Arbeitsbuch 24–25: in Stillarbeit oder als Hausaufgabe

D3 **Über eigene Erfahrungen berichten**

1. Die TN sprechen in Gruppen von 4–6 TN über ihre eigenen Erfahrungen mit sozialen Netzwerken. Achten Sie bei der Gruppenbildung darauf, dass möglichst TN zusammenarbeiten, die noch keine oder kaum Erfahrungen damit haben, sowie TN, die selbst ein Internetprofil haben oder deren Kinder eins haben.
2. Die Gruppen sammeln positive und negative Aspekte von Netzwerken. Gruppen, die schon fertig sind, schreiben in Stillarbeit ein eigenes Internetprofil wie in D1.
3. Die Gruppen sprechen im Plenum über die positiven und negativen Aspekte, die ihnen eingefallen sind. Wer sein persönliches Internetprofil zeigen möchte, kann es im Kursraum aufhängen.

Arbeitsbuch 26: im Kurs

PRÜFUNG **Arbeitsbuch 27:** Diese Übung entspricht dem Prüfungsteil Lesen, Teil 3, des *Deutsch-Tests für Zuwanderer*. Die erste Aufgabe bezieht sich auf die Aussage des Textes (Was ist das Thema?), in der zweiten Aufgabe müssen die TN die passende Information im Text suchen.

PROJEKT **Arbeitsbuch 28:** Die TN finden sich in Kleingruppen zusammen und sprechen darüber, wie man Leute kennenlernen kann und wie sie ihre Freunde gefunden haben. Als Hausaufgabe informieren sie sich über Möglichkeiten, Leute kennenzulernen, in ihrer Stadt. Die Ergebnisse werden in einer der folgenden Unterrichtsstunden auf Plakaten gesammelt. Ggf. können TN von Veranstaltungen berichten, die sie selbst besucht haben.

8 E

Tipps

Ratgebertexte lesen
Lernziel: Die TN können Tipps geben und Tipps bewerten.

Materialien
E1 Plakate und Filzstifte
Test zu Lektion 8

E1 **Sprechen: Über das Verlassenwerden sprechen**

1. Die Bücher sind geschlossen. Diskutieren Sie mit den TN über die verschiedenen Lebensformen, die es heute neben der klassischen Familie gibt (z.B. Alleinerziehende mit Kindern, Patchwork-Familie etc.). Erstellen Sie mit den TN eine Liste an der Tafel. Sprechen Sie mit den TN darüber, wie die Menschen in ihrem Heimatland heute leben, wie es früher war, welche Gründe es für eine bestimmte Lebensform geben könnte etc.
2. Sprechen Sie im Plenum über das Foto im Buch: Worum geht es? Was ist dem Mann passiert? Wie fühlt er sich? Was steht wohl in dem Brief?
3. Bilden Sie Gruppen von 4–5 TN. Jede Gruppe erhält Filzstifte und ein Plakat mit dem Titel „Welche Tipps würden Sie dem Mann geben? Sammeln Sie!". Jede Gruppe sollte mindestens fünf Tipps formulieren.
4. Die Gruppen vergleichen ihre Tipps im Plenum.

E2 **Leseverstehen: Einen Ratgebertext verstehen**

1. Die TN lesen den Text und unterstreichen zunächst nur die Tipps, die sie selbst auch gegeben haben. Sie nennen diese Passagen im Plenum.
2. Schreiben Sie das Beispiel aus dem Grammatikspot an die Tafel. Klären Sie mithilfe des Grammatikspots im Buch den Inhalt des Satzes. Erklären Sie den TN, dass zu „je" und „desto" immer der Komparativ gehört und dass man diese Wörter nicht einzeln benutzen kann, sie gehören immer zusammen. Auch kann man die Reihenfolge nicht ändern, „je" steht immer am Anfang und „desto" an zweiter Stelle. Markieren Sie die Verben und zeigen Sie daran die Verbposition. Besprechen Sie, wenn nötig, noch andere Beispiele.

Je leichter Ihnen das [fällt], desto besser [haben] Sie Ihre Beziehung [überwunden].

3. Üben Sie die neue Form mit den TN ein, indem Sie einige Satzanfänge vorgeben, z.B. „Je verliebter du warst, desto …", „Je länger die Beziehung gedauert hat, desto …" etc. Die TN ergänzen die Satzanfänge.
4. Die TN lesen den Text ein zweites Mal und unterstreichen alle Tipps, die gegeben werden. Sie bewerten die Tipps mit einer Note.

Arbeitsbuch 29–32: als Hausaufgabe

PRÜFUNG **Arbeitsbuch 33:** Diese Aufgabe bereitet auf den Prüfungsteil Sprechen, Teil 2, des *Deutsch-Tests für Zuwanderer* bzw. auf die mündliche Prüfung, Teil 2, des *Zertifikats Deutsch* vor. Die TN sprechen zu zweit über ein Foto (ein Schaubild) und berichten dann über ihre persönlichen Erfahrungen zu dem Thema.

E3 **Aktivität im Kurs: Diskussion über die Tipps**

1. Die TN sitzen in Kleingruppen von 4–5 TN zusammen und diskutieren die Tipps aus E2 mithilfe ihrer Notizen und Noten.
2. *fakultativ:* Wenn Sie genug Zeit haben, lassen Sie die TN über den besten bzw. wichtigsten Tipp abstimmen.

Einen Test zu Lektion 8 finden Sie auf den Seiten 106–107. Weisen Sie die TN auf die interaktiven Übungen auf ihrer Arbeitsbuch-CD hin. Die TN können mit diesen Übungen den Stoff der Lektion selbstständig wiederholen und sich ggf. auch auf den Test vorbereiten.

Zwischenspiel 8

Die Sterne lügen nicht

Sternzeichen

1 **Sprechen: Persönliche Erfahrungen mit Astrologie**

1. *fakultativ:* Verteilen Sie die Kopiervorlage „Zwischenspiel zu Lektion 8“. Die TN lösen Übung 1. *Lösung:* b) Höhe des Meeres; c) Sonne, Mond, Stern oder ein Planet; d) Physik, Chemie, Biologie; e) Lüge
2. Die TN lesen den Einleitungstext.
3. *fakultativ:* Zur Überprüfung des Leseverstehens machen die TN Übung 2 der Kopiervorlage „Zwischenspiel zu Lektion 8“. *Lösung:* a) richtig; b) richtig; c) falsch
4. Die TN sprechen über ihre eigenen Erfahrungen mit Astrologie und Horoskopen. Da sich der Umgang und der Stellenwert in verschiedenen Kulturen stark unterscheiden, ergibt sich sicher ein interessantes, zwangloses Kursgespräch. In Indien beispielsweise befragen Eltern häufig einen Astrologen, um den genau passenden Partner für ihr Kind zu finden.

2 **Leseverstehen 1: Meinungsäußerungen verstehen**

1. Die TN stellen Vermutungen darüber an, welche der drei Personen an Astrologie glaubt, und lesen die drei Kurzporträts.
2. Bitten Sie die TN, die Meinungen der drei Personen in eigenen Worten wiederzugeben.
3. Die TN sprechen kurz darüber, welchen Aussagen der drei Personen sie auch zustimmen und welche sie nicht nachvollziehen können. Durch das vorangegangene Gespräch über die eigene Haltung zur Astrologie können die TN ihren Standpunkt sicher einfach verbalisieren.

3 **Leseverstehen 2: Charakterbeschreibungen verstehen**

1. Die TN haben ggf. in D1 schon Adjektive, die Charaktereigenschaften beschreiben, gesammelt. Sie lesen die Kurzbeschreibungen zu den Sternzeichen. Geben Sie Gelegenheit zu Wortschatzfragen.
2. Die TN bearbeiten Übung 3 der Kopiervorlage „Zwischenspiel zu Lektion 8“.
3. Abschlusskontrolle im Plenum. *Lösung:* 1 Krebs; 2 Stier; 3 Steinbock; 4 Löwe; 5 Schütze; 7 Zwillinge; 8 Jungfrau; 9 Widder; 10 Skorpion; 11 Fische; 12 Wassermann
4. Die TN erzählen der Partnerin/dem Partner, welches Sternzeichen sie haben und inwiefern sie sich in der Kurzbeschreibung wiederfinden.

4 **Sprechen: Die eigene Meinung begründen**

Die TN unterhalten sich darüber, welche Sternzeichen in Freundschaft oder Partnerschaft wohl besonders gut harmonieren. Bitten Sie die TN, ihre Meinung zu begründen, z.B. auch durch Beispiele aus ihrem eigenen Freundeskreis.

Fokus Beruf 8

Eine Kündigung schreiben

Die TN können Arbeitgebern in einfacher Form kündigen.

Da dieser Fokus möglicherweise nur für einen Teil der TN von Interesse ist, können die Übungen auch als Hausaufgabe gegeben werden.

1 **Sprechen: Gründe für einen Jobwechsel**

1. Fragen Sie die TN nach den möglichen Gründen für einen Jobwechsel. Die TN formulieren in eigenen Worten. „Übersetzen" Sie die Gründe und Beispiele der TN in die Begriffe aus der Übung und schreiben Sie diese an die Tafel, z.B.: „Man möchte mehr Geld verdienen." entspricht „zu geringer Lohn".
2. Die TN erstellen ihre persönliche Rangliste: Aus welchem Grund wird ihrer Meinung nach besonders häufig der Job gewechselt, wann eher selten?
3. Die TN sprechen mit anderen TN über ihre Ergebnisse. Die Redemittel im Buch helfen ihnen dabei.
4. Die TN lesen die Statistik im Buch. Sie geben die Aussagen der Statistik in eigenen Worten wieder („Die meisten Menschen wechseln ihre Firma, weil das Arbeitsklima schlecht ist.") und vergleichen mit ihren Vermutungen („Das hätte ich nicht gedacht." / „Das war auch meine Vermutung.").

2 **Hörverstehen: Regeln für eine Kündigung verstehen**

1. Die TN lesen die Aussagen a bis d. Geben Sie, wenn nötig, Gelegenheit zu Wortschatzfragen. Lassen Sie die TN auch vorab Vermutungen anstellen, was in den Aussagen falsch sein könnte. Die TN bringen so ihr Vorwissen ein.
2. Die TN hören das Gespräch zwischen Irina und ihrem Chef und korrigieren allein oder in Partnerarbeit die Aussagen.
3. Abschlusskontrolle im Plenum. *Lösung:* b) Irina muss eine Kündigungsfrist einhalten. c) Der Chef akzeptiert eine E-Mail als Kündigung nicht. d) Irina verliert ihren Resturlaub nicht und bekommt ein Arbeitszeugnis.

3 **Schreiben: Einen Kündigungsbrief schreiben**

Schreiben Sie den Brief mit den TN gemeinsam, indem Sie sich den Brief von den TN diktieren lassen und ihn an die Tafel schreiben. Die TN müssen sich dabei einigen, was nacheinander kommt. Sie haben so einen Musterbrief für eine Kündigung.

LANDES KUNDE Die TN sollten wissen, dass in einen Kündigungsbrief das Kündigungsdatum gehört. Höflich ist es, sich für die Zusammenarbeit zu bedanken. Den Grund für die Kündigung muss man nicht nennen. Es wird aber häufig gemacht, insbesondere dann, wenn der Kündigungsgrund nichts mit der Firma zu tun hat, sondern private Gründe wie Umzug etc. hat.

PROJEKT

1. Die TN sollten übliche Kündigungsfristen kennen. Bitten Sie daher TN, die berufstätig sind, in ihrem Arbeitsvertrag nachzusehen, was dort über die Kündigungsfrist steht.
2. Besprechen Sie die Angaben in den Verträgen zur Kündigungsfrist (sechs Wochen zum Quartal, vier Wochen zum Ende eines Kalendermonats ...) im Kurs.
3. Fragen Sie die TN nach ihren Erfahrungen mit Kündigungen. Haben sie schon einmal selbst gekündigt? Oder ihr Ehepartner? Wie ist das abgelaufen? Haben sie ihren kompletten Resturlaub noch genommen?

1 **Vor dem Hören: Ein Schlüsselwort verstehen**

1. Bringen Sie, wenn möglich, einen Druckertreiber auf CD-ROM und ein Druckerkabel mit in den Kurs. Zeigen Sie beides im Kurs und fragen Sie die TN, bei welchem der beiden Dinge es sich um einen Druckertreiber handeln könnte. Verweisen Sie die TN auch auf die Erklärungen im Buch.
2. Abschlusskontrolle im Plenum. *Lösung:* eine Software, die dafür sorgt, dass Computer und Drucker zusammen funktionieren

2 **Vor dem Hören: (Fach-)Begriffe rund um Computer und Internet**

1. Die TN lesen die Begriffe und ordnen sie in Partnerarbeit zu. Da die TN vermutlich schon länger im Land leben, sollte die Aufgabe ohne Wörterbuch lösbar sein. Weisen Sie die TN an diesem Beispiel explizit darauf hin, dass gerade in den Bereichen Computertechnik und Multimedia viele Wörter aus dem Englischen ins Deutsche übernommen wurden. Wer von den TN Englisch spricht, kann bei der Erschließung neuer Wörter ggf. darauf zurückgreifen.
2. Abschlusskontrolle im Plenum. *Lösung:* im Internet surfen; die Software installieren; die Software downloaden/herunterladen
3. *fakultativ:* Erarbeiten Sie ggf. weitere Ausdrücke mit den TN, z.B. eine CD brennen, eine Datei öffnen/schließen/speichern, eine Internetseite anklicken, den Drucker anschließen etc.

3 **Vor dem Hören: Vermutungen äußern**

1. Die TN sehen sich die Fotos 1–4 an. Weisen Sie die TN auf die Redemittel „Vielleicht ..." und „Ich vermute, dass ..." in den Beispielen hin und sammeln Sie an der Tafel weitere Beispiele zur Meinungs- und Vermutungsäußerung.
2. Die TN stellen Vermutungen darüber an, was im Homeservice gerade passiert. Achten Sie darauf, dass die TN die eben gesammelten Redemittel auch aktiv gebrauchen. Erfahrungsgemäß kennen die TN zwar meistens die Redemittel, benutzen sie aber nicht aktiv. Sie müssen daher im Kurs immer wieder geübt werden.
3. *fakultativ:* Die TN schreiben anhand der Fotos eine Geschichte. Dabei sollte jeder TN eine eigene Geschichte verfassen, um das freie Schreiben individuell zu üben. Die TN sammeln zunächst in Partnerarbeit Wortschatz und Redemittel zu den einzelnen Fotos. Anschließend schreibt jeder für sich eine Geschichte. Gehen Sie herum und helfen Sie bei Schwierigkeiten. Geübte TN schreiben die Geschichte ohne weitere Hilfestellung. Wer früher fertig ist, erstellt ein Wortschatzplakat zum Wortfeld „Büro". Dabei hilft Übung 1 des Arbeitsbuches. Dazu gehören Nomen mit dem bestimmten Artikel und Plural-Endung, aber auch Verben und Adjektive. Die TN hängen ihre Plakate im Kursraum auf, sodass alle davon profitieren können. Wer will, kann seine Geschichte vorlesen. Sammeln Sie die Texte ein und geben Sie sie den TN mit Korrekturhinweisen zurück. Die TN fertigen eine überarbeitete Version ihrer Geschichte an, die sie Ihnen noch einmal zeigen.

TIPP

Korrigieren Sie die TN bei Vorträgen oder dem Vorlesen von Aufsätzen möglichst wenig, um den Vortrag nicht zu unterbrechen und die TN nicht zu demotivieren. Notieren Sie stattdessen einige fehlerhafte Sätze, die Sie im Anschluss anonym an die Tafel schreiben. Die TN versuchen gemeinsam, die Fehler zu finden und zu korrigieren. Dabei ist nicht nur Grammatikwissen, sondern auch Sprachgefühl gefragt, und Sie können bei Bedarf die eine oder andere Grammatikregel im Kontext wiederholen.

4 **Beim ersten Hören**

1. Die TN hören die Foto-Hörgeschichte und verfolgen sie im Buch mit.
2. Sie vergleichen ihre Vermutungen (oder ihren Aufsatz) mit dem tatsächlichen Geschehen in der Foto-Hörgeschichte.

5 **Nach dem ersten Hören: Den wesentlichen Inhalt anhand von Fragen zusammenfassen**

1. Die TN lesen die Fragen im Buch. Sie hören die Foto-Hörgeschichte noch einmal so oft wie nötig und machen sich Notizen zu den Fragen.
2. Abschlusskontrolle im Plenum.
   Lösung: a) Der Drucker. b) Darüber, dass er sich um den Drucker kümmern muss, obwohl er eine Bestellung ausfahren müsste. c) Den Druckertreiber installieren, aber das klappt nicht. d) Er liest die Bedienungsanleitung; er downloadet den passenden Druckertreiber. e) Darüber, dass Nasseer scheinbar im Internet surft, (statt ihr zu helfen). f) Ja, aber beide Kunden stornieren ihre Bestellung. Maja und Nasseer essen Herrn Baums Pizza und Nasseer erklärt Maja, was ein Druckertreiber ist.

6 **Nach dem Hören: Über Probleme mit der Technik sprechen**

Die TN berichten im Plenum, in welcher Situation sie selbst schon einmal mit technischen Problemen zu kämpfen hatten und wie sie sie gelöst haben.
Variante: Die TN finden sich in Kleingruppen von 3–4 TN zusammen und tauschen ihre Erfahrungen aus.

Rechnungen mit der Hand schreiben, **als ob** wir im Mittelalter **wären**!

Die Konjunktion *als ob*
Lernziel: Die TN können über Schein und Wirklichkeit sprechen.

Materialien
A3 Kopiervorlage L9/A3, Würfel, Spielfiguren
A4 Plakate

A1 **Präsentation der Konjunktion *als ob***

1. Steigen Sie mit einer kurzen Wiederholungsübung zum Konjunktiv II Präsens bzw. Konjunktiv II der Vergangenheit ein. Die TN lösen Übung 2 im Arbeitsbuch in Stillarbeit.
2. Abschlusskontrolle im Plenum. Gehen Sie dabei, wenn nötig, noch einmal kurz auf die Funktionen des Konjunktiv II ein sowie auf die Bildung der Formen von „sein", „haben" und „werden" im Konjunktiv II Präsens bzw. die Bildung des Konjunktiv II der Vergangenheit.
3. Die TN lesen die Sätze und sehen die Gedankenblasen an. Stellen Sie sicher, dass die TN das Wort „Mittelalter" kennen. Die TN ordnen jeder Gedankenblase den passenden „Gedanken" zu. *Lösung:* A1; B3; C2
4. Machen Sie deutlich, dass Nasser mit seiner Bemerkung „als ob wir im Mittelalter wären" zum Ausdruck bringt, dass ihn eine handgeschriebene Rechnung an das Mittelalter erinnert. Da wir aber nicht mehr im Mittelalter leben, hält Nasseer es für nicht mehr zeitgemäß, Rechnungen mit der Hand auszustellen. Mit „als ob" kann man also ausdrücken, dass etwas nicht der Realität entspricht. Weisen Sie darauf hin, dass so eine Diskrepanz zwischen Schein und Wirklichkeit ausgedrückt wird. Verweisen Sie die TN auf den Grammatikspot. Hier wird deutlich, dass „als ob" einen Nebensatz einleitet, das Verb also am Satzende stehen muss.

Arbeitsbuch 3–4: in Stillarbeit oder als Hausaufgabe

A2 **Anwendungsaufgabe zu *als ob***

1. Die TN ergänzen in Partnerarbeit die Sätze unter den Zeichnungen.
2. Abschlusskontrolle im Plenum. *Lösung:* b) Hanna tut so, als ob sie gerade arbeiten würde. c) Max tut so, als ob er (den) Computer reparieren könnte. d) Sonja tut so, als ob sie viel Geld hätte.

A3 **Hörverstehen: Falsche Aussagen identifizieren**

1. *fakultativ:* Die TN lesen die Ausdrucksmöglichkeiten mit „als ob" im Buch. Sie üben die Verwendung von „als ob" in Kleingruppen von drei TN mithilfe der Kopiervorlage L9/A3.
2. Die TN lesen die Informationen zu Michael. Geben Sie, wenn nötig, Gelegenheit zu Wortschatzfragen.
3. Die TN hören das Gespräch so oft wie nötig und notieren allein oder zu zweit, was Michael über sich behauptet.
4. Die TN berichten, was sie an unwahren Behauptungen gefunden haben, indem sie die Satzanfänge aus Aufgabe b) benutzen. *Lösung:* ... als ob er ein großes Haus hätte, aber in Wirklichkeit wohnt er in einem Wohnblock im Zentrum von Hamburg. ... als ob er ein teures Auto / einen Porsche fahren würde, aber in Wirklichkeit hat er kein Auto. ... als ob er Single/ledig wäre, aber in Wirklichkeit ist er verheiratet und hat zwei Kinder. ... als ob er am liebsten golfen / Golf spielen würde, aber in Wirklichkeit sind seine Hobbys Fernsehen und Computerspielen. ... als ob er gerade in Florida gewesen wäre, aber in Wirklichkeit war seine letzte Reise an die Nordsee.

Arbeitsbuch 5–7: in Stillarbeit oder als Hausaufgabe

A4 **Aktivität im Kurs: Eigene Beispiele erfinden**

1. Die TN finden sich paarweise zusammen und erstellen einen Steckbrief über eine fiktive Person wie in A3. Sie schreiben ein kurzes Gespräch auf, in dem die Steckbrief-Person über sich falsche Behauptungen aufstellt. Geübte TN schreiben nicht das komplette Gespräch, sondern notieren nur ein paar Stichpunkte.
2. Die Steckbriefe werden so aufgehängt, dass sie von allen TN gut gelesen werden können. Jedes Paar spielt sein Gespräch vor. Die zuhörenden TN vergleichen die Aussagen mit dem Steckbrief auf dem Plakat und machen sich Notizen.
3. Die Zuhörer stellen die falschen Aussagen richtig.
   Variante: Mehr Tempo entsteht, wenn die Zuhörer bei jeder falschen Behauptung, die sie hören, sofort die Hand heben oder „Einspruch" rufen. Dann muss das vortragende Paar unterbrechen, die falsche Aussage wird sofort korrigiert. Erst dann geht es weiter.

Während ich unterwegs bin, ...

Die Konjunktionen *bevor, während* und *nachdem*
Lernziel: Die TN können zeitliche Zusammenhänge beschreiben.

B1 **Präsentation der Konjunktionen *bevor, während* und *nachdem***

1. Die TN entscheiden, welche alternative Formulierung dem Zitat in der Sprechblase jeweils entspricht. Das sollte ihnen nicht schwerfallen, da sie „während" als Präposition in einigen Wendungen wie „während der Öffnungszeiten" schon kennengelernt haben und auch die Präpositionen „vor" und „nach" schon geübt haben (*Schritte plus 2*, Lektion 12).
2. Abschlusskontrolle im Plenum.
   Lösung: a) Ich bin unterwegs. In dieser Zeit kann ich mich nicht um Majas Computer kümmern. b) Kümmerst du dich erst um meinen Computer und fährst dann wieder weg? c) Ich fahre erst das Essen aus. Danach kümmere ich mich um Majas Computer.
3. Schreiben Sie die Zitate und die jeweilige Bedeutung an die Tafel. Markieren Sie jeweils die Konjunktion bzw. die Zeit-Wörter.
4. Bitten Sie einen TN, die Verben an der Tafel zu markieren, damit deutlich wird, dass das Verb jeweils am Ende steht, alle Konjunktionen also einen Nebensatz einleiten. Fordern Sie die TN auf, die Beispiele an der Tafel zu vergleichen. Es sollte deutlich werden, dass das Verb im „während"-Satz und im „bevor"-Satz im gleichen Tempus steht wie das Verb im Hauptsatz. Im „nachdem"-Satz dagegen ist bereits am Tempus des Verbs erkennbar, dass die Handlung im Nebensatz vor der Handlung im Hauptsatz stattfindet (Perfekt – Präsens). Weisen Sie die TN auch auf den Grammatikspot im Buch hin.

B2 **Anwendungsaufgabe zu *bevor, während* und *nachdem***

1. Die TN lesen die Mitteilungen und ergänzen sie.
2. Abschlusskontrolle im Plenum. *Lösung:* B während; C bevor; D nachdem; E bevor
3. Die TN schreiben in Partnerarbeit eigene Kurzmitteilungen für ihre Kurskollegen, z.B. mit der Bitte, die Stühle auf die Tische zu stellen, bevor der Kursraum verlassen wird, oder mit der Aufforderung, keine Privatgespräche zu führen, während eine Gruppe dem Plenum etwas präsentiert etc.
4. *fakultativ:* Die TN üben weiter mithilfe von Kopiervorlage L9/B2.

Arbeitsbuch 8–16: in Stillarbeit oder als Hausaufgabe

B3 **Aktivität im Kurs: Planspiel**

1. Die TN finden sich in Kleingruppen von 3–4 TN zusammen und ergänzen zunächst weitere Aufgaben bzw. Ideen, bevor sie untereinander die Aufgaben verteilen.
2. Sie erstellen ein Plakat mit der Aufgabenverteilung und stellen dieses dem Plenum vor.

Legen Sie die CD-ROM ein.

Bedienungsanleitungen

Lernziel: Die TN können Bedienungsanleitungen verstehen.

C1 **Hörverstehen: Probleme mit Bedienungsanleitungen**

1. Die TN sehen sich die Fotos an und beschreiben, was sie sehen. Gehen Sie auf Wortschatzfragen ein.
2. Die TN hören vier Gespräche und ordnen sie den Fotos zu.
3. Abschlusskontrolle im Plenum. *Lösung:* A 2; B 1; C 4; D 3
4. Die TN lesen die Sätze und ordnen sie den vier Gesprächen zu. Zur Kontrolle hören sie die Gespräche noch einmal. Gehen Sie ggf. darauf ein, dass es sich bei „Bedienungsanleitung" und „Gebrauchsanweisung" um synonyme Begriffe handelt. *Lösung:* 1 C; 2 D; 3 B; 4 A

C2 **Anwendungsaufgabe: Eine Gebrauchsanweisung verstehen**

1. Die TN lesen die Verben und ergänzen sie dann zusammen mit ihrer Partnerin / ihrem Partner. Gehen Sie herum und helfen Sie bei Wortschatzfragen.
2. Abschlusskontrolle im Plenum. *Lösung:* Geld einwerfen; Programm wählen; Wäsche einfüllen; Lämpchen leuchtet; Waschmittel einfüllen; Tür schließen; Startknopf drücken; Waschvorgang läuft
3. Die TN lesen die Redemittel im Buch und bereiten paarweise ein Rollenspiel vor. Gehen Sie herum und helfen Sie bei Bedarf.
4. Einige Paare stellen ihr Rollenspiel im Plenum vor.

Arbeitsbuch 17–18: in Stillarbeit

C3 **Aktivität im Kurs: Die Funktionen eines Geräts erklären**

1. *fakultativ:* Die TN sammeln im Plenum Wörter rund um Handy, MP3-Player und CD-Player. Notieren Sie die Wörter an der Tafel.
2. Die TN erklären sich in Partnerarbeit die Funktionen der Geräte. Stellen Sie den TN ggf. noch andere Aufgaben zur Auswahl, z.B. Wie fragt man die Mailbox ab? Wie speichert man eine Telefonnummer im Handy? etc. Am besten prägt sich ein, was einen Bezug zum realen Leben hat. Deshalb: Vielleicht hat ja auch einer der TN eine tatsächliche Frage zu einem der Geräte oder zu einem anderen Gerät und kann sich nun von den anderen TN mit einer Erklärung helfen lassen. TN, die mit der Aufgabe fertig sind, schreiben eine kurze Bedienungsanleitung.

D1 **Leseverstehen: Das Thema eines Textes erfassen**

1. Die TN lesen die Internet-Links sowie die zwei Texte und ordnen sie einander zu. Gehen Sie nicht auf Wortschatzfragen der TN ein. Hier geht es nicht darum, jedes Wort zu verstehen. Die TN sollten zunächst nur das Thema global erfassen. Geben Sie den TN maximal eine Minute Zeit, sich die Texte anzusehen, so kommen sie nicht in Versuchung, alles zu lesen.
2. Abschlusskontrolle im Plenum. *Lösung*: A Internetsüchtig361 2; B Kaufrausch4731

D2 **Lesestrategie: Einen Text zusammenfassen**

1. Die TN wählen (anhand der Überschrift) einen Text aus und lesen ihn jetzt genauer. Sie formulieren mit ihrer Partnerin / ihrem Partner oder auch allein schriftlich die Hauptaussage des Textes. Wer früher fertig ist als die anderen, fasst auch den Inhalt des zweiten Textes mit eigenen Worten zusammen.
2. Die TN stellen ihre Ergebnisse vor.

D3 **Einen Kommentar schreiben**

1. Die TN lesen die Redemittel im Buch. Geben Sie Gelegenheit zu Wortschatzfragen.
2. *fakultativ*: Schreiben Sie mit den TN einen Musterbrief: Die TN machen Vorschläge, Sie schreiben die Sätze an die Tafel oder auf eine Folie
3. Die TN schreiben eine Antwort zu einem der Briefe aus dem Internet-Forum. Sie überlegen vorher, ob sie eher Verständnis zeigen oder Kritik äußern wollen, und geben der Verfasserin / dem Verfasser des Textes einen Rat. Gehen Sie herum und helfen Sie bei Bedarf.

Arbeitsbuch 19–20: im Kurs

PHONETIK **Arbeitsbuch 21:** im Kurs: Die TN haben mit *Schritte plus* die Intonation ausführlich geübt. Auf dem Niveau B1 sollen sie erkennen, dass die Intonation je nach Emotion auch variabel ist bzw. nuanciert werden kann. Die Bücher sind geschlossen. Spielen Sie das Gespräch und die Reaktionen vor. Stoppen Sie die CD nach jedem Beispiel und fragen Sie die TN, wie der Sprecher in ihren Ohren klingt (freundlich, genervt, kritisch ...). Die TN öffnen das Buch und hören das Gespräch noch einmal. Sie ordnen die Reaktionen der passenden Stimmung zu. Die TN lesen die Reaktionen in Partnerarbeit und bemühen sich, das Gefühl der jeweiligen Reaktion möglichst gut zum Ausdruck zu bringen.

D4 **Schreiben: Auf einen Kommentar reagieren**

1. Die TN reichen ihre Texte im Uhrzeigersinn weiter und lesen noch einmal den Text im Forum sowie den Kommentar ihrer Nachbarin / ihres Nachbarn.
2. Die TN schreiben einen Brief an ihre rechte Nachbarin / ihren rechten Nachbarn und äußern ihre Meinung zu dem Kommentar. Gehen Sie herum und helfen Sie bei Wortschatzfragen.

D5 **Aktivität im Kurs: Meinungen austauschen**

1. Jeweils alle TN mit dem gleichen Forum-Text bilden eine Gruppe. Die TN lesen ihre Texte aus D3 und D4 in der Gruppe vor und stimmen darüber ab, welcher Beitrag am besten gelungen ist. Sie überlegen sich gemeinsam eine Begründung ihrer Wahl.
2. Jede Gruppe stellt den besten Beitrag im Plenum vor und begründet die Wahl. Verzichten Sie bei der Präsentation der Texte weitgehend auf grammatikalische Korrekturen. Sammeln Sie stattdessen zum Abschluss alle Texte ein und korrigieren Sie sie.

LERN TAGEBUCH **Arbeitsbuch 22:** im Kurs: Die TN hören die Situation aus Übung 21 a) noch einmal und schreiben mit ihrer Partnerin / ihrem Partner kurze Gespräche, in denen die Personen unterschiedlich (mitfühlend, wütend ...) reagieren. Anschließend üben die TN ihre Gespräche so lange, bis sie sich vom Blatt lösen und frei sprechen können. Sie nehmen die Gespräche mit dem Handy, MP3-Player oder auf Video auf. Anschließend hören sie sich selbst noch einmal an und entscheiden, ob die jeweilige Gefühlslage erkennbar ist. Am Ende sprechen die TN einige freie Sätze in unterschiedlichen Stimmungslagen. Die Partnerin / Der Partner rät, in welcher Laune der andere gerade ist.

PROJEKT **Arbeitsbuch 23:** Die TN finden sich in Kleingruppen von 3–4 TN zusammen und überlegen gemeinsam, welche Themen sie interessieren bzw. welche Themen sich zur Diskussion in einem Internet-Forum eignen würden. Die TN entscheiden sich für ein Thema und schreiben einen Beitrag dazu. Sie besuchen die Homepage des Goethe-Instituts und folgen dem angegebenen Link. Die TN können sich dort an den laufenden Diskussionen beteiligen und auch ihren eigenen Beitrag ins Forum stellen. Geben Sie den TN ein paar Tage Zeit für die Kommunikation im Internet, damit sie auch die Chance haben, dass ihnen jemand antwortet und sie dann im Kurs über ihre Erfahrungen mit dem Forum berichten können.

Arbeitsbuch 24: in Stillarbeit oder als Hausaufgabe

Familie mit Anschluss

Wortfeld „Computer"
Lernziel: Die TN können eine einfache Geschichte verstehen.

Materialien
E1 ggf. Plakate
Test zu Lektion 9
Wiederholung zu Lektion 8 und Lektion 9

E1 **Das Wortfeld „Computer"**
Zeichnen Sie einen Wortigel wie im Buch an die Tafel. Die TN rufen Ihnen alle Begriffe zu diesem Wortfeld zu, die ihnen einfallen. *Variante:* Gestalten Sie die Aufgabe als Spiel. Die TN bilden zwei Gruppen und notieren auf zwei großen Plakaten oder auf je einer Tafelhälfte alles, was ihnen zum Thema einfällt. Geben Sie eine Zeitvorgabe, z.B. fünf Minuten. Anschließend vergleichen die Gruppen ihre Ergebnisse.

E2 **Leseverstehen: Die Kernaussagen einer Geschichte verstehen**
1. Die TN lesen nur die Überschrift und stellen Vermutungen über den Inhalt der Geschichte an.
2. Die TN lesen die Zeilen 1–8. Fragen Sie sie, wer die Geschichte erzählt. *Lösung:* der Computer
3. Die TN lesen den ganzen Text und unterstreichen im Text, welche Probleme die Mitglieder der Familie dem Computer machen. Wer fertig ist, sucht im Text nach Wörtern zum Wortfeld „Computer" und ergänzt den Wortigel aus E1.
4. Die TN vergleichen selbstständig mit einem oder mehreren Partnern.
   Lösung: das Mädchen: drückt mit schmutzigen Fingern auf den Tasten herum, löscht Dateien; die Frau: will immer E-Mails versenden, die viel zu große Datenmengen haben; der alte Mann: lädt vom Internet Programme runter, verwechselt die Tasten und installiert Programme von CD-ROMs, zieht einfach den Stecker aus der Steckdose
5. Weisen Sie die TN auf den Infospot hin: Unbestimmte Aussagen kann man mit „irgend-" machen. Bitten Sie die TN, Ihnen Beispiele aus dem Text zu nennen.
6. Sprechen Sie mit den TN über die Geschichte: Wie finden sie diese?

Arbeitsbuch 25: als Hausaufgabe; **26:** im Kurs

Einen Test zu Lektion 9 finden Sie auf den Seiten 108–109. Weisen Sie die TN auf die interaktiven Übungen auf ihrer Arbeitsbuch-CD hin. Die TN können mit diesen Übungen den Stoff selbstständig wiederholen und sich ggf. auch auf den Test vorbereiten. Wenn Sie mit den TN den Stoff von Lektion 8 und Lektion 9 wiederholen möchten, verteilen Sie die Kopiervorlage „Wiederholung zu Lektion 8 und Lektion 9" (Seiten 100–101).

Zwischenspiel 9

Ich bin nicht irgendwer

Ein Lied

1 **Sprechen: Vermutungen äußern**

1. Die TN beschreiben, was sie auf dem Foto sehen. Schlüsselwörter wie „Drucker“, „Maus“ oder „Bedienungsanleitung“ sind in der Lektion bereits vorgekommen.
2. Die TN stellen Vermutungen darüber an, was wohl passiert ist und warum der Mann so frustriert aussieht.

2 **Leseverstehen: Den wesentlichen Inhalt verstehen**

1. Verteilen Sie die Kopiervorlage „Zwischenspiel zu Lektion 9“. Die TN bearbeiten Übung 1.
2. Abschlusskontrolle im Plenum. *Lösung:* a) ein Gerät mit vielen Funktionen und Anwendungsmöglichkeiten; b) ein Produkt von sehr guter Qualität
3. Die TN lesen die Liedstrophen und unterstreichen farbig alle Passagen, in denen etwas über Probleme mit dem Gerät gesagt wird.
4. Abschlusskontrolle im Plenum. *Lösung:* Zum Starten braucht man leider eine Zahlenkombination. / Das Startprogramm akzeptiert den Code nicht.

3 **Hör-/Leseverstehen: Stimmungen verstehen**

1. *fakultativ:* Die TN bearbeiten Übung 2 der Kopiervorlage „Zwischenspiel zu Lektion 9“. *Lösung:* a) stolz; b) verzweifelt; c) leicht genervt; d) wütend
2. Spielen Sie das Lied so oft wie nötig vor. Die TN ordnen jeder Strophe die Stimmungslage des Mannes zu.
3. Abschlusskontrolle im Plenum. *Lösung:* 2. Strophe: c; 3. Strophe: b; 4. Strophe: a
4. Fragen Sie noch einmal nach dem Problem mit dem Gerät und danach, was dem Mann zusätzlich Schwierigkeiten bereitet (Die Bedienungsanleitung ist sehr lang, er versteht sie nicht. Alle Lösungsversuche scheitern.).
5. *fakultativ:* Zur Vertiefung können Sie die TN auf einige Ausdrücke im Lied aufmerksam machen. Dazu bearbeiten sie Übung 3 der Kopiervorlage „Zwischenspiel zu Lektion 9“. Abschlusskontrolle im Plenum.
   Lösung: a) Es hilft nicht. b) Ich habe nichts verstanden. c) Ich bin ein geduldiger Mensch. d) Es ist noch nicht sicher, wer hier gewinnt.

4 **Ein Lied singen**

Die TN hören das Lied noch einmal und singen den Refrain mit, wenn sie Lust haben.

5 **Kursgespräch über Probleme mit technischen Geräten**

Die TN berichten zwanglos über eigene Erlebnisse und Probleme mit technischen Geräten.

Fokus Beruf 9

Arbeitsaufträge geben und Alternativvorschläge machen

Die TN können Vorgesetzten angemessen Alternativvorschläge zu einem Arbeitsauftrag machen.

Da dieser Fokus möglicherweise nur für einen Teil der TN von Interesse ist, können die Übungen auch als Hausaufgabe gegeben werden.

1 **Sprechen: Sinnvolle Schritte bei der Erledigung von Aufgaben**

1. *fakultativ:* Wenn TN im Kurs sind, die in der Gastronomie tätig sind, können diese zur Einstimmung von ihrem Arbeitsalltag berichten: Was sind die täglichen Aufgaben? Was muss in welcher Reihenfolge erledigt werden und warum?
2. Die TN lesen die Aufgabenstellung in ihrem Buch. Geben Sie Gelegenheit zu Wortschatzfragen.
3. Die TN diskutieren zu zweit oder dritt über die Aufgabenliste von Herrn Ruffini. Was würden die TN zuerst, was später machen?
4. Die Kleingruppen schreiben eine eigene Reihenfolge der Aufgaben und vergleichen sie mit ein oder zwei anderen Gruppen.

2 **Hörverstehen: Alternativvorschläge machen**

1. Sagen Sie den TN, dass sie ein Gespräch zwischen Herrn Ruffini und seinem Sohn Alberto hören. Dieser schlägt seinem Vater eine andere Reihenfolge der Aufgaben vor. Ein TN aus jeder Kleingruppe soll beim Hören den Notizzettel aus Übung 1 korrigieren, der oder die anderen vergleichen mit der eigenen Liste.
2. Abschlusskontrolle im Plenum. Geben Sie die Möglichkeit, sowohl über Albertos Vorschläge als auch über die eigenen Vorschläge zu sprechen. Stimmen die TN mit Alberto überein?
   Lösung: Montag: Bilder aufhängen und putzen; Dienstag: Einladungen verteilen; Mittwoch: Tischdekoration machen; Donnerstag: Salat und Gemüse im Großmarkt kaufen, Wechselgeld holen; Freitag: Sekt in den Kühlschrank stellen, Tiramisu machen; Samstag: Sekt eingießen
3. Die TN lesen die Sätze in Übungsteil b) und hören das Gespräch noch einmal. Sie kreuzen an, welche Sätze auch im Gespräch vorkommen.
4. Abschlusskontrolle im Plenum. *Lösung:* 2; 3; 5; 7; 8

3 **Rollenspiel: Alternativvorschläge machen**

1. Weisen Sie die TN auf die Beispiele in Übung 2 hin: Wie formuliert Alberto seine Alternativvorschläge? Die TN sammeln die höflichen bzw. vorsichtigen Einleitungsfloskeln, die Alberto benutzt (Können wir nicht ...? Wäre es nicht besser, ...? Vielleicht sollten wir ...; Ist es nicht besser, wenn ...?), und ergänzen ggf. weitere Möglichkeiten.
2. Die TN finden sich paarweise zusammen und lesen die Rollenkarten sowie die Aufgabenliste. Sie sprechen zu zweit.
   Variante: Lassen Sie berufstätige TN von ihrer eigenen Arbeitssituation berichten: Welche Aufgaben müssen geplant werden? Die TN schreiben eigene Listen und besprechen die Reihenfolge der Aufgaben mit der Partnerin/dem Partner.

RUND UMS PRODUKT

Folge 10: *Murphys Gesetz*
Einstieg in das Thema: Pannen und Missgeschicke

1 **Vor dem Hören: Die Funktion eines Blechfroschs zum Aufziehen klären**
Bringen Sie – wenn Sie haben – einen Blechfrosch mit in den Kurs. Andernfalls sehen sich die TN die Abbildung im Buch an. Fragen Sie die TN, was das ist und wie es funktioniert. Führen Sie dabei die neuen Wörter ein, die für das Verständnis wichtig sind: das Blech, der Frosch, der Aufziehschlüssel, aufziehen, hüpfen.

2 **Vor dem Hören: Eine Redensart erklären**
1. Die Bücher sind geschlossen. Schreiben Sie Aufgabe 2 an die Tafel. Die TN lesen sie und nennen ihre Lösung.
2. Abschlusskontrolle im Plenum. *Lösung*: Etwas klappt nicht.

3 **Vor dem Hören: Vermutungen äußern**
1. Die Bücher sind geschlossen. Kopieren Sie die Fotos und tilgen Sie die Nummerierung. Schneiden Sie die Fotos aus. Alternativ können Sie das Poster zur Foto-Hörgeschichte zerschneiden. Die TN sitzen in Kleingruppen von fünf TN zusammen und erhalten je Gruppe einen Satz der Fotos 1–5. Die Gruppen legen eine Reihenfolge der Fotos fest und verständigen sich in der Gruppe über das Geschehen.
2. Eine Gruppe stellt ihr Ergebnis im Plenum vor.
3. Sprechen Sie mit den TN darüber, was weiter geschehen könnte.
4. *fakultativ*: Die Gruppen erhalten die restlichen Fotokarten und verständigen sich über die Reihenfolge und das Geschehen.

4 **Beim ersten Hören**
1. Die TN hören die Foto-Hörgeschichte und vergleichen, ob ihre Reihenfolge zum Hörtext passt.
2. Gespräch im Plenum über mögliche Unterschiede.

5 **Nach dem ersten Hören: Wichtige Informationen anhand von Schlüsselbegriffen zusammenfassen**
1. Die TN öffnen das Buch und lesen den Stichwortzettel. Sie ergänzen aus dem Gedächtnis die Informationen dazu aus der Foto-Hörgeschichte.
2. Abschlusskontrolle im Plenum. *Lösung*: Essen: Zuerst vertauscht Maja die Deckel von zwei Essen. Blechfrosch mit Aufziehschlüssel: Maja packt den Frosch aus, um ihn Nasseer zu zeigen. Der Aufziehschlüssel fällt in ein Essen, aber sie merkt es nicht. Anruf im Spielwarengeschäft: Maja ruft im Spielwarengeschäft an, weil sie einen neuen Aufziehschlüssel für den Frosch haben möchte. Sie sagt, in ihrer Verpackung sei kein Schlüssel gewesen. Weil sie den Schlüssel noch am selben Tag braucht, will sie jemanden schicken, der den Schlüssel abholt. Anruf des Kunden: Ein Kunde ruft an und beschwert sich darüber, dass er einen Gegenstand im Essen gefunden hat. Es ist der Aufziehschlüssel von Majas Frosch.

6 **Kursgespräch: Redewendungen**
1. Die TN sehen sich die Redewendungen im Kasten an. Sprechen Sie im Plenum über die Bedeutung der Wendungen. Welche kennen die TN bereits?
2. Kennen die TN noch andere, ähnliche Wendungen? Sammeln Sie im Kurs.

7 **Kursgespräch: Von eigenen Missgeschicken erzählen**
1. Die TN sehen sich die Beispiele für Missgeschicke im Buch an und versuchen, sich an ein eigenes Missgeschick zu erinnern. Sie machen Notizen dazu. Geben Sie ihnen dafür zwei Minuten Zeit.
2. Die TN gehen im Kursraum herum. Legen Sie dazu eine CD mit Musik auf. Sobald Sie die Musik stoppen, bleiben die TN stehen und sprechen mit dem TN, der ihnen am nächsten steht, über ihr Missgeschick. Wenn Sie keine Musik spielen können oder möchten, klatschen Sie als Stoppzeichen in die Hände. Nach etwa zwei Minuten starten Sie die Musik wieder oder klatschen in die Hände. Die TN gehen weiter. Wiederholen Sie diese Übung etwa dreimal. Durch die Wiederholung sollen die TN Sicherheit im Ausdruck gewinnen. Das ist vor allem für ungeübtere TN wichtig, geübte TN werden in der Wiederholung ihre Geschichte sprachlich verfeinern.
3. *fakultativ*: Wenn Sie genügend Zeit haben, lassen Sie die TN ihr Missgeschick in einem Brief an eine Freundin / einen Freund erzählen. Dabei sollen sie die folgenden vier Leitpunkte beachten: Was ist passiert? Wann und wo ist es passiert? Wie haben sie sich dabei gefühlt? Wie reagieren sie auf eigene Missgeschicke (lachen, wütend sein ...)?

Alles, was schiefgehen kann, geht irgendwann schief.

Relativsätze mit *was* und *wo*
Lernziel: Die TN können über Pannen und Missgeschicke im Alltag sprechen.

Materialien
A2 Kopiervorlage L10/A2, Klebeband, ein kleines eingepacktes Päckchen

A1 **Präsentation der Relativsätze mit *was* und *wo***

1. Sprechen Sie mit den TN bei geschlossenen Büchern über Murphys Gesetze. Eines der Gesetze ist den TN bereits aus der Foto-Hörgeschichte bekannt. Fragen Sie die TN, ob sie den Begriff „Murphys Gesetze" kennen. Was wissen sie darüber?
2. Die TN lesen den Infotext im Buch und sehen sich die Fotos an. Sie ordnen sie den „Gesetzen" zu.
3. Abschlusskontrolle im Plenum. *Lösung*: A 2; B 1; C 3
4. Schreiben Sie Beispiel 1 an die Tafel. Markieren Sie die Verben. Es gibt einen Hauptsatz mit eingeschobenem Nebensatz. Fragen Sie die TN, woher sie eine solche Struktur schon kennen. Relativsätze kennen die TN bereits aus *Schritte plus 5*, Lektion 2, und *Schritte plus 6*, Lektion 8. Der Relativsatz steht immer rechts von dem Wort, das er näher beschreibt. Erklären Sie den TN, dass der Relativsatz nach Wörtern, die etwas Unbestimmtes beschreiben, mit „was" eingeleitet wird und nicht dekliniert wird. Solche Wörter sind: alles, nichts, etwas, das. Machen Sie mit den TN zusammen für alle diese Wörter Beispielsätze und notieren Sie diese an der Tafel.

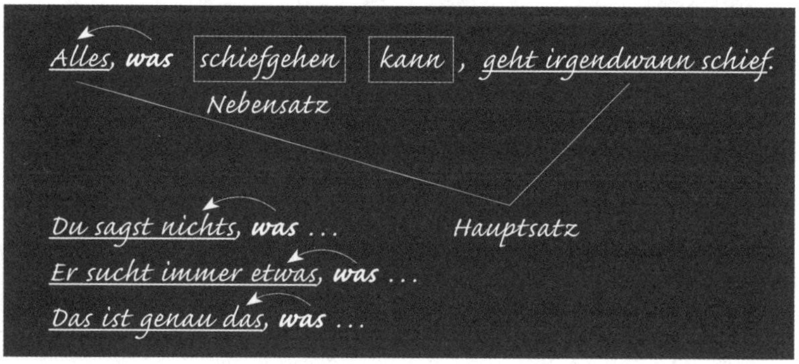

5. Schreiben Sie Beispiel 3 an die Tafel und markieren Sie, wie im Tafelbild angegeben. Der erste Relativsatz ist den TN schon bekannt und kann hier vernachlässigt werden. Erklären Sie den TN, dass sich „dort" auf einen Ort bezieht, in diesem Fall kann der Relativsatz mit „wo" eingeleitet werden. Typische Wörter, die so einen Relativsatz einleiten, sind: da, dort, überall, die Stadt, der Ort. Erarbeiten Sie mit den TN auch für diese Wörter Beispielsätze und notieren Sie sie an der Tafel.

Arbeitsbuch 1–2: in Stillarbeit

A2 **Anwendungsaufgabe zum Relativsatz mit *was* und *wo***

1. Die TN sehen sich die Fotos an und hören die Gespräche. Sie notieren ihre Lösungen.
2. Abschlusskontrolle im Plenum. *Lösung*: 1 C; 2 B; 3 A; 4 D
3. Die TN lesen die Beispielsätze aus den Gesprächen und ergänzen die richtigen Wörter.
4. Die TN hören die Gespräche noch einmal und kontrollieren ihre Lösungen.
   Lösung: 2 etwas, was; dort, wo; 3 alles, was; nichts, was; 4 etwas, was; überall, wo
5. *fakultativ:* Wenn Sie die Relativsätze noch intensiver mit den TN wiederholen und üben möchten, kopieren Sie die Kopiervorlage L10/A2 und schneiden Sie die Kärtchen aus. Kleben Sie sie an folgende Gegenstände, die sich in jedem Kursraum finden (außer Nummer 12, die Sie zu Hause vorbereiten müssen, indem Sie eine beliebige Pappschachtel in Geschenkpapier einpacken): 1. Fenster, 2. Platz, 3. Kursbuch, aufgeschlagen auf Seite 30, 4. Tafel oder Flipchart, 5. Tür, 6. Armbanduhr, 7. CD, 8. Wand, 9. Kuli, 10. Teilnehmerin, 11. Fußboden des Kursraums, 12. eingepacktes Päckchen, 13. Schlüssel, 14. Handy. Bitten Sie die TN, einen Zettel mit einer Zahlenreihe von 1 bis 14 vorzubereiten. Da die Gegenstände im Kursraum verteilt sind, müssen die TN nun herumgehen und zu jeder Nummer auf ihrem Zettel und jedem Gegenstand einen Satz schreiben, z.B.: Nr. 1 ist das Fenster, das immer sauber ist. Nr. 2 ist ...
   Lösungsvorschlag: Nr. 1 ist das Fenster, das immer sauber ist. Nr. 2 ist der Platz, wo _______ immer sitzt. Nr. 3 ist alles, was ich heute lernen muss. Nr. 4 ist die Tafel, die die Lehrerin / der Lehrer oft wischen muss. ...

Arbeitsbuch 3: in Stillarbeit oder als Hausaufgabe

A3 **Aktivität im Kurs: Freies Kursgespräch über „Murphys Gesetze"**

1. Lesen Sie mit den TN zusammen noch einmal alle Gesetze, auch die aus A1. Fragen Sie die TN nach Erlebnissen zu diesen Gesetzen. Lassen Sie einzelne TN erzählen.
2. Fragen Sie die TN, ob es noch andere Gesetze gibt, die man hier ergänzen könnte, z.B. „Alles, was ich zu Hause konnte, habe ich im Kurs wieder vergessen." Die TN können kreativ ganz eigene Gesetze erfinden, sie sollten dann aber auch anhand eigener Erlebnisse die Gesetzmäßigkeit „belegen".
3. *fakultativ:* Diskutieren Sie mit den TN darüber, was man gegen Murphys Gesetze tun kann. Welche Ratschläge kann man geben, um mit solchen Situationen besser umgehen zu können? (Dem „Schlangengesetz" kann man z.B. entgehen, indem man nicht mehr zu den anderen Schlangen hinschaut, um zu kontrollieren, ob sie schneller vorankommen. Das „Suchgesetz" stimmt nicht mehr, wenn man vor dem Suchen überlegt, wo man zuletzt suchen würde, um dann sofort an diesem Ort zu suchen.)
4. Stimmen Sie im Kurs darüber ab, welches Gesetz am meisten Wahrheitsgehalt für die TN hat.

Arbeitsbuch 4–6: in Stillarbeit oder als Hausaufgabe

10 B

Das ist ein **hüpfender** Frosch.

Das Partizip Präsens als Adjektiv
Lernziel: Die TN können ein Produkt näher beschreiben.

Materialien
B1 Kopiervorlage L10/B1
B3 *Variante:* farbige Zettel, Kopiervorlage L10/B3

B1 Präsentation des Partizip Präsens

1. Die TN sehen sich die Fotos an und notieren ihre Lösungen.
2. Abschlusskontrolle im Plenum. *Lösung* (von oben nach unten): C; A; D; B
3. Die TN lesen die Aufgabenstellung b) und das Beispiel in den Sprechblasen. In Partnerarbeit befragen sie sich gegenseitig nach diesem Muster zu den anderen Gegenständen.
4. Zeigen Sie den TN anhand eines Tafelbilds, wie man aus Verben Adjektive bilden kann. Die TN sollten erkennen, dass das Partizip Präsens benutzt wird wie ein Adjektiv und die gleichen Endungen bekommt.

der	grüne Frosch	ein	grüner Frosch
der	hüpfende Frosch	ein	hüpfender Frosch
	Verb + d + Endung		

5. Die TN arbeiten zu zweit zusammen. Verteilen Sie an jedes Paar die Kopiervorlage L10/B1. Die TN sehen sich im Kursraum um und machen sich Notizen.
6. Sammeln Sie die Ergebnisse der TN im Plenum. Die TN befragen sich nach dem Muster von Aufgabe B1 zu den Gegenständen im Kursraum. Geübte TN überlegen, welche weiteren Kombinationen zu Dingen im Kursraum noch möglich sind, z.B. der schreibende Kursteilnehmer.

Arbeitsbuch 7–8: in Stillarbeit

B2 Anwendungsaufgabe zum Partizip Präsens

1. Die TN sehen sich die Fotos an und äußern Vermutungen über die Produkte. Regen Sie die TN dazu an, ihrer Fantasie freien Lauf zu lassen. Wenn die TN sich damit schwertun, fragen Sie sie, was eine Dusche zusätzlich können sollte, wenn sie sich etwas wünschen könnten. Was würde das Leben mit der Dusche schöner oder einfacher machen?
2. Die TN lesen die Werbetexte zu den Produkten und ergänzen dabei die fehlenden Formen. Sie ordnen den Fotos den passenden Text zu.
3. Abschlusskontrolle im Plenum. *Lösung:* A 3 (leuchtende, wechselnden); B 2 (laufende); C 1 (passende, sprechende)
4. Die TN lesen die Texte noch einmal und kreuzen ihre Lösungen an. Wer schon fertig ist, überlegt sich einen Satz, den er auf das sprechende Herz sprechen möchte.
5. Abschlusskontrolle im Plenum. *Lösung:* 1 falsch; 2 richtig; 3 falsch

Arbeitsbuch 9–10: als Hausaufgabe

B3 Aktivität im Kurs: Ein Fantasieprodukt vorstellen

1. Die TN sehen sich die Zeichnungen an und diskutieren im Plenum über mögliche Namen für die Produkte. Halten Sie die Vorschläge der TN an der Tafel fest.
2. Die TN arbeiten zu dritt. Jede Gruppe wählt ein Produkt aus oder erfindet ein eigenes Produkt und macht Notizen dazu, was das Produkt alles kann. Anschließend stellen die Gruppen ihr Produkt im Plenum vor.
   Variante: Um den TN das Erfinden ungewöhnlicher Produkte zu erleichtern, verteilen Sie kleine farbige Zettel an die TN. Jeder TN notiert ein Partizip Präsens auf einem Zettel. Auf einen andersfarbigen Zettel schreiben die TN einen Gegenstand. Sammeln Sie die Zettel ein, mischen Sie sie und verteilen Sie an jede Gruppe drei Zettel mit Nomen und drei Zettel mit Partizipien. Daraus sollen die TN neue Produkte zusammenstellen und sie im Plenum vorstellen. Alternativ oder wenn die Zeit knapp ist, können Sie die Kopiervorlage L10/B3 verteilen.

C1 **Präsentation der zweiteiligen Konjunktionen *weder ... noch* und *sowohl ... als auch***

1. Die TN lesen die Beispiele a) bis d) und ordnen ihnen die fehlenden Satzteile zu.
2. Die TN hören die Texte von der CD und kontrollieren ihre Lösungen.
   Lösung: b) Nein, sowohl die Lieferzeit als auch der Geschmack sind völlig in Ordnung. c) Was mache ich nur? Ich kann weder heute Vormittag noch heute Nachmittag persönlich vorbeikommen. d) Heute ist nicht mein Tag. Ich habe sowohl die Deckel vertauscht als auch den Schlüssel ins Lammcurry fallen lassen.
3. Bitten Sie einen TN, noch einmal Beispiel a) vorzulesen. Fragen Sie, was „weder ... noch" in diesem Satz heißt. Helfen Sie ggf. (mögliche Erklärung: Ich habe keinen Schlüssel gefunden, nicht am Frosch und auch nicht in der Verpackung.). „Weder ... noch" wird benutzt, wenn zwei Dinge verneint werden.
4. Ein TN liest das zweite Beispiel vor. Fragen Sie nach der Bedeutung von „sowohl ... als auch" (mögliche Erklärung: Die Lieferzeit und auch der Geschmack sind völlig in Ordnung.). „Sowohl ... als auch" benutzt man, wenn für zwei Dinge das Gleiche gilt. Erklären Sie den TN, dass „sowohl ... als auch" bzw. „weder ... noch" jeweils zusammen benutzt werden.
5. Spielen Sie mit den TN Kofferpacken in abgewandelter Form. Bitten Sie die TN, sich vorzustellen, sie gingen zusammen für ein gemeinsames Essen einkaufen. Jeder sagt, was er nicht mag. Beginnen Sie: „Ich mag weder Rotkohl noch Zwiebeln." Werfen Sie einem TN ein Tuch oder einen weichen Ball zu. Er wiederholt nur den letzten Teil und setzt einen neuen hinzu: „Ich mag weder Zwiebeln noch rote Äpfel." Er wirft das Tuch dem nächsten zu etc. Durch das permanente Wiederholen der zweiteiligen Konjunktionen sollen sich die zwei Bestandteile im Gedächtnis der TN verankern. Für „sowohl ... als auch" bietet sich die Situation einer gemeinsamen Urlaubsreise an: „Ich nehme sowohl meine Zahnbürste als auch die Lesebrille mit."

Arbeitsbuch 11–12: als Hausaufgabe

C2 **Anwendungsaufgabe zu den zweiteiligen Konjunktionen *weder ... noch* und *sowohl ... als auch***

1. Kopieren Sie die Zeichnungen im Buch auf Kärtchen, und zwar so oft, dass jeweils zwei TN ein Kärtchen bekommen. Die Paare machen schriftlich eine kurze Beschreibung ihres Bildes (3–4 Sätze). Geben Sie Leitfragen dazu: Was ist die Situation? Was ist passiert? Ist die Person zufrieden? Warum (nicht)?
   Variante: Wenn es den TN leichter fällt, können sie auch konkret aufschreiben, was die Personen wohl sagen – nicht mehr als 3–4 Sätze! Dabei können Redemittel zum Thema „Beschwerde" auch schon wiederholt werden.
2. Legen Sie eine Folie mit allen Zeichnungen auf. Einige Paare lesen ihre Situationsbeschreibung vor.
3. Die TN öffnen ihr Buch, sehen sich alle Abbildungen an und hören die Mini-Gespräche. Sie notieren ihre Lösungen.
4. Abschlusskontrolle im Plenum. *Lösung:* 2 D; 3 A; 4 C
5. Fragen Sie die TN nach dem Grund der jeweiligen Beschwerde. Diskutieren Sie mit den TN darüber, wer ihrer Meinung nach im Recht ist und warum. Können die TN den Ärger nachvollziehen? Wie ist das im Heimatland der TN?
6. Die TN ergänzen die Konjunktionen in den Zitaten aus den Mini-Gesprächen.
7. Die TN hören die Telefongespräche noch einmal und kontrollieren ihre Lösungen selbstständig.
   Lösung: 1 weder ... noch; 2 sowohl ... als auch; 3 Sowohl ... als auch, weder ... noch; 4 sowohl ... als auch

C3 **Systematisierung: Redemittel für Beschwerden**

1. Die TN lesen die Redemittel und tragen sie in die Tabelle ein.
2. Abschlusskontrolle im Plenum. *Lösung:*

Kundin/Kunde	**Verkäuferin/Verkäufer** **Handwerkerin/Handwerker**
Dazu möchte ich aber noch anmerken, dass ...	Ich kann verstehen, dass Sie enttäuscht/verärgert sind.
Ich musste nun leider feststellen, dass ...	Dazu möchte ich aber noch anmerken, dass ...
Das geht doch nicht.	Selbstverständlich ...
Ich bin wirklich sehr verärgert/enttäuscht.	Da sehe ich leider nur eine Möglichkeit, nämlich ...
Das Hauptproblem war ...	Das wundert/überrascht mich.
Es war abgemacht/ausgemacht, dass ...	Ach, wirklich? Das ist wirklich sehr ärgerlich.
Das kann man doch nicht machen.	Ich werde mich sofort persönlich darum kümmern.
Also, ich muss sagen, das hat mich schon etwas enttäuscht.	

Arbeitsbuch 13: in Stillarbeit oder als Hausaufgabe

..., **weder** am Frosch **noch** in der Verpackung.

Zweiteilige Konjunktionen *weder ... noch, sowohl ... als auch*
Lernziel: Die TN können sich beschweren.

Materialien
C4 Kärtchen mit den Situationen der Aufgabe

C4 **Aktivität im Kurs: Rollenspiel**

1. Kopieren Sie die Situationen auf Kärtchen und verteilen Sie an je zwei TN ein Situationskärtchen. Achten Sie darauf, dass es immer zwei Paare mit der gleichen Situation gibt. Die Paare lesen die Situation und überlegen, was der Kunde fordern könnte und was der Verkäufer/Handwerker anbieten könnte.
2. Die TN sollen beim anschließenden Rollenspiel möglichst spontan auf die Äußerungen der Partnerin / des Partners reagieren müssen, deshalb sollten sie nicht mit der Partnerin / dem Partner das Gespräch führen, mit der/dem sie das Rollenspiel vorbereitet haben. Die Paare, die die gleiche Situation hatten, tauschen deshalb ihre Partner und spielen mit der neuen Partnerin / dem neuen Partner ein Gespräch zu ihrer Situation. Weisen Sie die TN auf das Dialoggerüst im Kursbuch als Hilfe hin.
3. Die Paare tauschen noch einmal die Partnerin / den Partner und spielen ein zweites Gespräch zur selben Situation.

Arbeitsbuch 14: in Stillarbeit; **15:** als Hausaufgabe: Die TN entscheiden selbstständig, ob sie lieber einen Brief zu Situation 1 (mehr Hilfestellung durch konkrete Situationsbeschreibung) oder zu Situation 2 schreiben möchten.

LERN TAGEBUCH

Arbeitsbuch 16: im Kurs: Die TN sehen sich noch einmal den überarbeiteten Brief aus Übung 14 an und sortieren die Satzanfänge. Sprechen Sie mit den TN darüber, wie man Sätze möglichst abwechslungsreich beginnen kann, z.B. mit „plötzlich", „dann" etc. Erklären Sie den TN, dass variierte Satzanfänge einen Text interessanter und lesbarer machen. Auch in der Prüfung *Deutsch-Test für Zuwanderer* oder *Zertifikat Deutsch* müssen die TN einen Brief schreiben und sollten auf die Satzverbindungen achten, da das mit in die Bewertung eingeht. Die TN bearbeiten Übung b) und c) wie im Arbeitsbuch angegeben.

PHONETIK

Arbeitsbuch 17: im Kurs: Die Bücher sind geschlossen. Spielen Sie die CD vor und sprechen Sie mit den TN über die Situation: Worum geht es? Was ist das Problem? etc. Die TN öffnen ihr Buch und lesen beim zweiten Hören mit. Sagen Sie ihnen, dass sie darauf achten sollen, ob sich die Stimme der Kundin am Satzende hebt oder senkt. Die TN sollten feststellen, dass bei aufgeregtem ärgerlichen Sprechen die Stimme häufig lauter wird und nach oben geht. Allerdings ist der Unterschied zu dieser und der neutralen Sprechweise sehr fein. Erinnern Sie die TN, wenn nötig, an Rückfragen à la „Wie es mir geht?". In diesem Beispiel ist es einfacher zu hören, dass die Stimme nach oben geht. Die TN sprechen in Partnerarbeit weitere Beschwerdegespräche und bemühen sich um eine deutliche Unterscheidung von normaler Stimmlage und ungeduldiger Stimmlage. Es kommt dabei nicht so sehr darauf an, die Stimme am Satzende zu heben, als vielmehr darauf, die Ungeduld deutlich zu machen.

D1 **Wortfeld „Eigenschaften"**

1. *fakultativ:* Schreiben Sie die Adjektive aus dem Kasten in lauter kleine Wortigel auf ein Plakat. In großen Gruppen bietet es sich an, zwei Plakate zu schreiben. Die TN sammeln im Plenum (oder in zwei Gruppen) alles, was sie mit diesen Adjektiven verbinden, z.B.: Intelligent kann ein Mensch, ein Tier, eine Aufgabe, ein bestimmter Mensch (Albert Einstein) etc. sein. Halten Sie die Aufgabe kurz, es genügt, wenn die TN zu jedem Wort zwei, drei Beispiele finden und das Verständnis sichergestellt ist.
2. Die TN öffnen ihr Buch und unterhalten sich in Kleingruppen von vier Personen über die Frauen und ihre Wirkung auf sie. Gehen Sie herum und regen Sie die Gespräche durch – provozierende – Fragen zu den Fotos an.

D2 **Hörverstehen: Eine Radiosendung zum Thema Werbung**

1. Bringen Sie Werbeanzeigen aus Zeitungen und Zeitschriften mit. Hängen Sie sie im Kursraum auf. Diskutieren Sie mit den TN darüber, wie Frauen in der Werbung dargestellt werden. Ist das realistisch? Sind sie so? Warum werden Frauen in der Werbung so positiv dargestellt? Haben die TN schon mal etwas gekauft, nur weil ihnen die Werbung gefallen hat?
2. Die TN lesen die Beschreibungen zu Frauen in der Werbung und ordnen sie zu.
3. Die TN hören das Radiointerview so oft wie nötig und vergleichen mit ihren Lösungen aus a).
4. Abschlusskontrolle im Plenum.
   Lösung: In den 70er-Jahren: 1; In den 80er-Jahren: 2; In den 90er-Jahren: 3; In allen Jahrzehnten: 4
5. Die TN lesen die Aufgabe c). Während sie das Interview noch einmal hören, machen sie sich Notizen.
6. Abschlusskontrolle im Plenum.
   Lösung: Haushaltsgeräte; Autos; Waschmittel; Alkoholische Getränke; Kaffee; Zeitschriften; Medikamente; Kosmetik
7. Sprechen Sie mit den TN darüber, wie Männer und Frauen in der Werbung im Heimatland der TN dargestellt werden und inwiefern das Bild den tatsächlichen Rollen in der Gesellschaft entspricht.

D3 **Aktivität im Kurs: Freies Kursgespräch über Werbung**

1. Die TN lesen die Fragen und machen sich dazu Notizen.
2. Anhand der Fragen und ihrer Notizen unterhalten sich die TN in Partnerarbeit über ihre Meinung zu Werbung und die Wirkung der Werbung auf sie.
3. Diskussion im Plenum über Werbung, die die TN besonders geärgert hat oder die ihnen besonders gefallen hat. Bitten Sie die TN, die Werbung zu beschreiben.

PRÜFUNG **Arbeitsbuch 18:** Diese Aufgabe bereitet auf den Prüfungsteil Lesen, Teil 2, des *Deutsch-Tests für Zuwanderer* oder Leseverstehen, Teil 3, der Prüfung *Zertifikat Deutsch* vor. In diesem Teil geht es darum, dass die TN zu verschiedenen Situationen die passende Anzeige suchen müssen. Allerdings gibt es auch eine Situation, zu der keine Anzeige passt. Weisen Sie die TN darauf hin, dass sie in der Prüfung auf jeden Fall eine Antwort markieren sollten, da es für falsche Ergebnisse keinen Punktabzug gibt. Es empfiehlt sich, an dieser Stelle noch einmal die Funktion von Schlüsselwörtern mit den TN zu besprechen. Gehen Sie mit den TN bei der Besprechung der Lösungen die Schlüsselwörter durch, mit deren Hilfe die Lösung gefunden werden kann. Fertigen Sie dazu eine Folie von Übung 18 an und markieren Sie darauf die Schlüsselwörter mit den TN gemeinsam.

PROJEKT **Arbeitsbuch 19:** Die TN schreiben zu zweit oder dritt eine Werbeanzeige.

Einen Test zu Lektion 10 finden Sie auf den Seiten 110–111. Weisen Sie die TN auf die interaktiven Übungen auf ihrer Arbeitsbuch-CD hin. Die TN können mit diesen Übungen den Stoff der Lektion selbstständig wiederholen und sich ggf. auch auf den Test vorbereiten.

Zwischenspiel 10

Die sprechende Zahnbürste – eine Kolumne

Eine Kolumne lesen

Materialien
1 Kopiervorlage „Zwischenspiel zu Lektion 10"

1 **Leseverstehen: Eine Kolumne verstehen**

1. Die Bücher sind noch geschlossen. Klären Sie mit den TN die Bedeutung des Wortes „Kolumne" (kurzer Meinungsbeitrag in einer Zeitung oder Zeitschrift; die Kolumne erscheint meistens regelmäßig an der gleichen Stelle der Zeitung oder Zeitschrift).
2. Verteilen Sie die Kopiervorlage „Zwischenspiel zu Lektion 10". Die TN betrachten die Zeichnungen. Sie stellen Vermutungen über die Geschichte an und überlegen sich eine Reihenfolge für die Zeichnungen und die Geschichte.
3. *fakultativ:* Wenn Sie ausreichend Zeit haben, können die TN eine Bildgeschichte schreiben. Damit werden wichtige Wörter automatisch eingeführt und das Verstehen der Kolumne wird erleichtert.
4. Die TN lesen die Kolumne und vergleichen ihre Bildreihenfolge mit der tatsächlichen Geschichte. Wo nötig, ändern sie ihre Bildreihenfolge.
5. Die TN entscheiden individuell, ob sie Aufgabe 1 im Kursbuch oder Übung 2 der Kopiervorlage bearbeiten möchten.
6. Abschlusskontrolle im Plenum.
   Lösungsvorschlag Aufgabe 1 (Kursbuch): a) die Mutter, das Kind, der Vater; b) Damit Luis mehr Freude am Zähneputzen hat und seine Zähne lang genug putzt. c) Sie ist auf den Fußboden gefallen und rief nun pausenlos „weitermachen". d) Er hat sie mit Handtüchern zugedeckt, er wollte die Batterie herausnehmen. e) Weil die Schraubenzieher zu groß waren, um das Batteriefach zu öffnen. f) Er warf sie aus dem Fenster, weil er endlich schlafen wollte. g) Ein betrunkener Mann wunderte sich über die sprechende Zahnbürste in der Kanalbaugrube.
   Lösung Übung 2 (Kopiervorlage): richtig: b, g; falsch: a, c, d, e, f, h
7. Die TN bearbeiten Übung 3 der Kopiervorlage.
8. Abschlusskontrolle im Plenum.
   Lösung: a) Kinder tun lieber das, was Maschinen sagen. b) Ich versuchte, die Zahnbürste auszuschalten. c) Ich konnte nicht die ganze Nacht aufbleiben.

2 **Rollenspiel: Der Tag danach**

1. Die TN überlegen sich in Partnerarbeit, wie die Geschichte weitergehen könnte, und entwickeln eine Fortsetzung in Dialogform.
2. Die Paare spielen ihre Fortsetzung vor.
   Variante: TN, die nicht so gern vor der Klasse stehen und etwas präsentieren, hängen ihre schriftliche Fortsetzung zur Ansicht für alle im Kursraum auf.

TIPP

Die TN haben oft sehr unterschiedliche Vorlieben, was kreative Ausdrucksformen angeht: Manche singen gern, andere können hervorragend zeichnen, wieder andere spielen gern Theater. Finden Sie heraus, was bei den einzelnen TN besonders gut ankommt bzw. wie sie sich gern kreativ beschäftigen. Dieses Wissen ermöglicht Ihnen, den Kurs auf die TN zuzuschneiden. Ein Beispiel: Nicht alle TN lieben Rollenspiele. Wenn jemand dafür sehr gern zeichnet, könnte er die Fortsetzung der Geschichte z.B. als Comic zeichnen und schreiben. Wer musisch begabt ist, entwirft einen Zahnbürsten-Rap. Der Refrain ist „Weitermachen".

Fokus Alltag 10

Geschäftsbedingungen bei Bestellungen verstehen

Die TN können bei Bestellungen die wichtigsten Punkte der Allgemeinen Geschäftsbedingungen verstehen.

1 **Wortfeld „Geschäftsbedingungen“**

1. Schreiben Sie die Begriffe Versandkosten, Rückgaberecht, Lieferung etc. an die Tafel und fragen Sie die TN nach der Bedeutung. Aufgrund ihrer Erfahrung mit Bestellungen im Versandhaus oder im Internet können die TN zumindest einige der Begriffe anhand von persönlichen Beispielen erklären.
2. Die TN überfliegen die Geschäftsbedingungen im Buch und ordnen den jeweils passenden Begriff zu. Es ist dabei nicht erforderlich, dass die TN den Text im Detail verstehen.
3. Abschlusskontrolle im Plenum. *Lösung:* 1. Geltungsbereich; 2. Lieferung; 3. Versandkosten; 4. Vertragsabschluss; 5. Zahlungsmodus; 6. Rückgaberecht

2 **Leseverstehen: Den wesentlichen Inhalt von Geschäftsbedingungen verstehen**

1. Die TN lesen die Fragen. Geben Sie Gelegenheit zu Wortschatzfragen.
2. Sie ordnen den Fragen den dazu passenden Abschnitt aus den Geschäftsbedingungen zu.
3. Abschlusskontrolle im Plenum. Die TN beantworten dabei die Fragen in ihren eigenen Worten, damit sichergestellt ist, dass sie den wesentlichen Inhalt verstanden haben. *Lösung:* b) 5; c) 4; d) 1; e) 6; f) 3

3 **Rollenspiel: Fragen zu den Geschäftsbedingungen**

1. Die TN sammeln in Partnerarbeit Fragen, die sie bei Bestellungen an den Kundenservice haben zu Lieferung, Zahlungsbedingungen etc.
2. Sammeln Sie die Vorschläge der Paare an der Tafel.
3. Mithilfe der gesammelten Fragen schreiben die Partner ein Gespräch. Gehen Sie herum und helfen Sie.
4. Wer mag, spielt sein Gespräch dem Plenum vor.

PROJEKT

1. Die TN berichten im Kurs über Versandhäuser und Online-Anbieter, über die sie schon einmal etwas gekauft haben.
2. Beauftragen Sie die TN, zu Hause in Katalogen oder auf der Homepage nach den Geschäftsbedingungen der Anbieter zu suchen und diese mit in den Kurs zu bringen.
3. Klären Sie im Kurs anhand der mitgebrachten Beispiele die Liefer- und Zahlungsbedingungen sowie weitere Informationen zu Umtausch und Versandkosten.

Materialien
6 kleine Zettel mit „Rücksicht zu nehmen heißt für mich ..."

1 **Vor dem Hören: Vermutungen äußern**

1. Die Bücher sind geschlossen. Bitten Sie die TN, sich vorzustellen, sie wären wie Nasseer Fahrer für einen Homeservice und müssten viel mit dem Auto in der Stadt herumfahren. Welche Probleme kann es da für Nasseer im Straßenverkehr geben? Geben Sie den TN fünf Minuten Zeit, sich Stichpunkte dazu zu notieren.
2. Ein TN übernimmt Ihre Rolle und leitet die Auswertung im Plenum. Er hält die Stichpunkte, die die TN nennen, an der Tafel fest. *Lösungsvorschlag*: Man findet keinen Parkplatz. Man kennt die Straße nicht, zu der man ein Essen bringen soll. Man steht im Stau. Man hat einen Unfall. Der Wagen springt nicht an.
3. Die TN öffnen ihr Buch und sehen sich die Fotos 1–3 an. Sie äußern Vermutungen darüber, was Nasseers Problem sein könnte. *Lösungsvorschlag:* Nasseer findet keinen Parkplatz und parkt in der zweiten Reihe. Darüber ärgert sich der Besitzer des anderen Wagens.

2 **Vor dem Hören: Schlüsselwörter verstehen**

1. Schreiben Sie das Wort „vorschriftswidrig" an die Tafel. Machen Sie den TN deutlich, dass es aus zwei Teilen besteht. Klären Sie zunächst das Wort „Vorschrift" und erklären Sie den TN dann, dass die Endung „-widrig" etwa „gegen" bedeutet: Etwas ist also gegen die Vorschrift.
2. Die TN sehen sich noch einmal die Fotos an. Fragen Sie die TN, auf welchen Fotos etwas vorschriftswidrig ist.
3. Die TN sehen sich die beiden Worterklärungen an und kreuzen ihre Lösung an.
4. Abschlusskontrolle im Plenum.
   Lösung: a) Es ist verboten, in der zweiten Reihe zu parken. b) Man muss auch an die anderen Menschen denken.
5. Die TN spekulieren, wer Satz a) und wer Satz b) sagt: Nasseer oder der fremde Mann?

3 **Beim ersten Hören**

1. Die TN sehen sich noch einmal Foto 3 an. Es ist offensichtlich, dass Nasseer und der fremde Mann ein Problem haben. Entwickeln Sie mit den TN ein mögliches Konfliktgespräch an der Tafel. Erinnern Sie die TN ggf. an die Redemittel, die sie dazu in *Schritte plus 5*, Lektion 7, gelernt haben. Welche könnten in der Geschichte vorkommen?
2. Die TN hören die Geschichte und achten darauf, wer von wem Rücksicht einfordert und warum.
3. Abschlusskontrolle im Plenum. *Lösung:* Zuerst fordert der Mann Nasseer auf, Rücksicht zu nehmen und nicht in der zweiten Reihe zu parken. Später steht er selbst in der zweiten Reihe. Als Nasseer hupt, fordert der Mann wieder Rücksicht von Nasseer ein, weil es ein Wohngebiet ist, in dem sie sich befinden.

4 **Nach dem ersten Hören: Die Geschichte nacherzählen**

1. Die TN hören die Geschichte ein zweites Mal und notieren dabei zu jedem Foto die passenden Wörter aus dem Kasten.
2. Die TN erzählen im Plenum die Geschichte nach. Jeder TN sagt einen Satz.

5 **Nach dem Hören: Emotionen ausdrücken**

1. Die TN lesen die Aufgabenstellung und sehen sich die Zeichnungen an. Die TN hören die Geschichte noch einmal und notieren beim Hören ihre Lösung. Geübte TN versuchen erst eine Lösung und kontrollieren diese beim zweiten Hören.
2. Abschlusskontrolle im Plenum. Eine eindeutige Lösung ist hier nicht möglich, weil es auch immer darauf ankommt, wie laut man die Sätze spricht und welche Stimmlage man wählt, z.B. kann „Was soll denn das?" sowohl aggressiv klingen als auch staunend-vorwurfsvoll. Geben Sie daher Gelegenheit zur Diskussion und fragen Sie die TN nach der Begründung für ihre Zuordnungen. *Lösungsvorschlag*: A Ja, Sie haben recht, aber ... / Ach, seien Sie doch bitte so nett! B Das ist ja unglaublich. / Das gibt's doch wohl nicht, oder? / Okay, okay ... ich fahr ja schon. / Was soll denn das? / Das werde ich mir merken. C Das gibt's doch wohl nicht, oder? / Was soll denn das?
3. *fakultativ:* Üben Sie mit den TN die Sätze: Sprechen Sie sie möglichst emotional vor, die TN sprechen nach. Wenn die TN Lust haben, können sie sich zu diesen Sätzen kleine Situationen überlegen und diese im Kurs vorspielen. Achten Sie darauf, dass die TN besonders Mimik und Intonation einsetzen.

6 **Nach dem Hören: Freies Kursgespräch zum Thema Rücksicht**

1. Notieren Sie an der Tafel: „Nasseer hat recht", „Der Mann hat recht", „Beide haben ein bisschen recht" und „Ich weiß nicht". Lassen Sie die TN zunächst abstimmen, welcher Meinung sie sind.
2. Regen Sie eine Diskussion zum Thema an. Stimmen Sie nach der Diskussion noch einmal ab. Hat sich am Ergebnis etwas verändert? Wenn ja, fragen Sie, wer sich umentschieden hat und warum.
3. Bitten Sie TN, die bereits länger in Deutschland (Österreich/Schweiz) leben, zu erzählen, welche Erfahrungen sie gemacht haben: Wo hätten sie sich mehr Rücksicht gewünscht? Gab es überraschende Situationen?
4. Verteilen Sie zum Abschluss kleine Zettel, auf denen „Rücksicht zu nehmen heißt für mich ..." steht. Die TN ergänzen den Satz für sich persönlich und hängen ihn im Kursraum auf.

Materialien
A4 Kärtchen mit den Abbildungen aus A4; Kopiervorlage L11/A4, Spielfiguren, Würfel

Sie **werden** jetzt **wegfahren.**

Das Futur I
Lernziel: Die TN können über Absichten sprechen und Warnungen aussprechen.

A1 Präsentation des Futur I

1. Die TN hören die Mini-Gespräche und ergänzen die Lücken.
2. Abschlusskontrolle im Plenum. *Lösung:* a) Sie werden jetzt wegfahren! b) Dann werde ich jetzt die Polizei rufen!
3. Notieren Sie die Beispielsätze an der Tafel. Fragen Sie die TN, was der Mann hier sagen möchte. Was ist seine Absicht? Erläutern Sie, dass es sich bei Beispiel a) um eine Warnung handelt, bei Beispiel b) um eine Absicht. Markieren Sie die Verben.

Sie	*werden*	*jetzt sofort*	*wegfahren*	.
Ich	*werde*	*jetzt die Polizei*	*rufen*	.

A2 Erweiterung/Systematisierung des Futur I

1. Die TN sehen sich die Fotos an und ordnen die Zitate 1–5 zu.
2. Die TN hören die Hörtexte und kontrollieren ihre Lösungen.
3. Abschlusskontrolle im Plenum. *Lösung:* A 5; B 3; C 4; D 1; E 2
4. Die TN markieren die neue Form in den Beispielsätzen. Notieren Sie die Begriffe „Vorsatz“, „Vorhersage“, „Versprechen“ und „Aufforderung“ an der Tafel. Fragen Sie die TN, welcher Satz in den Beispielen eine Aufforderung ausdrückt (Satz 2), welcher ein Versprechen (Satz 4), eine Vorhersage (Satz 3, ist zugleich eine Aufforderung) bzw. einen Vorsatz (Satz 5, ist auch ein Versprechen). Wenn nötig, sprechen Sie mit den TN über die inhaltlichen Unterschiede der Begriffe. Manchmal, wie bei Beispiel 3, können auch mehrere Sprechabsichten zusammenfallen.
5. Fragen Sie die TN, welche Möglichkeit es noch gibt, ein Ereignis, das in der Zukunft liegt, auszudrücken. Weisen Sie die TN auf den Grammatikspot hin. In der Regel benutzt man für Ereignisse in der Zukunft das Präsens mit einer Zeitangabe. Das Futur gibt der Aussage modalen Charakter und drückt einen Vorsatz, eine Vermutung, ein Versprechen, eine Aufforderung oder Ähnliches aus.

Arbeitsbuch 1–4: in Stillarbeit oder als Hausaufgabe

A3 Hörverstehen: Die Kernaussagen verstehen

1. Die TN lesen die Aussagen und hören die Texte noch einmal.
2. Abschlusskontrolle im Plenum. *Lösung:* richtig: 2, 3; falsch: 1, 4, 5

A4 Aktivität im Kurs: Über Vorsätze sprechen

1. Kopieren Sie die Fotos und die Zeichnungen so oft auf Kärtchen, dass Sie für jeden TN ein Kärtchen haben. Die TN erhalten je ein Kärtchen und verteilen sich im Kursraum. Rufen Sie je zwei Buchstaben von A bis D in den Raum, z.B. A und D, B und C. Je ein TN mit dem Kärtchen A und einer mit D finden sich zu einem Paar zusammen, genauso die TN mit B und C. Die Paare unterhalten sich darüber, was die Leute auf ihren Abbildungen wohl sagen. Dann tauschen die TN mit der Partnerin / dem Partner das Kärtchen und Sie rufen zwei neue Buchstabenkombinationen in den Raum. Die TN finden sich wieder zu Paaren zusammen etc. Wiederholen Sie das Spiel nicht öfter als viermal.
2. Kopieren Sie die Kopiervorlage L11/A4. Die TN sitzen jeweils zu viert zusammen. Jede Gruppe erhält einen Spielplan, Spielfiguren und einen Würfel. Die TN spielen nach den Regeln auf dem Spielplan.

Arbeitsbuch 5–6: als Hausaufgabe

Ach, seien Sie doch bitte so nett.

Ausreden

Lernziel: Die TN können eine eigene Handlung begründen und dafür um Verständnis bitten. Sie können verhandeln.

Materialien
B3 eine Folie; Kärtchen mit den Situationen aus B3; Kopiervorlage L11/B3

B1 **Redemittel: Um Verständnis bitten**

1. Erinnern Sie die TN an das Gespräch, das Nasseer mit dem Mann führt. Die TN lesen die Zitate dieses Gesprächs und ordnen sie Nasseer bzw. dem Mann zu.
   Lösung (jeweils von oben nach unten): Mann, Nasseer, Mann, Mann, Nasseer, Nasseer, Nasseer
2. Die TN ordnen das Gespräch.
3. Die TN hören das Gespräch und kontrollieren ihre Lösungen. *Lösung:* 6, 3, 2, 4, 5, 1, 7
4. Machen Sie den TN die Wendungen, die sie für so eine Diskussion benötigen, bewusst, indem Sie mit ihnen an der Tafel zwei weitere Gespräche entwickeln. Die TN sammeln für Nasseer verschiedene Möglichkeiten, wie er um Verständnis für seine Situation werben kann, und für den Mann verschiedene Reaktionsmöglichkeiten. Alternative 1: Der Mann bleibt freundlich, er argumentiert, gibt aber seinen Standpunkt nicht auf („Bitte haben Sie auch Verständnis für mich, ich bin wahnsinnig in Eile."); Alternative 2: Der Mann reagiert verständnisvoll („Na gut, aber machen Sie schnell!").

B2 **Hörverstehen: Den wesentlichen Inhalt verstehen**

1. Die TN lesen die Aussagen vor dem Hören. Klären Sie unbekannten Wortschatz. Fragen Sie die TN, was sie über die Bußgelder im Straßenverkehr wissen.
2. Die TN hören das Gespräch und kreuzen ihre Lösungen an.
3. Abschlusskontrolle im Plenum. *Lösung:* falsch: a–e

B3 **Aktivität im Kurs: Rollenspiel**

1. Die Bücher sind geschlossen. Zur Vorbereitung des Rollenspiels fertigen die TN eine Tabelle mit drei Spalten in ihrem Heft oder ihrem Lerntagebuch an. In der ersten Spalte steht „sich entschuldigen", in der zweiten „jemanden überreden" und in der dritten „eine Entschuldigung nicht akzeptieren". Diktieren Sie in beliebiger Reihenfolge die Redemittel dazu aus B3. Die TN schreiben die Sätze in die richtige Spalte. Wenn Sie einen TN auf eine Folie schreiben lassen, können Sie diese für die anschließende Kontrolle im Plenum benutzen, oder die TN kontrollieren ihre Sätze selbst mithilfe des Kursbuchs. Erweitern Sie die Redemittel auf der Folie um Vorschläge der TN (z.B. „Bitte verstehen Sie doch: Ich musste das tun, weil ..." etc.).
2. Die TN sollten die Begriffe „innerhalb" und „außerhalb" bereits in ihrer temporalen Funktion kennen („Sie rufen außerhalb der Öffnungszeiten an."). Weisen Sie auf den Infospot hin und erklären Sie den Begriff „Ortschaft". Verdeutlichen Sie „innerhalb" und „außerhalb" in ihrer lokalen Funktion, wenn nötig, anhand eines Tafelbilds:

   Sprechen Sie auch darüber, wie schnell man in Deutschland, Österreich und der Schweiz mit dem Auto innerhalb und außerhalb einer Ortschaft fahren darf.
3. Kopieren Sie die Situationen für das Rollenspiel so oft auf Kärtchen, dass jeweils zwei TN ein Kärtchen erhalten. Weitere Situationen finden Sie auf Kopiervorlage L11/B3. Teilen Sie den Kurs in zwei Gruppen. Die eine Gruppe setzt sich auf Stühle, das sind die „Sünder". Die TN der anderen Hälfte ziehen jeweils ein Kärtchen und suchen sich eine Partnerin / einen Partner auf einem Stuhl. Die Paare lesen die Situation und sehen sich im Kursbuch das Dialoggerüst an. Dann spielen sie frei ein Gespräch.
4. Danach wechseln die Paare ihre Rollen und erhalten neue Situationskarten. Paare, die fertig sind, überlegen sich einen lustigen Strafzettel.

Arbeitsbuch 7–11: als Hausaufgabe; **12–13:** in Stillarbeit

C1 **Leseverstehen: Gutes Benehmen**

1. Teilen Sie den Kurs in Gruppen nach Herkunftsländern ein, wenn es die Kurszusammensetzung zulässt. Die TN sammeln in ihren Gruppen, was sie als höflich bzw. unhöflich empfinden. Gehen Sie herum und helfen Sie mit konkreten Beispielen aus Alltagssituationen, um den TN Anregungen zu geben. Die Gruppen machen sich Notizen.
   Variante: Statt „nationaler" Gruppen können sich auch Frauen- und Männergruppen bilden.
2. Die Gruppen berichten kurz im Plenum über die Ergebnisse aus dem Gruppengespräch. Lassen Sie zu, dass weiter über das Thema diskutiert wird, wenn die TN daran Interesse haben.
3. Die TN lesen die Überschriften in Aufgabe b). Fragen Sie nach Situationen, zu denen diese passen könnten.
4. Die TN lesen den Text und ordnen die Überschriften zu.
5. Abschlusskontrolle im Plenum. *Lösung:* B 8; C 6; D 2; E 3; F 1; G 5; H 4

C2 **Diskussion über gutes Benehmen**

1. Die TN kreuzen jeder für sich an, wie sie das Verhalten der Personen aus dem Lesetext finden.
2. Sie finden sich zu viert zusammen und diskutieren über das Benehmen.
3. Die TN berichten im Plenum über die Standpunkte, die in der Vierergruppe ausgetauscht wurden.
4. Die TN äußern anhand des Lesetextes Vermutungen darüber, wie die einzelnen Situationen in Deutschland bewertet werden. Sie berichten darüber, wie vergleichbare Situationen in ihrem Heimatland gesehen werden.

C3 **Aktivität im Kurs: Gespräche über Manieren**

1. Sprechen Sie mit den TN über weitere Beispiele für gutes bzw. schlechtes Benehmen. Sprechen Sie mit den TN darüber, wie wichtig ihnen persönlich die einzelnen „Regeln" sind.
2. *fakultativ:* Die TN sitzen in Kleingruppen von 5–6 TN zusammen. Jede Gruppe erhält einen Satz Kärtchen der Kopiervorlage L11/C3. Die Kärtchen liegen verdeckt auf dem Tisch. Ein TN der Gruppe zieht ein Kärtchen und liest die Benimm-Regel vor. Die TN diskutieren in der Gruppe über diese Regel. Finden sie sie richtig oder falsch? Warum?

Arbeitsbuch 14: als Hausaufgabe

C4 **Aktivität im Kurs: Eine Talkshow**

1. Zur Vorbereitung verteilen Sie die Kopiervorlage L11/C4. Sie macht den TN mögliche Redemittel für die Talkshow bewusst. Die TN lösen die Übung auf der Kopiervorlage.
2. Abschlusskontrolle im Plenum.
   Lösung: Moderator: 2, 3, 6, 7, 9, 12, 13, 15, 18; Talkgast: 1, 4, 5, 8, 10, 11, 14, 16, 17, 19, 20
3. Vergrößern Sie jede Rollenkarte auf DIN A4 und verteilen Sie sie im Raum. Die TN lesen die Standpunkte und stellen sich zu der Rollenkarte, die am ehesten ihrer Meinung entspricht. Die vier Gruppen sollten etwa gleich groß sein, wenn nicht, bitten Sie einige TN, ihre Gruppe zu wechseln.
4. Die vier Gruppen nehmen den Zettel mit ihrem Standpunkt und sammeln Argumente für diesen Standpunkt, die sie in Stichworten festhalten.
5. Die Gruppen bestimmen jeweils einen Sprecher, der den Talkgast spielt. Ein möglichst geübter TN übernimmt die Rolle des Moderators. Die restlichen TN spielen die Souffleusen und unterstützen „ihren" Talkgast, wenn er mit seinen Argumenten oder sprachlich ins Stocken gerät.
   Variante: Die „Talkgäste" sind nur Repräsentanten ihrer Gruppe: Sie bewegen sich und tun so, als ob sie sprechen würden. Tatsächlich tragen aber die TN aus der eigenen Gruppe die Argumente abwechselnd vor.

Arbeitsbuch 15: in Stillarbeit oder als Hausaufgabe: Erinnern Sie die TN an die Briefe in Übung 14 und die Redemittel für die Diskussion von Kopiervorlage L11/C4, um den TN eine Hilfe für die eigenen Briefe zu geben.

PHONETIK **Arbeitsbuch 16:** im Kurs: Mit dieser Übung sollte zum einen klar werden, dass die Buchstabenkombination „ch" für verschiedene Laute stehen kann: „ich"-Laut, „ach"-Laut, „k" und „sch". Zum anderen können „ch"-Laute durch verschiedene Buchstaben gekennzeichnet werden wie „g" (vgl. Sehenswürdigkeiten). Weisen Sie darauf hin, dass es sich bei Wörtern, in denen die Aussprache der Buchstabenkombination „ch" „k" oder „sch" ist, um Fremdwörter handelt. Sie wurden aus anderen Sprachen übernommen und die Schreibweise und Aussprache muss daher nicht mit genuin deutschen Wörtern übereinstimmen.

Andere Länder, andere Sitten

Über Benimmregeln im Heimatland sprechen

Lernziel: Die TN können Bräuche und Sitten ihres Heimatlandes vorstellen.

Materialien
D2 Folie des Textes

D1 **Leseverstehen 1: Das Thema erfassen**

1. Die Bücher sind geschlossen. Bitten Sie die TN sich vorzustellen, sie wären in Deutschland (bzw. in Österreich oder der Schweiz) bei einer Familie oder einem Paar zum Essen eingeladen. Was glauben die TN, was in Deutschland (bzw. in Österreich oder der Schweiz) üblich ist und was keinesfalls? Halten Sie Stichworte an der Tafel fest.
2. Die TN öffnen ihr Buch und lesen den ersten Abschnitt des Textes. Sie beantworten die Fragen.
3. Abschlusskontrolle im Plenum.
   Lösung: a) Der Autor kommt aus Damaskus. b) Er lebt jetzt seit zweiundzwanzig Jahren in Deutschland.

D2 **Leseverstehen 2: Die Kernaussagen verstehen**

1. Die TN nehmen zwei verschiedenfarbige Stifte zur Hand. Sie lesen den Text und unterstreichen in einer Farbe, wie sich die deutschen Gäste verhalten, in einer anderen, wie sich die arabischen Gäste verhalten.
2. Abschlusskontrolle im Plenum. Bereiten Sie eine Folie des Textes vor und besprechen Sie die Ergebnisse, indem Sie die entsprechenden Stellen auf der Folie markieren.
   Lösung: arabische Gäste: Zeile 2 f., 8–10, 26–32; deutsche Gäste: Zeile 3–5, 13 f., 21–25, 35 f.
3. Weisen Sie die TN auf den Grammatikspot hin und machen Sie deutlich, dass „da" im Nebensatz dieselbe Funktion wie „weil" haben kann. In der gesprochenen Sprache ist „weil" die verbreitetere Form.

Arbeitsbuch 17: in Stillarbeit; **18:** als Hausaufgabe

D3 **Sprechen: Das Verhalten arabischer und deutscher Gäste vergleichen**

1. Die TN erstellen zu zweit eine Tabelle, in die sie das Verhalten der arabischen und der deutschen Gäste eintragen. Geben Sie ggf. folgende Leitpunkte für die Tabelle vor: Mitbringsel, Pünktlichkeit, Anzahl, Essen, Rezept. Achten Sie darauf, dass die TN nicht ganze Sätze aus dem Text abschreiben, sondern die Tabelle mit Stichworten oder Umschreibungen ausfüllen.
2. Abschlusskontrolle im Plenum.
   Lösung:

	arabische Gäste	deutsche Gäste
Mitbringsel	würden nie selbst etwas kochen oder backen, um es mitzubringen	bringen immer etwas mit, meistens etwas Selbstgemachtes wie Kuchen, Salat, Obst, oft auch Wein
Pünktlichkeit	unpünktlich	sehr pünktlich
Anzahl	Man weiß nie, mit wie vielen Personen sie kommen	sagen genau, zu wie vielt sie kommen, notfalls rufen sie noch einmal an
Essen	müssen viel essen	essen wenig
Rezept	gibt es nur als lange Geschichte	fragen den Gastgeber immer danach

3. Die TN vergleichen die Ergebnisse der Tabelle mit den Vorüberlegungen aus D1.
4. Sprechen Sie mit den TN darüber, wie sie sich selbst verhalten würden. Vielleicht kann jemand auch von eigenen Erlebnissen mit Einladungen von Deutschen (bzw. Österreichern oder Schweizern) berichten.

D4 **Sprechen: Verhalten bei Einladungen im Heimatland**

1. Bilden Sie nach Möglichkeit Gruppen nach Herkunftsländern. Die TN sprechen über die ungeschriebenen Regeln bei Einladungen zum Essen in ihrem Heimatland und machen Notizen dazu.
   Hinweis: Der Vergleich mit dem Heimatland wird auch gern in mündlichen Prüfungen herangezogen. Es ist also wichtig, dass die TN sich über (inter)kulturelle Unterschiede bewusst sind und dazu Stellung nehmen können.
2. Die Gruppen stellen dem Plenum die Benimmregeln ihres Heimatlandes vor.
   Variante: Wenn die Herkunftsländer zu unterschiedlich sind, sprechen die TN in Kleingruppen von vier TN über das Thema.

D5 **Aktivität im Kurs: Tipps geben und begründen**

1. *fakultativ:* Wiederholen Sie mit den TN alle Wörter, mit denen man einen Grund nennen kann. Schreiben Sie z.B. das Beispiel aus der Sprechblase an die Tafel: „Man sollte ein Paar Wollsocken mitnehmen, weil es bei uns im Winter oft sehr kalt ist." Fragen Sie die TN, wie man diesen Satz formulieren kann, wenn man nicht „weil" benutzen möchte. Weisen Sie auf den Wiederholungsspot hin und notieren Sie mithilfe der TN Varianten des Satzes an der Tafel.
2. Die TN notieren allein oder in Gruppen nach Herkunftsländern Dinge, die eine deutsche Freundin/ein deutscher Freund in das Heimatland der TN mitnehmen sollte.
3. Die TN stellen ihre Ergebnisse im Plenum vor. Regen Sie die anderen TN zu Nachfragen an, es könnte ein zwangloses Kursgespräch entstehen.

Arbeitsbuch 19: als Hausaufgabe

D6 **Aktivität im Kurs: Tipps geben**

1. Die TN finden sich in Kleingruppen von 4–5 TN zusammen. Sie entscheiden sich für eine der beiden Situationen und schreiben ein Plakat mit Tipps. Gehen Sie herum und helfen Sie bei Bedarf.
2. Die Plakate werden im Kursraum aufgehängt. Fordern Sie die TN auf, in der Pause herumzugehen und sich die Plakate der anderen anzusehen.

PRÜFUNG **Arbeitsbuch 20:** Diese Aufgabe bereitet auf den Prüfungsteil Sprachbausteine, Teil 1, der Prüfung *Zertifikat Deutsch* bzw. Lesen, Teil 5, des *Deutsch-Tests für Zuwanderer* vor. In diesem Teil geht es darum, dass die TN aus drei Wörtern das jeweils passende einer Lücke in einem Brief zuordnen.

LERN TAGEBUCH **Arbeitsbuch 21:** im Kurs: Regen Sie die TN dazu an, sich am Abend zwei, drei Sätze über den vergangenen Tag zu notieren oder sich gar ein Tagebuch zuzulegen und Einträge zu verfassen. Das ist nicht nur ein gutes Gedächtnistraining, sondern trainiert auch die Schreibfertigkeiten. Wenn die TN Lust haben, können sie ihre Tagebucheinträge im Kursraum aufhängen. Gehen Sie in den Pausen umher und korrigieren Sie sprachliche Fehler.

In der Fremde

Erfahrungen im Ausland
Lernziel: Die TN können über ihre Erfahrungen in der Fremde berichten.

Materialien
Test zu Lektion 11
Wiederholung zu Lektion 10 und Lektion 11

E1 **Über kurze Sinnsprüche zum Thema „Fremdsein" sprechen**

1. Kopieren Sie jedes der Zitate so oft auf Kärtchen, wie Sie TN haben. Teilen Sie den Kurs in zwei Gruppen. Die TN der einen Gruppe stellen sich in eine Reihe nebeneinander, die anderen TN stellen sich in einer Reihe gegenüber auf, sodass jeder TN einem Partner gegenübersteht. Verteilen Sie die Kärtchen mit dem ersten Zitat an die TN. Die TN, die sich gegenüberstehen, sprechen über das Zitat. Was ist damit gemeint? Sind die TN auch dieser Meinung? Warum? Warum nicht? Nach einer Minute wechseln die Paare, indem die eine Gruppe nach rechts rückt. Der letzte TN schließt an der anderen Seite wieder auf. Mit dem neuen Partner sprechen die TN noch einmal über das Zitat. Verteilen Sie dann die Kärtchen mit dem zweiten Zitat. Die TN sprechen zu zweit etc. Verfahren Sie mit dem dritten Zitat genauso.
2. Kurzes Abschlussgespräch im Plenum. Wenn nötig, sprechen Sie noch einmal über den Sinn einzelner Zitate. Fragen Sie die TN, welches der Zitate ihnen am besten gefällt. Warum?

E2 **Hörverstehen 1: Die Kernaussage von Interviews verstehen**

1. Die TN lesen die Aufgabenstellung und hören das erste Interview. Sie markieren ihre Lösung.
2. Abschlusskontrolle im Plenum. *Lösung*: a) das Gefühl von Fremdheit/Fremdsein
3. Die TN lesen die Aussagen in Aufgabe b) und markieren wichtige Schlüsselwörter. Ggf. können sie auch schon versuchen, die Lücken zu ergänzen. Auch das macht das anschließende Hören leichter. Weisen Sie die TN vor dem Hören darauf hin, dass die Beispielsätze nicht wörtlich in den Interviews vorkommen, sondern dass es sich um Zusammenfassungen der Interviews handelt, damit die TN ihr Hörverhalten darauf einstellen können. Dann hören die TN die Interviews mit kurzen Pausen, um ihre Lösungen zu notieren.
4. Abschlusskontrolle im Plenum.
   Lösung: 1 die Sprache nicht spricht; 2 wie die Menschen sich verhalten; 3 sprechen ganz anders; 4 von der eigenen Kultur entfernt; 5 Kontakt zu den Menschen aufnehmen
5. Sprechen Sie mit den TN darüber, ob sie eine (oder mehrere) Aussagen zu ihrer eigenen Situation in Beziehung bringen können. Die TN können auch bewerten, welche der Aussagen besonders wichtig ist, welche weniger.

Arbeitsbuch 22: als Hausaufgabe

E3 **Hörverstehen 2: Ein Interview verstehen**

1. Die TN lesen die Aufgabenstellung a) und hören den Anfang des Interviews. Sie machen sich Notizen zu den Fragen.
2. Abschlusskontrolle im Plenum.
   Lösung: Tina ist nach Accra in Ghana gefahren. Das liegt in Afrika. Tina selbst kommt aus Hamburg.
3. Die TN lesen die Aufgabenstellung b). Sie hören das Interview und machen sich Notizen.
4. Abschlusskontrolle im Plenum.
   Lösung: Tina wurde von der Familie ihrer Schulfreundin zum Essen eingeladen. Die Familie hat sie ins Wohnzimmer gebeten, wo der Tisch für eine Person gedeckt war. Der Fernsehapparat lief, während sie essen sollte. Die Familie saß und aß im Hof. Sie wusste nicht, wie sie sich verhalten sollte, und mit den Eltern konnte sie sich auch nur mit Händen und Füßen verständigen.
5. Diskutieren Sie mit den TN darüber, was Tina tun könnte, um die Situation zu klären. Sammeln Sie an der Tafel Redemittel: Ich glaube, hier liegt ein Missverständnis vor. Ich wollte eigentlich .../ Mir ist nicht klar, warum ich ... und warum Sie ... / Ich muss Sie was fragen: Warum ... / Ich habe mir das anders vorgestellt. / In dieser Situation fühle ich mich jetzt unwohl.
   Hinweis: Manche TN haben mit dem trockenen Sammeln von Einleitungsfloskeln Probleme und brauchen die konkrete Situation. Lassen Sie nacheinander einige TN Tina spielen, wie sie hinausgeht und mit der Familie spricht. Notieren Sie dabei die Einleitungssätze der TN an der Tafel.
6. Die TN hören den Schluss des Interviews. Sprechen Sie mit den TN darüber, wie Tina reagiert hat. Fragen Sie die TN auch, wie sie Tinas Verhalten finden.
   Lösung: Tina fragt, ob sie auch draußen essen darf. Zuerst ist die Familie irritiert, aber dann wird es ein schöner Abend.

E4 **Aktivität im Kurs: Über das eigene Gefühl von Fremdheit sprechen**

1. Geben Sie den TN etwas Zeit, die Fragen zu lesen und sich darüber Gedanken und ein paar Notizen zu machen. Gehen Sie herum und helfen Sie bei Formulierungen für die anschließende Erzählung.
2. Die TN erzählen im Plenum über Erfahrungen in der Fremde und wie sie auf Missverständnisse reagiert haben. Haben sie später verstanden, warum der andere so gehandelt hat, und wie würden sie heute auf eine ähnliche Situation reagieren?

Arbeitsbuch 23: im Kurs

Einen Test zu Lektion 11 finden Sie auf den Seiten 112–113. Weisen Sie die TN auf die interaktiven Übungen auf ihrer Arbeitsbuch-CD hin. Die TN können mit diesen Übungen den Stoff der Lektion selbständig wiederholen und sich ggf. auch auf den Test vorbereiten. Wenn Sie mit den TN den Stoff von Lektion 10 und Lektion 11 wiederholen möchten, verteilen Sie die Kopiervorlage „Wiederholung zu Lektion 10 und Lektion 11" (Seiten 102–103).

Zwischenspiel 11

Herzlich willkommen!

Kommunikationsstrategien

1 **Leseverstehen: Kommunikationswerkzeuge**

1. Die TN lesen den ersten Absatz des Textes. Verteilen Sie die Kopiervorlage „Zwischenspiel zu Lektion 11“. Die TN bearbeiten Übung 1.
2. Abschlusskontrolle im Plenum. Es ist möglich, dass die TN zu unterschiedlichen Lösungen kommen. Geben Sie in dem Fall Gelegenheit zur Diskussion und bitten Sie um Begründung für die Lösungsvorschläge der TN.
   Lösungsvorschlag: A Ach, bitte. Seien Sie doch so nett ...; bittend; freundlich; B Das ist ja wohl die Höhe!; wütend; wütend; C He! Was machen Sie denn da?; laut; empört/entsetzt
3. Die TN überlegen, welche Gesten zur Stimmungslage der drei Personen passen könnten.
4. Die TN äußern ihre Meinung über die vier Kommunikationswerkzeuge: Welches finden sie persönlich am wichtigsten?
5. Die TN lesen nun den ganzen Text und vergleichen mit ihrer Vermutung.
6. Zur Verständnissicherung können die TN Übung 3 der Kopiervorlage bearbeiten.
7. Abschlusskontrolle im Plenum. *Lösung:* richtig: b; c
8. Besprechen Sie mit den TN den Tipp und die beiden Sprichwörter. Was bedeuten sie? Die TN erklären sie mit eigenen Worten oder bearbeiten Übung 4 der Kopiervorlage. *Lösung:* 1 a; 2 b

2 **Mimik und Gestik imitieren**

1. Die TN sehen sich die drei Fotos an. Freiwillige TN kommen nach vorn und imitieren Gestik und Mimik der Frau. Dabei sagen sie „Herzlich willkommen“. Bitten Sie die anderen TN, darauf zu achten, wie sich mit der Haltung und dem Gesichtsausdruck – vermutlich – auch die Stimme der vorführenden TN ändert.
2. Geben Sie kurz Gelegenheit zu einem Kursgespräch: Wie veränderten sich die Gefühle der TN, die Mimik und Gestik wiederholten? Was empfanden die Zuschauer bei den jeweils gleichen Worten „Herzlich willkommen“?

3 **Hörverstehen: Die Stimmung am Ton erkennen**

1. Die TN lesen die Aufgabenstellung im Buch und hören die Telefongespräche so oft wie nötig.
2. Die TN diskutieren darüber, welche Variante besonders erfreut klingt. Warum?

4 **Sprechen: Die Kommunikationswerkzeuge einsetzen**

1. Die TN überlegen in Partnerarbeit Beispiele für unfreundliche Aussagen und versuchen, diese mithilfe von Stimme, Mimik und Gestik freundlich zu sagen. Dasselbe versuchen Sie dann auch für an sich freundliche Aussagen wie Lob, Bewunderung etc.
2. Wer Lust hat, stellt einige Beispiele dem Plenum vor.
   Variante: Verteilen Sie die Transkription des Hörtextes aus Übung 3. Die TN lesen das Gespräch in Partnerarbeit in möglichst unterschiedlichen Varianten. Geübte TN erfinden eine eigene Situation, die sich unterschiedlich darstellen lässt, und spielen diese dem Plenum vor.

5 **Spiel: Pantomime**

1. Die TN überlegen sich zu zweit oder dritt ein Gespräch. Helfen Sie ungeübten TN, indem Sie sie auf verschiedene Situationen aus der Lektion erinnern, die Anlass für ein (emotionales) Gespräch sein könnten, z.B.: Eine Freundin spielt beim gemeinsamen Essen die ganze Zeit mit ihrem Handy. Wie reagieren Sie?
2. Die TN spielen ihr Gespräch pantomimisch vor. Die anderen versuchen zu erraten, worum es ging und in welcher Stimmung die Personen sind.

Fokus Alltag 11

Ein Missverständnis klären

Die TN können in einem Beratungs- oder Klärungsgespräch mit einer Lehrkraft erklären, wie ein Missverständnis zustande kam.

1 **Hörverstehen 1: Den wesentlichen Inhalt verstehen**

1. Informieren Sie die TN über die Situation. Die TN lesen die Fragen a bis c und äußern Vermutungen, worum es im Gespräch zwischen der Mutter und der Lehrerin gehen könnte. Dabei können TN mit Schulkindern ggf. auf eigene Erfahrungen zurückgreifen und diese einbringen.
2. Die TN hören das Gespräch so oft wie nötig und kreuzen ihre Lösungen an.
3. Abschlusskontrolle im Plenum. *Lösung:* a) Falscher Treffpunkt; b) (Thomas) die Mutter; c) im Hausaufgabenheft nachsehen

2 **Hörverstehen 2: Die Stimmung erkennen**

1. Die TN lesen die Fragen und hören das Gespräch noch einmal. Sie machen sich Notizen.
2. Gespräch im Plenum über das Missverständnis und den Ärger der beiden Frauen. Fragen Sie auch, wie die Stimmung am Ende des Gesprächs ist und warum. *Lösungsvorschlag:* Freundlich, denn es stellte sich heraus, dass alles ein Missverständnis war.

3 **Redemittel bei Missverständnissen**

1. Die TN ordnen in Stillarbeit zu, welche Sätze die gleiche Bedeutung haben.
2. Abschlusskontrolle im Plenum. *Lösung:* b) Das war mir nicht klar. c) Ach so ist das! d) Ich glaube, du hast das missverstanden. e) Es ist schön, dass wir jetzt wissen, wie es wirklich war.
3. Fallen den TN weitere Redemittel ein, die sich bei der Klärung von Missverständnissen verwenden lassen? Sammeln Sie im Kurs.

4 **Rollenspiel**

1. Die TN sehen sich die drei Zeichnungen an und beschreiben die Situation: Was ist wohl das Missverständnis?
2. Die TN schreiben zu zweit ein Gespräch zu einer der Situationen.
3. Wer möchte, spielt sein Gespräch dem Plenum vor.

RAT UND HILFE

Folge 12: *Nasseer bekommt einen Brief*
Einstieg in das Thema: Hilfe und Beratung in Anspruch nehmen

1 Vor dem Hören: Dokumente rund um das Thema „Miete" verstehen

1. *fakultativ:* Bereiten Sie für den Einstieg ins Thema zwei Plakate vor, auf die Sie in die Mitte „miet" in einen Kreis schreiben. Teilen Sie den Kurs in zwei Gruppen. Jede Gruppe erhält ein Plakat und einen Filzstift. Drei Minuten lang sammeln die Gruppen alle Wörter, in denen in irgendeiner Form „miet" vorkommt (Miete, mieten, vermieten, Vermietung etc.).
2. *fakultativ:* Die Gruppen stellen ihre Ergebnisse im Plenum vor. Stellen Sie dabei sicher, dass alle TN die Bedeutung der genannten Wörter kennen. Bitten Sie die TN ggf. um Erklärungen.
3. Die TN öffnen ihr Buch und lösen Aufgabe a) wie angegeben.
4. Abschlusskontrolle im Plenum. *Lösung:* 1 C; 2 B; 3 A
5. Die TN sehen sich die Fotos an und überlegen gemeinsam, welchen Brief Nasseer bekommen hat.

2 Beim ersten Hören

1. Die TN konzentrieren sich beim Hören auf diese Fragen: 1. Was ist Nasseers Problem? 2. Was rät Maja ihm? 3. Warum hat Nasseer die Wohnung überhaupt genommen?
2. Besprechung der Fragen im Plenum.
   Lösungsvorschlag: 1. Er hat einen Brief von seinem Vermieter bekommen und soll mehr Miete bezahlen. 2. Maja rät ihm, zur Mieterhilfe zu gehen. 3. Weil er dringend eine Wohnung brauchte und weil er damals kaum Deutsch konnte. Er war froh, überhaupt ein Dach über dem Kopf zu haben.

3 Nach dem ersten Hören: Den Inhalt genau verstehen

1. Die TN lesen die E-Mail. Sie hören die Geschichte noch einmal und unterstreichen die Fehler. Weisen Sie die TN ggf. darauf hin, dass es sich um inhaltliche Fehler handelt.
2. Abschlusskontrolle im Plenum.
   Lösung: falsch: ... aber er hat die hohe Miete dann doch bezahlt, ... musste er noch einen Monat warten, ... nur ein bisschen mehr als vorher
3. Die TN hören noch einmal Track 4. Fragen Sie, was ein Vereinsmeier ist, und klären Sie mit den TN, was sie über das Vereinswesen in Deutschland wissen. Sind sie selbst Mitglied in einem Verein?
4. *fakultativ:* Fragen Sie die TN, ob sie schon einmal von der Mieterhilfe gehört haben und ob sie andere Institutionen und Organisationen mit Beratungsfunktion kennen. Regen Sie eine Recherche vor Ort an: Die TN sollen herausfinden, welche Vereine und Organisationen es am Kursort gibt, welche Funktion sie haben, für welches Problem sie da sind und was ihr Vorteil ist. Die TN bilden Gruppen nach Interesse.

4 Nach dem Hören: Freies Kursgespräch über Ärger mit dem Vermieter

1. Sammeln Sie mit den TN, welchen Ärger man noch mit Vermietern haben kann.
2. Die TN berichten über eigene ärgerliche Erlebnisse mit Vermietern und erzählen, wie sie damit umgegangen sind.

12 A

Ich habe so eine Wut, **seit** ich diesen Brief gelesen habe.

Konjunktionen *bis, seit(dem)*
Lernziel: Die TN können ein Problem beschreiben und um Hilfe bitten.

Materialien
A3 Moderationskarten, Pinnwand

A1 **Präsentation der Konjunktionen *bis* und *seit(dem)***

1. Die TN lösen die Aufgabe. Da sie „bis" und „seit" bereits als Präpositionen aus *Schritte plus 2* kennen, werden sie damit keine Schwierigkeiten haben.
2. Abschlusskontrolle im Plenum. *Lösung:* 1 seit(dem); 2 seit(dem); 3 bis; 4 bis
3. Weisen Sie auf den Grammatikspot hin und machen Sie deutlich, dass die beiden Konjunktionen einen Nebensatz einleiten und das Verb deshalb am Satzende steht.
4. Üben Sie mit den TN, indem Sie an der Tafel ein Beispiel vorgeben, das die TN mit eigenen Vorschlägen ergänzen. Geübte TN denken sich in Partnerarbeit eigene Wortigel aus. Sie notieren ihre Vorschläge und hängen sie im Kursraum zur Ansicht für alle aus.

Arbeitsbuch 1–3: als Hausaufgabe

A2 **Hörverstehen: Die Kernaussagen verstehen**

1. Die TN hören die Gespräche. Stoppen Sie die CD nach jedem Gespräch und fragen Sie die TN, worum es jeweils geht.
2. Die TN ergänzen die Konjunktionen.
3. Spielen Sie die Gespräche noch einmal vor, damit die TN sich selbstständig kontrollieren können.
   Lösung: 1 a) seit(dem); b) seit(dem); 2 a) Seit(dem); b) bis; c) bis

Arbeitsbuch 4–8: als Hausaufgabe

A3 **Aktivität im Kurs: Rollenspiel**

1. Schreiben Sie vorab die vier Kategorien der Aufgabe „um Hilfe bitten", „jemanden beruhigen", „nachfragen", „eine Lösung anbieten" sowie jedes Redemittel auf farbige Moderationskarten.
2. Die Bücher sind geschlossen. Legen Sie die Moderationskarten auf einem Tisch aus und hängen Sie die vier Kategorien an eine Pinnwand oder mit Magneten an die Tafel. Die TN sehen sich die Redemittel an und hängen sie jeweils zur passenden Kategorie an die Pinnwand.
3. Die TN vergleichen das Ergebnis mit dem Kursbuch und sammeln weitere Redemittel. Halten Sie dafür leere Moderationskarten bereit, damit die TN ihre Ideen notieren und ebenfalls aufhängen können.
4. Die TN wählen eine der Situationen und überlegen sich paarweise ein Gespräch.

TIPP

Wenn Sie mit den TN Rollenspiele machen, können Sie nicht jedes Paar kontrollieren. Manchmal denken die TN dann: Das wird nicht kontrolliert, also werden meine Fehler nicht korrigiert, ergo rede ich nicht. Machen Sie den TN immer wieder deutlich, dass es bei Rollenspielen darum geht, das freie, spontane Sprechen zu trainieren. Wenn die TN sich zu wenig korrigiert fühlen, lassen Sie einzelne Rollenspiele im Plenum vortragen und bitten Sie alle zuhörenden TN, auf sprachliche Fehler zu achten.
Ein anderes Problem, das bei Rollenspielen auftreten kann, ist, dass TN über ein ganz anderes Thema sprechen oder diskutieren. Wenn die TN das auf Deutsch tun, kommt Kommunikation zustande. Lassen Sie die TN in diesem Falle auch einmal gewähren und freuen Sie sich über das gelungene Gespräch, den echten Kommunikationsanlass, den die TN miteinander gefunden haben. Stellen Sie aber klar, dass in diesen Phasen Deutsch gesprochen wird. Wenn Sie die TN trotzdem mehr am Thema halten möchten, geben Sie schnellen TN Zusatzaufgaben: Lassen Sie sie ihr Gespräch als Sketch aufbereiten und vorspielen oder – in diesem konkreten Fall – in einem Brief beschreiben, was für eine Geschichte die andere Person ihnen „aufgetischt" hat, z.B. das Auto war weg, dabei hatte die Person am Ende gar kein Auto etc.

PHONETIK **Arbeitsbuch 10–11:** im Kurs: Die TN haben auf dem Niveau B1 schon in verschiedenen Übungen (z.B. Lektion 8, Lektion 9) feststellen können, dass sich die Sprechmelodie, der Satzakzent und das Sprechtempo je nach Situation verändern. Hier können sie ein Gefühl dafür bekommen, wie sich die Sprechweise verändert, wenn jemand sehr aufgeregt ist bzw. einen anderen beruhigen will. Spielen Sie die Sätze vor, die TN markieren den Satzakzent und in Übung 11 auch die Pausen. Die TN lesen der Partnerin / dem Partner die Sätze vor. Dieser stoppt mit dem Sekundenzeiger der Armbanduhr die Zeit. Danach tauschen die Partner die Rollen. Gehen Sie herum und fragen Sie die TN, wie sie mit den Zeitvorgaben zurechtkommen. Das Ganze soll vor allem Spaß machen und nicht allzu ernst genommen werden.

Das regelt man am besten, **indem** man sich beraten lässt.

Konjunktionen *indem, ohne dass*
Lernziel: Die TN können sich über Beratungsangebote informieren.

Materialien
B1 Kopiervorlage L12/B1

B1 **Präsentation der Konjunktionen *indem* und *ohne dass***

1. Die TN lösen die Aufgabe a) wie im Kursbuch angegeben. Helfen Sie bei Wortschatzfragen.
2. Abschlusskontrolle im Plenum. *Lösung:* Indem er sie zum Essen einlädt. Indem er Widerspruch einlegt.
3. Weisen Sie auf den Grammatikspot hin und machen Sie auf die Verb-Endstellung im Nebensatz aufmerksam. Erklären Sie, dass „indem" auf die Frage „Wie?" antwortet.
4. Schneiden Sie vorab die Nebensätze von Kopiervorlage L12/B1 aus und hängen Sie sie an verschiedenen Orten im Kursraum auf. Verteilen Sie an alle TN die Sätze 1–10 der Kopiervorlage. Die TN gehen herum und suchen die passende Ergänzung. Geübte TN ergänzen die Nebensätze frei.
5. Lösen Sie gemeinsam mit den TN die Aufgabe b).
   Lösung: ... ohne dass man Mitglied wird. / ohne Mitglied zu werden.; ... ohne dass Sie Mitglied sind.; ... ohne dass Sie sie genau durchlesen. / ohne sie genau durchzulesen.
6. Die TN haben schon anhand von „damit" und „um ... zu" (*Schritte plus 5,* Lektion 6) gelernt, dass sich die Konjunktion je nach Subjekt ändern kann. Erinnern Sie die TN daran.

B2 **Leseverstehen: Den wesentlichen Inhalt verstehen**

1. Die TN überfliegen die Überschriften und die Texte. Sie ordnen die Überschriften zu.
2. Abschlusskontrolle im Plenum. *Lösung (in der Reihenfolge der Texte):* 3; 1; 2; 4
3. Die TN bearbeiten Aufgabe b) und kreuzen ihre Lösungen an. Wer fertig ist, unterstreicht in den Texten Wörter, die ihm wichtig sind.
4. Abschlusskontrolle im Plenum. *Lösung:* 1 indem; 2 indem; 3 ohne dass; 4 indem
5. TN, die Wörter markiert haben, nennen diese. Klären Sie gemeinsam die Bedeutung der Wörter und fragen Sie auch nach, warum den TN diese Wörter als relevant erscheinen.

Arbeitsbuch 12–19: in Stillarbeit oder als Hausaufgabe

B3 **Hörverstehen: Prozentangaben verstehen**

1. Die Bücher sind geschlossen. Sprechen Sie mit den TN darüber, welche Vereine sie kennen.
2. Die TN lesen die Aufgabe im Buch und schreiben ihre Vermutungen in die Tabelle.
3. Sie hören die Radiosendung so oft wie nötig und notieren die Prozentzahlen.
4. Abschlusskontrolle im Plenum. *Lösung:* Sportvereine: 23%; Freiwillige Feuerwehr: 6%; Musikvereine: 9%; kirchliche Vereine: 4%; Rotes Kreuz, Caritas: 8%
5. Sprechen Sie mit den TN darüber, warum Menschen Mitglied in einem Verein werden. Fragen Sie nach dem Vereinsleben in den Heimatländern der TN. Welche Vereine gibt es dort? Welche sind beliebt oder wichtig?

B4 **Freies Kursgespräch über Vereine**

1. Die TN unterhalten sich in Kleingruppen von 4–6 TN über Vereine, die sie interessieren. Wer Mitglied in einem Verein ist, kann darüber berichten.
2. Die TN informieren sich als Hausaufgabe über Vereine am Kursort.

LERN TAGEBUCH **Arbeitsbuch 20:** im Kurs: Die TN beantworten jeder für sich die Fragen. Mithilfe ihrer Antworten sprechen sie dann über ihre bisherigen Erfahrungen mit dem freien Sprechen und über Strategien, das freie Sprechen zu üben. Helfen Sie ggf. mit weiteren Tipps, z.B.: einen (wöchentlichen/monatlichen) Treff mit anderen Lernenden gründen, eine Brieffreundschaft mit deutschen Muttersprachlern beginnen, Telefongespräche gut vorbereiten (Fragen notieren, mögliche Antworten ebenfalls, welche Wörter brauche ich ...).

Arbeitsbuch 21: im Kurs

C1 **Vor dem Lesen: Vermutungen über den Text äußern**

1. Die TN sehen sich das Foto, die Werbung und die Überschrift des Textes an und äußern Vermutungen über den Inhalt des Textes. Haken Sie nach und fragen Sie nach Begründungen für die Einschätzungen, z.B.: „Warum denken Sie, dass das Mädchen auf dem Foto arm ist?"
2. *fakultativ:* Die TN nennen Wörter und Ausdrücke, die im Text nach ihrer Meinung vorkommen können. So aktivieren Sie nicht nur das Vorwissen im Wortschatzbereich, auch das Lesen wird vorbereitet.

TIPP

Machen Sie den TN bewusst, dass Überschriften, Zwischenüberschriften, Bilder und auch Informationen über den Autor eines Textes Hilfen für das Leseverständnis sind. Es ist eine gute Lesetechnik, sich zuerst auf diese Informationen zu konzentrieren, weil sie bereits einiges über den Inhalt verraten und so eine Lese-Erwartung aufbauen. Schlagen Sie den TN vor, in nächster Zeit zuerst immer auf die Überschriften und Bilder zu achten und sich zu überlegen, was sie über den Text aussagen.

C2 **Leseverstehen: Einen Text über ehrenamtliches Engagement verstehen**

1. Die TN lesen die Fragen in Aufgabe a).
2. Sie lesen den Text im Kursbuch und unterstreichen Passagen, die Antwort auf die Fragen geben. Geben Sie auch Gelegenheit zu Wortschatzfragen.
3. Abschlusskontrolle im Plenum. Die TN beantworten die Fragen und lesen zur Begründung die entsprechende Textstelle vor. *Lösung:* mehr als 23 Millionen; sie pumpen Fußbälle auf, frisieren Pflegebedürftige, restaurieren alte Häuser, engagieren sich als Babysitter, springen für kranke Lehrer ein, backen Nudelauflauf für die Schulküche, Ärzte operieren im Urlaub, Tafel-Helfer sammeln und verteilen Lebensmittel; Mitglieder großer Familien, Kirchgänger, Pendler, Arbeitslose, Rentner, auch Jugendliche; sie organisiert für Helfer Einsatzmöglichkeiten
4. Die TN finden sich in Kleingruppen von 3–4 TN zusammen und erarbeiten drei weitere Fragen, um das Textverständnis zu überprüfen. Sie tauschen ihre Fragen mit einer anderen Gruppe und beantworten sie. Die Gruppen kommen abschließend zusammen und kontrollieren die Antworten der anderen. Gehen Sie herum und helfen Sie bei Bedarf.

C3 **Aktivität im Kurs: Kurzvortrag**

1. Die TN lesen die Aufgabe und die Beispiele im Kursbuch. Geben Sie fünf Minuten Zeit, damit die TN sich Gedanken über ihr bisheriges freiwilliges Engagement und Notizen machen können. Machen Sie die TN darauf aufmerksam, dass sie sich überlegen sollen, was sie dem Kurs erzählen wollen, und dass sie wichtige Wörter für ihren Vortrag parat haben sollten. Gehen Sie herum und helfen Sie bei Wortschatzfragen.
2. Die TN präsentieren nacheinander in zwei bis drei Minuten ihre bisherigen Erfahrungen oder Ziele in Bezug auf ihr persönliches Engagement.

! Erwarten Sie keinen ausgefeilten Vortrag. Vortragstechniken sind Lernziel auf dem Niveau B2. Die TN sollen einfach erzählen und ein Gefühl dafür bekommen, wie es ist, ein bisschen länger allein in der fremden Sprache zu sprechen. Da können sich zwei Minuten schon sehr lang anfühlen.

3. Weisen Sie auf den Infospot hin und erklären Sie, dass auf die Präposition „außer" der Dativ folgt.
4. Als Hausaufgabe schreiben die TN einen kurzen Text über ihr persönliches Engagement oder ihre sozialen Ziele.

Arbeitsbuch 22: als Hausaufgabe

PRÜFUNG **Arbeitsbuch 23:** Diese Aufgabe bereitet auf den mündlichen Prüfungsteil, Teil 2, der Prüfung *Zertifikat Deutsch* bzw. *Deutsch-Test für Zuwander* vor. Hier sollen die TN zu zweit ein Gespräch zu einem bestimmten Thema führen. Ausgangspunkt für dieses Gespräch sind in der Regel zwei Abbildungen oder Fotos. Jeder TN erhält eine Abbildung. Zunächst beschreiben die TN nacheinander kurz ihre Abbildung und nennen das Thema, hier „Engagement". Was sagt das Foto noch zu diesem Thema? Danach sprechen die TN über ihr eigenes soziales Engagement. Weisen Sie die TN darauf hin, dass es in diesem Teil der Prüfung auch darauf ankommt, ein möglichst natürliches Gespräch zu führen, d.h. die TN sollten auf die Äußerungen der Partnerin / des Partners eingehen, Interesse zeigen, Fragen stellen und beantworten.
Es ist hilfreich, wenn Sie mehrere Gespräche im Plenum vorspielen lassen. Sprechen Sie mit allen TN anschließend darüber, was in dem Gespräch gut war und was man besser machen kann. Sprechen Sie auch noch einmal über mögliche Fragen, die man stellen könnte, um das Gespräch in Gang zu halten.

Dieser Mensch war mir ein Vorbild.

Vorbilder

Lernziel: Die TN können über ihre Vorbilder sprechen.

Materialien
D2 *Variante:* Plakat „Vorbild“, Zettel

D1 **Über eine Karikatur sprechen**

1. Die Bücher sind geschlossen. Fragen Sie die TN, ob sie Albert Schweitzer kennen. Sammeln Sie an der Tafel, was die TN wissen. Kennen die TN ihn nicht, erzählen Sie kurz das, was im Infokasten im Buch steht.
2. Die TN öffnen das Buch und sehen sich die Karikatur an. Sie äußern ihre Ideen zur Bedeutung der Karikatur. Achten Sie darauf, dass die TN verstanden haben, was ein Vorbild ist. Wenn nein, können Sie einige Begriffe (Idee, Gedanke, Beispiel, Rat, Information, Idol etc.) an die Tafel schreiben und die TN überlegen, welches Wort sie am ehesten für Vorbild einfügen könnten.

D2 **Definition zu „Vorbild“**

1. Legen Sie mehrere Kreiden oder Tafelstifte bereit. Mehrere TN kommen gleichzeitig oder nacheinander an die Tafel und schreiben in Stichpunkten auf, was für sie ein Vorbild ist. Danach lesen die TN gemeinsam und können, wenn sie etwas nicht nachvollziehen können, nachfragen. Möglicherweise entsteht auch eine Diskussion über einzelne Stichpunkte.
   Variante: Bereiten Sie zu Hause ein Plakat vor mit dem Titel „Was ist für Sie ein Vorbild?“. Geben Sie darunter den Satzanfang „Ein Vorbild ist für mich ein Mensch, der ...“ vor. Verteilen Sie kleine Zettel an die TN. Die TN schreiben den Satz auf dem Zettel für sich zu Ende und hängen ihn an das Plakat. Wer möchte, kann auch mehrere Zettel schreiben.
2. Die TN stellen sich im Halbkreis um das Plakat. Sprechen Sie mit den TN über die einzelnen Zettel: Können die TN mit den Definitionen der anderen etwas anfangen? Wo stimmen sie zu? Wo nicht?

Arbeitsbuch 24: a) in Stillarbeit; b) als Hausaufgabe

D3 **Hörverstehen: Den wesentlichen Inhalt verstehen**

1. Die TN hören zunächst nur den Beginn der Radiosendung (bis: „Dann rufen Sie mich an.“) und konzentrieren sich auf das Thema der Sendung.
2. Abschlusskontrolle im Plenum.
   Lösungsvorschlag: Es geht um Menschen aus der Nachbarschaft, die anderen Menschen helfen.
3. Die TN lesen die Überschriften. Sie hören die Radiosendung und ordnen die Überschriften zu. Weisen Sie die TN darauf hin, dass nur vier Überschriften passen.
4. Abschlusskontrolle im Plenum. *Lösung*: 1 G; 2 C; 3 E; 4 H
5. Sprechen Sie mit den TN darüber, warum die anderen Überschriften nicht passen. Sensibilisieren Sie die TN dafür, dass bei diesen kurzen Überschriften jedes Wort „passen“ muss. Es reicht nicht, wenn man z.B. im ersten Gespräch lediglich „Rentner und Obdachlose“ versteht, denn dann kommt man auf Überschrift F. Aber Frau Müller ist keine Gastwirtin. Die TN müssen also genau hinhören. Das ist auch im Hinblick auf Prüfungen wichtig.
6. Die TN lesen die Aussagen in Aufgabe b) und markieren Schlüsselwörter. Es sollten so wenig wie möglich sein, aber so viele wie nötig.
7. Die TN hören die Sendung ein zweites Mal und kreuzen ihre Lösungen an.
8. Abschlusskontrolle im Plenum. *Lösung*: 1 falsch, falsch; 2 richtig, falsch; 3 richtig, richtig; 4 falsch, richtig
9. Besprechen Sie auch hier, warum einzelne Lösungen richtig bzw. falsch sind.

D4 **Aktivität im Kurs: Über das persönliche Vorbild sprechen**

Die TN finden sich paarweise zusammen und sprechen über ihr persönliches Vorbild. Sagen Sie den TN, dass diese Übung Gesprächscharakter haben sollte, d.h. man geht auf die Äußerungen des Partners ein, stellt und beantwortet Fragen. Auf Ihr Zeichen hin wechseln die Paare und ein neues Gespräch beginnt. Lassen Sie die Paare höchstens dreimal wechseln.

E1

Leseverstehen: Leserbrief

1. Klären Sie mit den TN den Begriff „Gewissensfrage". Erläutern Sie den TN, dass es sich hierbei um eine schwierige und nicht eindeutige Entscheidung handelt. Es gibt mehrere Möglichkeiten, sich zu entscheiden, und für jede gibt es gute Argumente.
2. Die TN lesen den Leserbrief. Sprechen Sie mit den TN darüber, was Alexanders Problem ist und welche Möglichkeiten zur Lösung er sieht.
   Lösungsvorschlag: Alexanders Problem besteht darin, dass eine Freundin sich eine neue Frisur hat machen lassen, die ihr aber nicht gut steht. Er weiß nicht, ob er ihr das sagen soll, denn die Freundin hat kein großes Selbstbewusstsein.

Arbeitsbuch 25: im Kurs

E2

Argumente sammeln

1. Die TN lesen die Argumente und ordnen sie zu.
2. Abschlusskontrolle im Plenum. Stellen Sie sicher, dass alle TN die Argumente verstanden haben.
   Lösung: A 1, 2, 6, 7, 8; B 3, 4, 5
3. Die TN, die dafür sind, die Wahrheit zu sagen, sammeln sich an einem Tisch. Die TN, die dafür sind, die Frisur schönzureden, sammeln sich an einem anderen. Die beiden Gruppen besprechen weitere Argumente für ihren Standpunkt und notieren diese.
4. Die TN stellen ihre Argumente vor.
5. *fakultativ*: Bilden Sie Paare mit jeweils einem TN aus der Gruppe der „Schönredner" und einem aus der Gruppe der „Wahrheitssager". Die Paare diskutieren über das Problem und versuchen, zu einer Lösung zu kommen.

Arbeitsbuch 26: als Hausaufgabe

E3

Aktivität im Kurs: Über Gewissensfragen diskutieren

1. Kopieren Sie jede der Gewissensfragen auf einen großen Zettel, sodass die TN sie gut lesen können. Hängen Sie die drei Kopien in unterschiedliche Ecken des Kursraums. Die TN lesen die Probleme und stellen sich zu dem Problem, das sie interessiert. Die so entstandenen Gruppen überlegen zunächst, welche Lösungsmöglichkeiten es für ihre Gewissensfrage gibt, und halten ihre Ideen auf der Kopie fest. Innerhalb der Gruppen entscheiden die TN sich für eine Möglichkeit und bilden Untergruppen, in denen sie nun Argumente für ihren Standpunkt sammeln.
2. Die Gruppen stellen ihre Ergebnisse im Plenum vor.
3. *fakultativ:* Kopieren Sie die Kopiervolage L12/E3 so oft, dass Sie für je zwei TN ein Kärtchen mit einer Gewissensfrage haben. Legen Sie je eine Karte auf einen Tisch. Die TN bilden Paare und stellen/setzen sich an einen Tisch. Sie lesen das Problem und diskutieren mit der Partnerin / dem Partner das Problem. Auf Ihr Zeichen wechseln die Paare an andere Tische und sprechen über das neue Problem etc. Wenn die TN Spaß daran haben, können Sie mit der Übung so lange fortfahren, bis alle Paare alle Probleme besprochen haben. Ansonsten brechen Sie die Übung nach drei Stationen ab.
   Variante: Die TN schreiben selbst Situationskarten zu Themen, die sie interessieren, weil sie ihnen z.B. schon einmal Gewissensnöte bereitet haben. Sie legen die Karten auf den Tischen aus, dann weiter wie oben.

Arbeitsbuch 27–29: in Stillarbeit oder als Hausaufgabe

Einen Test zu Lektion 12 finden Sie auf den Seiten 114–115. Weisen Sie die TN auf die interaktiven Übungen auf ihrer Arbeitsbuch-CD hin. Die TN können mit diesen Übungen den Stoff der Lektion selbstständig wiederholen und sich ggf. auch auf den Test vorbereiten.

Zwischenspiel 12

Reden wir drüber ...

Kommunikationswege

Materialien
2–3 Kopiervorlage „Zwischenspiel zu Lektion 12"

1 **Lese-/Hörverstehen: Rat und Hilfe am Telefon, per SMS und E-Mail**

1. Die TN betrachten die Zeichnungen und stellen Vermutungen über die jeweilige Situation an: Mit wem telefoniert die Person wohl? Warum? Worüber könnte sie sprechen?
   Hinweis: Es ist sehr wichtig, den TN zu Beginn genug Zeit für die Beschäftigung und Einstimmung mit den Zeichnungen zu geben, da die Beziehungen der einzelnen Personen zueinander, die in den Hörtexten genannt werden, sonst nicht herausgehört werden können.
2. Die TN lesen die Texte und versuchen eine erste Zuordnung der Namen.
3. Jeder TN entscheidet sich für eine Person, auf die er beim Hören achten will. Achten Sie darauf, dass es für jede Person „Zuhörer" gibt (außer für Fred, für den die Lösung schon angegeben ist).
4. Spielen Sie die Hörtexte so oft wie nötig vor. Die TN achten auf „ihre" Person und ordnen sie der passenden Zeichnung zu.
5. Abschlusskontrolle im Plenum.
   Lösung: B Jonas; C Sebastian; D Cécile; E Anne; F Hermine; G Kirsten
6. Die TN schreiben in Stillarbeit oder in Partnerarbeit auf, wer mit wem kommuniziert. Spielen Sie die Hörtexte ggf. noch einmal vor.
7. Abschlusskontrolle im Plenum.
   Lösung: telefonisch: Fred – Herr von Weißenhorn, Jonas – Hermine, Sebastian – Kirsten, Cécile – Anne

2 **Lese-/Hörverstehen: Wichtige Details verstehen**

1. Die TN lesen die Aufgabe 2. Geübte TN erhalten die Kopiervorlage „Zwischenspiel zu Lektion 12" und lesen die Übung 1. Spielen Sie die Hörtexte ggf. noch einmal vor. Die TN beantworten die Fragen im Kursbuch oder auf der Kopiervorlage.
2. Abschlusskontrolle im Plenum. Auch ungeübte TN erhalten nun die Kopiervorlage, um bei den Antworten der geübten TN mitnotieren zu können.
   Lösung Aufgabe 2: a) oft zu spät; b) Onkel; c) das Geld, obwohl er keine Lust hat; d) sie; e) Anne, per SMS; f) ein schlechtes Gewissen; Weil sie in Sebastian, den Ex-Freund ihrer Freundin Anne, verliebt ist; g) keine gute Freundin; Weil sie Anne zwar tröstet, zugleich aber selbst mit Annes Ex-Freund ausgehen möchte (SMS an ihn)
   Lösung Übung 1 der Kopiervorlage: a) Sie vereinbaren, dass Fred am nächsten Mittag die Miete bezahlen wird. b) Bei einem Problem mit dem Computer: Er möchte eine Datei unter einem anderen Namen speichern. c) Ja, weil Fred sein Neffe ist. d) Sie sind Freundinnen, aber auch Konkurrentinnen. e) Er ist der Ex-Freund von Anne, kennt aber auch Cécile und Kirsten und zeigt Interesse an ihnen. Cécile hat ebenfalls Interesse an Sebastian, Kirsten ist in Sebastian verliebt, hat aber auch Sorge um Anne.

3 **Freies Kursgespräch: Ratschläge geben**

1. Die TN entscheiden sich, ob sie lieber über Anne und Kirsten oder über Jonas und Fred sprechen möchten, und finden sich in Gruppen mit „Gleichgesinnten" zusammen.
2. Die TN diskutieren über „ihre" Personen, sagen, wie sie deren Verhalten finden und was diese am besten tun sollten.
3. Jeder TN, der über Kirsten und Anne gesprochen hat, findet sich mit einem TN aus einer Gruppe zusammen, die über Fred und Jonas gesprochen hat. Die Partner teilen sich gegenseitig die Diskussionsergebnisse ihrer Gruppe mit.
4. *fakultativ:* Bitten Sie sie die TN, sich vorzustellen, dass eine der Personen (außer Sebastian und Hermine) ihnen in einem Brief von ihrem Problem berichtet hätte. Die TN sollen nun in einem Antwortbrief zu dem Problem Stellung nehmen und einen Rat geben. Schreiben Sie für jede der sechs Personen zwei Leitfragen an die Tafel, auf die die TN im Brief antworten sollen.
5. Die TN bearbeiten die Übungen 2–4 der Kopiervorlage in Stillarbeit oder als Hausaufgabe.
   Lösungsvorschlag Übung 2: Wenn Sie die Miete nicht endlich bezahlen, werde ich mich an einen Rechtsanwalt wenden. / Ja, wie denn? Sie zahlen ja nicht, wenn man Ihnen nicht droht! / Na ja, gezahlt vielleicht schon, aber ... / Sie haben die Miete immer zu spät überwiesen. / Also, wann bekomme ich denn nun endlich mein Geld? / Ganz sicher? / Meine Geduld ist jetzt nämlich wirklich zu Ende. Sie zahlen das Geld bis spätestens 12 Uhr, verstanden? / Und keine Minute später, hören Sie? / Schön, dann erwarte ich Sie also morgen Mittag.
   Lösung Übung 3: b) 6; c) 7; d) 5; e) 4; f) 1; g) 2
   Lösung Übung 4: b) C; c) D; d) E; e) F; f) G, g) B

Auf einer Infoveranstaltung Informationen erfragen

Die TN können die wichtigsten Informationen zu einer sie interessierenden Tätigkeit verstehen, z.B. Voraussetzungen, erforderliche Abschlüsse, mögliche Arbeitgeber.

Da dieser Fokus möglicherweise nur für einen Teil der TN von Interesse ist, können die Übungen auch als Hausaufgabe gegeben werden.

1 **Lese-/Hörverstehen: Einen Vortrag hören**

1. Fragen Sie die TN zur Vorbereitung, wo und wie man sich über berufliche Möglichkeiten, Umschulungen und Ausbildungen informieren kann. Die TN können ggf. aus eigener Erfahrung einige Möglichkeiten wie die Agentur für Arbeit nennen. Weisen Sie ggf. auf Ausbildungsmessen hin.
2. Die TN lesen die Aufgabe und kreuzen an, zu welcher Informationsveranstaltung Diego geht.
3. Abschlusskontrolle im Plenum. *Lösung:* A
4. Erklären Sie, dass es auf Infoveranstaltungen häufig Vorträge zu verschiedenen Berufen und Bereichen des Berufslebens (Bewerbung, Elterngeld etc.) gibt. Die TN lesen die Aufgabe b) und kreuzen mit Bleistift an, was ihrer Meinung oder ihres Wissens nach richtig ist.
5. Die TN hören den Vortrag und prüfen ihre Lösungen.
6. Abschlusskontrolle im Plenum. *Lösung:* Physiotherapeuten helfen Menschen, die sich nicht mehr gut bewegen können

2 **Hörverstehen 2: Ein Beratungsgespräch verstehen**

1. Die TN lesen die Fragen und ordnen die passenden Rubriken zu. Gehen Sie herum und helfen Sie bei Bedarf.
2. Abschlusskontrolle im Plenum. *Lösung (von oben nach unten):* Ausbildungsdauer; Ausbildungsinhalte; Spezialisierung; Finanzielle Aspekte; Verdienst/Einkommen; Zugangsvoraussetzungen; Lernorte
3. Die TN hören das Gespräch mit der Berufsberaterin so oft wie nötig und kreuzen an, welche Fragen im Gespräch vorkommen.
4. Abschlusskontrolle im Plenum. *Lösung:* Wie lange dauert die Ausbildung? Was lerne ich denn da? Ist die Ausbildung denn sehr teuer? Wie viel verdient man denn als Physiotherapeut? Welche Unterlagen brauche ich für die Bewerbung?
5. Die TN finden sich in kleinen Gruppen zusammen, zu jeder Frage eine Gruppe. Sie hören noch einmal und machen Notizen zu den Antworten.
6. Abschlusskontrolle im Plenum. *Lösung:* vgl. Hörtext

LANDES KUNDE Informieren Sie die TN darüber, dass es bei Umschulungen und Weiterbildungen finanzielle Hilfen und Zuschüsse gibt. Genauere Informationen dazu erhalten die TN bei der Agentur für Arbeit.

3 **Rollenspiel**

Die TN sprechen mit ihrer Partnerin / ihrem Partner über ihren Beruf und informieren über die Ausbildung, die dafür nötig ist, sowie die Aufgaben und Tätigkeiten. Die Fragen und Antworten aus Übung 2 helfen ihnen dabei.

PROJEKT Informieren Sie sich, ob in nächster Zeit in der Nähe des Kursortes eine Jobmesse oder Ausbildungsmesse stattfindet. Alternativ können Sie einige TN mit der Recherche beauftragen. Bietet sich ein gemeinsamer Besuch an? Wenn ja, bereiten Sie mit den TN Fragen vor, die sie an Infoständen oder für bestimmte Vorträge benötigen, und besuchen Sie die Jobmesse gemeinsam. Wenn ein Besuch nicht möglich ist, lesen die TN die Prospekte und Infoblätter zur Messe: Welche Veranstaltungen würden sie interessieren? Welche Vorträge und Infostände würden sie besuchen?

Materialien
1 ggf. Plakate und Filzstifte; Poster der Foto-Hörgeschichte

1 **Vor dem Hören: Schlüsselwörter verstehen**

1. Die Bücher sind geschlossen. Sprechen Sie mit den TN darüber, wie Bürger Einfluss auf die Politik nehmen können. Geben Sie den TN, wenn nötig, ein konkretes Beispiel vor: In der Wohngegend, in der die TN wohnen, gibt es viele Kinder, aber kaum Flächen, wo diese spielen können. Jetzt soll aus der großen Wiese, auf der die Kinder bisher gespielt haben, ein Parkplatz gemacht werden. Was können die Anwohner tun? Notieren Sie Stichwörter an der Tafel.
   Variante: Die TN arbeiten in Gruppen von sechs Personen zusammen und diskutieren das Thema. Ihre Vorschläge halten sie auf Plakaten in Stichwörtern fest. Besprechen Sie die Vorschläge anschließend im Plenum.
2. Hängen Sie das Poster der Foto-Hörgeschichte auf. Ein oder zwei TN zeigen das Flugblatt und den Papierflieger auf dem Poster.

2 **Vor dem Hören: Vermutungen äußern**

1. Sammeln und wiederholen Sie mit den TN an der Tafel Redemittel dafür, wie man etwas ausdrücken kann, was man nicht genau weiß (Vielleicht ..., Ich vermute ..., Ich glaube/denke/meine ..., Die Frau möchte ..., Die Frau könnte aber auch ..., Es ist möglich, dass ... etc.).
2. Die TN lesen das Flugblatt und stellen Vermutungen darüber an.
3. Die TN sehen sich die Fotos 6–8 an und erklären, was Nasseer und der Junge machen.
   Lösungsvorschlag: Sie basteln Papierflieger und machen ein Wettfliegen.
4. Die TN schreiben zu dritt zu diesen drei Fotos ein Gespräch. Gehen Sie herum und helfen Sie bei Wortschatzfragen.
5. Die TN spielen ihre Geschichten dem Plenum mit verteilten Rollen frei vor.

3 **Beim ersten Hören**

1. Die TN konzentrieren sich beim ersten Hören auf diese Fragen: Interessiert Nasseer sich für das Thema der Frau? Wie und warum spricht der Junge Nasseer an?
2. Abschlussgespräch im Plenum.
   Lösungsvorschlag: Nasseer hat beide Hände voll und möchte das Flugblatt eigentlich nicht haben. Er nimmt es dann doch und liest es, aber ohne großes Interesse. Der Junge hält Nasseer für einen Afrikaner und möchte wissen, ob es in Afrika immer heiß ist.

4 **Nach dem ersten Hören: Die Kernaussagen verstehen**

1. Sprechen Sie mit den TN über die Begriffe „Bürgerbegehren" und „Stadtrat", wenn nicht schon bei Aufgabe 1 geschehen. Weisen Sie auch auf die Wörterbuchausrisse im Kursbuch hin.
2. Die TN lesen die Beispiele, sie hören die Geschichte noch einmal und kreuzen ihre Lösungen an.
3. Abschlusskontrolle im Plenum.
   Lösung: a) für ein Bürgerbegehren; b) vom Stadtrat; c) aus dem Flugblatt einen Papierflieger basteln.

5 **Nach dem Hören: Kursgespräch über Kinderfreundlichkeit**

1. Klären Sie mit den TN den Begriff „kinderfreundlich". Die TN diskutieren im Plenum darüber, ob die Frau oder Nasseer kinderfreundlicher ist.
2. Sprechen Sie mit den TN über Kinderfreundlichkeit in Deutschland: Haben die TN schon etwas zu diesem Thema gehört oder gelesen oder gar eigene Erfahrungen machen können?
3. Fragen Sie die TN, wie sie reagieren würden, wenn sie von der Frau angesprochen werden würden.
4. *fakultativ:* Wenn Sie genügend Zeit haben, lassen Sie die TN paarweise ein kurzes Flugblatt zu einem Thema ihrer Wahl entwerfen. Wenn Sie die Fantasie der TN anregen wollen, können Sie auch ein paar Themen vorgeben, z.B. „Rettet die Meere – Esst keine Fischsuppe mehr" etc. Teilen Sie die TN in zwei Gruppen. Die TN der einen Gruppe haben je ein Flugblatt. Sie gehen auf die TN der anderen Gruppe zu und sprechen sie an. Diese sollen reagieren. Anschließend bekommt die andere Gruppe die Flugblätter.

Sie sind doch sicher auch für **schönere** Spielplätze!

Adjektivdeklination mit dem Komparativ und Superlativ
Lernziel: Die TN können politische Entscheidungen kommentieren und vergleichen.

A1 **Präsentation der Adjektivdeklination mit dem Komparativ und Superlativ**

1. Die TN stellen sich im Kreis auf. Werfen Sie einem TN das Tuch oder einen weichen Ball zu und sagen Sie einen Satz wie „Ein Hund ist groß". Der TN muss auf diesen Satz reagieren, indem er einen Satz mit dem Komparativ sagt, z.B. „Ein Pferd ist größer", und den Ball oder das Tuch einem anderen TN zuwirft. Der TN antwortet mit dem Superlativ, z.B. „Der Elefant ist am größten." Der nächste TN, dem der Ball oder das Tuch zugeworfen wird, beginnt mit einem neuen Satz. Mit dieser Übung soll den TN in spielerischer Form die Bildung von Komparativ und Superlativ in Erinnerung gerufen werden.
2. Die TN lesen die Beispiele im Buch und tragen ihre Lösungen ein.
3. Abschlusskontrolle im Plenum. *Lösung*: Das größte Problem ...; ... schwierigere Fragen ...; Ein größeres Angebot ...
4. Zeigen Sie anhand des Grammatikspots, dass man auch den Komparativ und den Superlativ als Attribut benutzen kann. Dann erhält der Komparativ einfach noch zusätzlich die Adjektivendung, der Superlativ bekommt statt „-en" die jeweilige Adjektivendung.

Arbeitsbuch 1: in Stillarbeit

A2 **Anwendungsaufgabe zur Adjektivdeklination mit dem Komparativ und Superlativ**

1. Die TN lesen die Aufgabenstellung a) und hören die Gespräche. Sie notieren zu jedem Gespräch ein Stichwort.
2. Abschlusskontrolle im Plenum. *Lösung*: 2 zu viele Verbote: ist dagegen; 3 Studiengebühren: ist dagegen
3. Die TN tragen die fehlenden Adjektive in Aufgabe b) ein und vergleichen ihre Lösungen, indem sie die Umfrage noch einmal hören. *Lösung*: 1 schärfere, höhere; 2 zufriedenere; 3 höheres, ärmeren, schlechtere

Arbeitsbuch 2–7: in Stillarbeit oder als Hausaufgabe

A3 **Aktivität im Kurs: Vergleiche ziehen**

1. Bilden Sie Vierergruppen. Die TN wählen ein Thema aus A2 oder suchen sich ein eigenes: Fragen Sie die TN, was sie ändern würden, wenn sie Kanzlerin/Kanzler von Deutschland oder Präsident in ihrem Land wären. Machen Sie eine Liste an der Tafel. Die TN suchen sich daraus ein Thema aus, sammeln Argumente dafür und dagegen und notieren sich Stichwörter dazu. Anschließend stellen sie in Kleingruppen ihr Ergebnis vor. Weisen Sie die TN auch auf den Redemittelkasten hin.
   Geübte TN notieren ihre Themen auf kleinen Zetteln, pro Zettel ein Thema. Die geübten TN sitzen zu viert zusammen und ziehen einen Zettel. Sie sprechen über das Thema und vergleichen die Situation mit Deutschland oder anderen Ländern. Weisen Sie die TN auch auf den Redemittelkasten hin.
2. *fakultativ*: Als Hausaufgabe schreiben die TN einen Text, in dem sie zu einem Thema ihrer Wahl die Situation ihres Heimatlandes mit Deutschland vergleichen. Dabei sollten die TN mindestens vier Wendungen aus dem Redemittelkasten benutzen. Sammeln Sie die Texte in der nächsten Kursstunde ein und korrigieren Sie sie.

Arbeitsbuch 8: als Hausaufgabe

Wo sind die **versprochenen** Einrichtungen für Kinder?

Partizip Perfekt als Adjektiv
Lernziel: Die TN können Zeitungsmeldungen verstehen und einen kurzen Vortrag halten.

Materialien
B1 Kopiervorlage L13/B1

B1 Präsentation des Partizip Perfekt

1. Die TN lesen den Zeitungsausschnitt und ergänzen die Endungen mithilfe des Grammatikspots.
2. Abschlusskontrolle im Plenum. *Lösung*: versprochenen; geplanten; interessierten
3. Machen Sie deutlich, dass man das Partizip Perfekt als Adjektiv benutzen kann, indem Sie einige Beispiele aus dem Text an der Tafel notieren. Das Partizip erhält die gleichen Endungen wie ein Adjektiv.

engagiert**e** Eltern	Die Eltern sind engagiert.
die versprochen**en** Einrichtungen	Die Einrichtungen sind versprochen.

4. Kopieren Sie die Kopiervorlage L13/B1 so oft, dass Sie für je zwei TN ein Exemplar haben. Schneiden Sie die Vorlagen in Kärtchen. Ungeübte TN erhalten die unteren Kärtchen, geübte TN bekommen die oberen. Die Paare verteilen die Kärtchen so, dass einer die grauen Kärtchen besitzt und die Partnerin / der Partner die weißen. Die Partnerin / Der Partner mit den weißen Karten beginnt, indem sie/er eine beliebige Karte auf den Tisch legt. Der andere sucht möglichst schnell unter seinen Karten ein dazu passendes Nomen aus. Der Kartensatz für ungeübte TN gibt das Partizip Perfekt mit der Endung bereits vor. Geübte TN müssen aus dem Verb das Partizip Perfekt mit der richtigen Endung selbst bilden.

Arbeitsbuch 9–11: in Stillarbeit

B2 Leseverstehen: Zeitungsmeldungen

1. Klären Sie mit den TN den Begriff „politische Mitbestimmung". Die TN haben in der Foto-Hörgeschichte bereits eine Möglichkeit kennengelernt: das Bürgerbegehren. Sammeln Sie mit den TN noch mehr Möglichkeiten, wie man mitbestimmen kann (Bürgerinitiative, Wahlen, Mitglied in einer Partei werden etc.).
2. Die TN sehen sich das erste Foto an. Notieren Sie zunächst „Wer? Was? Wo?" an der Tafel. Die TN sammeln Antworten auf diese Fragen. Sie sollen ein kurzes Szenario entwerfen, es geht nicht um eine richtige Lösung.
3. Verfahren Sie mit den anderen Fotos ebenso.
4. Die TN überfliegen die Zeitungsmeldungen und ordnen sie den Fotos zu.
5. Abschlusskontrolle im Plenum. *Lösung*: 1 B; 2 C; 3 A
6. Die TN ergänzen die Meldungen.
7. Abschlusskontrolle im Plenum. *Lösung*: 1 geplante; 2 gebastelten, geschriebenen; 3 gegründete, engagierten
8. Die TN sehen sich die Tabelle im Buch an und ergänzen sie. Wer fertig ist, schreibt mithilfe der W-Fragen der Tabelle einen kurzen Text über eine Demonstration oder einen Streik.
9. Abschlusskontrolle im Plenum.
Lösung:

	Wer protestiert?	Wogegen?/Wofür?	Wo?	Wie?
Text 1	Eltern, Lehrer, Schüler	gegen Schließung von Grundschulen	Hamburg	Demonstration, Protestunterschriften
Text 2	ca. 50 Kinder und Jugendliche	gegen Schließung des Schwimmbades	Hermannsburg	Demonstration, Plakate
Text 3	Bündnis der Bürgerinitiativen „Kein Flughafenausbau ..."	gegen Flughafenausbau, für Nachtflugverbot	Eppstein	Infostand

10. Die TN sprechen über die Forderungen der Leute: Würden sie auch dafür bzw. dagegen kämpfen? Warum ja, warum nein? TN, die einen kurzen Text zu einer Demonstration / einem Streik geschrieben haben, lesen diesen vor.

B3 Aktivität im Kurs: Einen Kurzvortrag halten

Die TN suchen zu Hause in muttersprachlichen oder deutschsprachigen Zeitungen oder im Internet nach interessanten Zeitungsmeldungen. Zu einem Thema, das sie besonders interessiert, notieren sie Stichwörter und berichten am nächsten Tag im Kurs darüber. Geben Sie den TN die Möglichkeit zu Nachfragen, Ergänzungen, Kritik und Diskussionen.

Arbeitsbuch 12–14: in Stillarbeit oder als Hausaufgabe

PROJEKT **Arbeitsbuch 15:** im Kurs: Die TN bearbeiten das Projekt wie angegeben in Kleingruppen von 3–4 TN.

PRÜFUNG **Arbeitsbuch 16:** Diese Übung entspricht im Wesentlichen z.B. der Prüfungsaufgabe Hören, Teil 3, der Prüfung *Deutsch-Test für Zuwanderer*. Sie eignet sich aber auch für die Vorbereitung der Prüfung *Zertifikat Deutsch* o.Ä.

C1 **Hörverstehen 1: Geschichtliche Daten verstehen**

1. Die Bücher sind geschlossen. Fragen Sie die TN, was sie über die Geschichte Deutschlands wissen. Erstellen Sie mit den Aussagen der TN einen Wortigel an der Tafel. Soweit möglich, notieren Sie auch, wann das jeweilige Ereignis stattgefunden hat.
2. Die TN öffnen ihr Buch und sehen sich die Fotos an. Die TN ordnen die Bildunterschriften zu.
3. Abschlusskontrolle im Plenum. *Lösung*: A 8; B 5; C 3; D 1; E 6; F 7; G 2; H 4
4. Sprechen Sie mit den TN darüber, was sie außerdem über die dargestellten Ereignisse wissen.
5. Die TN hören zunächst nur den Anfang des Textes (bis „unterbrechen"). Fragen Sie die TN, was für einen Text sie hören. Was ist die Situation?
   Lösungsvorschlag: Ein Reiseführer hält einer Reisegruppe zur Vorbereitung der Stadtbesichtigung einen kleinen Vortrag mit Diashow über die deutsche Geschichte.
6. Die TN hören den ganzen Text und notieren die Reihenfolge der Fotos, so wie sie im Text vorkommen.
7. Abschlusskontrolle im Plenum. *Lösung*: F; E; G; H; C; D; B; A

C2 **Hörverstehen 2: Informationen genau verstehen**

1. Die TN lesen die Aussagen. Dann hören sie den Text noch einmal und kreuzen ihre Lösungen an.
2. Abschlusskontrolle im Plenum. *Lösung*: richtig: 1, 4, 5, 7, 10; falsch: 2, 3, 6, 8, 9
3. Schreiben Sie Beispiel 1 an die Tafel. Markieren Sie die Verben. Das Passiv Präsens ist den TN schon aus *Schritte plus 4*, Lektion 10, und *Schritte plus 5*, Lektion 3, bekannt. Notieren Sie unter dem Beispielsatz im Präteritum die zweite Möglichkeit, das Passiv der Vergangenheit darzustellen, nämlich mit dem Perfekt: „Die Mauer ist von der DDR erbaut worden." Markieren Sie auch hier die Verben.
4. Verteilen Sie die Kopiervorlage L13/C2. Die TN sprechen in Partnerarbeit darüber, was am Checkpoint Charlie alles gemacht wurde.

Arbeitsbuch 17–22: in Stillarbeit oder als Hausaufgabe

C3 **Anwendungsaufgabe zum Passiv Präteritum und Passiv Perfekt**

1. Sprechen Sie mit den TN über die vier Abbildungen. Was ist zu sehen? Welches Ereignis zeigen die Fotos?
2. Spielen Sie den TN eine CD mit der deutschen Nationalhymne vor. Erläutern Sie in groben Zügen den Text der Nationalhymne. Sprechen Sie mit den TN über die Nationalhymne ihrer Länder. Was wird thematisiert?
3. Die TN bilden Vierergruppen und befragen sich gegenseitig nach dem Muster im Buch. Hängen Sie zur Kontrolle eine Liste mit den richtigen Antworten aus, damit die TN sich kontrollieren können. Achten Sie darauf, dass die TN zuerst versuchen, selbst zu einem Ergebnis zu kommen.
   Lösung: 8. Mai 1945: der Zweite Weltkrieg beendet; 1961: die Mauer erbaut; 1949: die Bundesrepublik Deutschland und die DDR gegründet; 9. November 1989: die Mauer geöffnet; 3. Oktober 1990: die Wiedervereinigung zum ersten Mal gefeiert; 10. September 1964: der millionste Gastarbeiter begrüßt; Dezember 1945: der erste VW-Käfer produziert; 1919: das allgemeine Frauenwahlrecht eingeführt; 26. August 1841: die deutsche Nationalhymne gedichtet

C4 **Aktivität im Kurs: Über die Geschichte des Heimatlandes sprechen**

1. Die TN sammeln Redemitteln für den Einstieg, Überleitungen und das Ende einer Präsentation (z.B. Dieses Foto zeigt, wie ...; Wenn ihr Fragen habt, könnt ihr ruhig dazwischenfragen ...).
2. Die TN finden sich nach Herkunftsländern in Gruppen zusammen. Wenn das aufgrund der Kurszusammensetzung nicht möglich ist, können die TN auch allein oder zu zweit arbeiten. Die TN erhalten die Möglichkeit, zu Hause (im Internet) Daten zu den Leitfragen nachzusehen oder Fotos für ihre Präsentation zu suchen.
3. In der darauffolgenden Unterrichtsstunde erstellen sie in den Gruppen oder allein ein Plakat mit Zeichnungen und/oder Fotos, das sie als Anschauungsmaterial für ihre Präsentation nutzen möchten. Gehen Sie herum und helfen Sie bei Bedarf.
4. Die TN hängen ihr Plakat auf und berichten dem Plenum über ihr Heimatland.

Über Parteien und Politiker

Landeskunde: Parteien und Politiker
Lernziel: Die TN können über Parteien und Politik in Deutschland sprechen.

Materialien
D1 Plakate und Filzstifte
D2 farbiges Papier
D3 Plakate und Filzstifte, Zettel
Test zu Lektion 13
Wiederholung zu Lektion 12 und Lektion 13

D1 **Landeskunde 1: Über Politiker und Parteien sprechen**

1. Die Bücher sind geschlossen. Bereiten Sie zu Hause zwei Plakate vor, eins mit einem Wortigel zu „Politiker" und eins mit einem Wortigel zu „Parteien". Verteilen Sie dicke Filzstifte. Die TN gehen zu den Plakaten und notieren, wen sie kennen und was sie über die Parteien Deutschlands (bzw. Österreichs oder der Schweiz, falls Sie dort unterrichten) wissen.
2. Die TN erklären dem Plenum ihre Stichwörter auf den Plakaten und geben alle Informationen, die sie darüber haben. Greifen Sie nur ein, um notfalls etwas richtigzustellen.
3. Die TN öffnen ihr Buch und lösen die Aufgabe b).
4. Abschlusskontrolle im Plenum. *Lösung*: 1 C; 2 B; 3 E; 4 F; 5 D

D2 **Landeskunde 2: Die Farben der Parteien**

1. Bereiten Sie zu Hause je ein Blatt Tonpapier in den Farben Rot, Grün, Gelb, Blau und Schwarz vor. Wenn Sie kein entsprechend farbiges Papier haben, malen Sie mit Wasserfarben oder Filzstiften eine große Fläche auf einem weißen Papier aus. Die Bücher sind geschlossen. Teilen Sie den Kurs in fünf Gruppen. Jede Gruppe erhält ein farbiges Papier und notiert darauf, was sie mit dieser Farbe verbindet, z.B. Rot = Liebe, Feuer etc. Die Gruppen tauschen das Papier reihum, lesen die Notizen der anderen und ergänzen, was ihnen noch einfällt. Wiederholen Sie den Vorgang so oft, bis jede Gruppe jede Farbe bearbeitet hat.
2. Abschlussgespräch im Plenum über die Plakate.
3. Die TN sehen sich die Schlagzeilen im Kursbuch an und überlegen zunächst paarweise, welche Parteien gemeint sein könnten.
4. Die TN lesen den Text und versuchen, die Farben den Parteien zuzuordnen.
5. Abschlussgespräch im Plenum. Klären Sie an dieser Stelle unbekannten Wortschatz. Sprechen Sie darüber, welche Möglichkeiten es gibt, Parteien zu bezeichnen (z.B. CDU = die Schwarzen, die Konservativen).
   Lösung: SPD: Rot, kämpferisch, leidenschaftlich; CDU: Schwarz, Farbe der Kirche; FDP: Gelb und Blau, Blau ist für das Ausland wichtig; Bündnis 90/Die Grünen: Grün, Farbe des Waldes
6. Die TN vergleichen die Farben der Parteien auch mit den Ideen, die sie zu den Farben notiert haben. Was passt? Was passt nicht?

D3 **Aktivität im Kurs: Wahl einer Kurssprecherin / eines Kurssprechers**

1. Teilen Sie den Kurs in vier Gruppen. Jede Gruppe erhält ein Plakat und Filzstifte. Die TN überlegen sich einen Namen für ihre Partei, ein Symbol oder/und eine Farbe und schreiben ein Wahlprogramm auf das Plakat.
2. Die Gruppen entscheiden, wer der Kandidat für die Kurssprecherin / den Kurssprecher sein soll. Sie/Er stellt dem Plenum das Kursprogramm vor.
3. Bereiten Sie „Wahlzettel" mit den Parteinamen vor. Jeder TN erhält einen Wahlzettel und wählt nun seinen Kandidaten. Allerdings ist zu beachten, dass die TN nicht für ihre eigene Partei stimmen dürfen. Wer die meisten Stimmen bekommen hat, ist Sieger.
4. *fakultativ*: Feiern Sie eine kleine Wahlparty. Bestimmen Sie einen Journalisten (in großen Kursen auch mehrere Journalisten von verschiedenen Zeitungen), der die ersten Interviews nach der Wahl macht, selbstverständlich mit dem Sieger, aber auch mit den Verlierern.

Arbeitsbuch 23–24: in Stillarbeit; **25:** im Kurs

LERN TAGEBUCH **Arbeitsbuch 26:** im Kurs: Die TN lesen die Sätze und kreuzen in Stillarbeit an, was für sie zutrifft. Sie vergleichen mit der Partnerin/dem Partner und sprechen kurz über eventuelle Unterschiede. Die TN lesen Aufgabe b) und überlegen gemeinsam, wie man z.B. im Supermarkt, in der U-Bahn oder in der Apotheke „nebenbei" die Deutschkenntnisse verbessern kann (z.B. bei Durchsagen genau hinhören, beim Warten in der Apotheke den Gesprächen mit dem Kunden vor einem „lauschen" etc.). Die TN sprechen über Wendungen, die ihnen bereits aufgefallen sind und die anders oder gar nicht richtig in ihrer Muttersprache ausgedrückt werden (können). Sammeln Sie gemeinsam einige Beispiele und fordern Sie die TN auf, in Zukunft solche Wendungen in ihrem Lerntagebuch zu notieren. Durch Aufschreiben und Wiederlesen werden sie bewusster.

Einen Test zu Lektion 13 finden Sie auf den Seiten 116–117. Weisen Sie die TN auf die interaktiven Übungen auf ihrer Arbeitsbuch-CD hin. Die TN können mit diesen Übungen den Stoff selbstständig wiederholen und sich ggf. auch auf den Test vorbereiten. Wenn Sie mit den TN den Stoff von Lektion 12 und Lektion 13 wiederholen möchten, verteilen Sie die Kopiervorlage „Wiederholung zu Lektion 12 und Lektion 13" (Seiten 104–105).

Zwischenspiel 13

Der anatolische Schwabe

Eine Kurzbiografie

1 **Leseverstehen 1: Eine Kurzbiografie lesen**

1. Die TN sehen sich das Foto an. Fragen Sie, wer bereits von Cem Özdemir gehört hat und was die TN über ihn wissen.
2. Die TN schreiben einen Steckbrief in ihr Heft analog zu den Stichpunkten in der Aufgabe. Schreiben Sie den Steckbrief an die Tafel oder auf eine Folie.
3. Die TN lesen die Kurzbiografie und machen sich Notizen in ihrem Steckbrief.
4. Abschlusskontrolle im Plenum. Schreiben Sie stichwortartig an der Tafel oder auf der Folie mit.
   Lösung: Heimatstadt: Bad Urach bei Stuttgart; Familie: Vater aus Tokat, Mutter aus Istanbul, verheiratet, zwei Kinder; Staatsangehörigkeit: zuerst türkisch, seit 1983 deutsch; Ausbildung: mittlere Reife, Erzieher, Fachabitur, Studium der Sozialpädagogik; Politische Karriere: 1981 Mitglied bei den Grünen, 1994 Abgeordneter im Deutschen Bundestag; 2004 bis 2009: Mitglied des Europäischen Parlaments; 2008: Bundesvorsitzender der Grünen
5. Zur Vertiefung des Textverständnisses bearbeiten die TN Übung 1 der Kopiervorlage „Zwischenspiel zu Lektion 13".
6. Abschlusskontrolle im Plenum. *Lösung:* a) richtig; b) falsch; c) richtig; d) richtig; e) richtig; f) falsch

2 **Einen Schlüsselbegriff verstehen**

Die TN stellen Vermutungen darüber an, was mit „Inländer" gemeint ist und was das Thema des Buches ist. Da das Wort „Ausländer" bekannt ist, dürfte es den TN kaum Schwierigkeiten bereiten. Weisen Sie aber darauf hin, dass es sich dennoch um ein Wortspiel handelt, denn das Wort „Inländer" ist nicht gebräuchlich. Eigentlich spricht man beim Gegenteil von „Ausländer" eher von „Einheimischer".

3 **Leseverstehen 2: Ein Interview lesen**

1. Die TN lesen das Interview und bearbeiten Übung 2 der Kopiervorlage „Zwischenspiel zu Lektion 13".
2. Abschlusskontrolle im Plenum. *Lösung:* 1 c; 2 a; 3 d; 4 b
3. Die TN lesen die Aufgabenstellung und – sofern nötig – noch einmal das Interview. Dabei unterstreichen sie Passagen, in denen etwas steht, was sich Cem Özdemir für die Migranten wünscht.
4. Die TN formulieren in eigenen Worten die Wünsche von Cem Özdemir. Helfen Sie bei Bedarf.
5. Fragen Sie die TN nach ihren eigenen Erfahrungen als Migranten. Bleiben Sie dabei eng am Interview und fragen Sie gezielt, als was sich die TN sehen: als Deutsche, als Türken, Russen, Inder ... oder als Bindestrich-Mensch? Haben Verwandte der TN bereits einen deutschen Pass? Oder ihre Kinder? Wie leicht oder schwierig ist es nach Meinung der TN, einen deutschen Pass zu bekommen?
6. Die TN sammeln in Kleingruppen von 4–5 TN, was sie als „Deutschsein" betrachten. Achten Sie darauf, dass die TN nicht bei gängigen Stereotypen stehen bleiben, sondern auch in Betracht ziehen, inwiefern sie selbst zum Deutschsein beitragen und was Deutschsein für sie persönlich bedeutet. Wofür steht es?

4 **Einen Brief schreiben**

1. Die TN sammeln exemplarisch ein paar Fragen an den Politiker und Migranten Özdemir.
2. Sie schreiben in Stillarbeit oder als Hausaufgabe einen Brief an ihn.
3. Die TN reichen ihren Brief an die Nachbarin / den Nachbarn rechts weiter, lesen den neuen Brief, schreiben ggf. einen Kommentar dazu (z.B.: Gute Frage! Die Antwort würde ich auch gern wissen. / Genau! Das habe ich auch gefragt.). Dann geben sie den Brief wieder weiter. Machen Sie das ungefähr drei- bis maximal fünfmal.
4. Sammeln Sie die Briefe zur Korrektur ein.

Fokus Familie 13

Einen Antrag beim Elternbeirat stellen

Die TN können beim Elternbeirat einen Antrag stellen, z.B. auf Zuschuss zu einer Klassenfahrt.

Da dieser Fokus möglicherweise nur für einen Teil der TN von Interesse ist, können die Übungen auch als Hausaufgabe gegeben werden.

1 **Leseverstehen: Fragen und Antworten im Forum verstehen**

1. Die TN lesen die Texte aus dem Internetforum. Fragen Sie sie, was das Thema ist. *Lösungsvorschlag:* Klassenfahrt
   Variante: Die TN lesen die Aussagen a bis c und beurteilen aufgrund ihrer eigenen Erfahrungen oder Vermutungen, ob diese richtig oder falsch sind.
2. Die TN lesen die Aussagen a bis c. Sie lesen den Text noch einmal und kreuzen ihre Lösungen an.
   Variante: Wenn die TN vorab Lösungen angekreuzt haben, lesen sie nun den Text und vergleichen mit ihren Lösungsvorschlägen.
   Lösung: a) richtig; b) falsch; c) richtig

2 **Hörverstehen: Informationen über Anträge beim Elternbeirat verstehen**

1. Die TN lesen die Aussagen und berichten kurz, was sie über den Elternbeirat wissen.
2. Sie stellen Vermutungen darüber an, welche Aussagen richtig sind und welche falsch, sowie darüber, wie die falschen Aussagen richtigerweise lauten müssten.
3. Sie hören den Text so oft wie nötig und korrigieren die falschen Aussagen.
4. Abschlusskontrolle im Plenum. *Lösung:* c) schriftlich; d) richtig; e) nur mit Belegen/Bestätigung der Agentur für Arbeit; f) nein, auch persönliches Abgeben ist möglich; g) richtig; h) ca. zwei Wochen; i) der Klassenlehrer/die Klassenlehrerin

LANDES KUNDE Die TN sollten die wesentlichen Funktionen des Elternbeirats kennen. Informieren Sie sie darüber, dass der Elternbeirat von den Eltern der Schüler oder ggf. den Elternsprechern der einzelnen Klassen gewählt wird. Er vertritt die Interessen und Wünsche aller Eltern an der Schule, beteiligt sich an schulischen Veranstaltungen, fördert spezielle Projekte wie gesunde Ernährung und hat ein Mitspracherecht bei bestimmten Themen wie Neuanschaffung von Unterrichtsmaterialien.

3 **Eine E-Mail mit Informationen schreiben**

1. Die TN hören das Gespräch noch einmal und machen sich Notizen über die notwendigen Schritte, die für den Zuschuss zur Klassenfahrt erforderlich sind.
2. Mithilfe ihrer Notizen schreiben sie allein oder zu zweit die E-Mail an Timo.
3. Sammeln Sie die E-Mails zur Korrektur ein und bewerten Sie diesmal insbesondere die inhaltlichen Punkte: Haben die TN alle wesentlichen Schritte genannt und damit ihr Verständnis nachgewiesen?
4. Die TN erzählen, welche Unterstützung für Schüler es an der Schule ihres Kindes noch gibt bzw. welche anderen Hilfen man bei (finanziellen) Schwierigkeiten in Anspruch nehmen kann.

LANDES KUNDE Die TN sollten wissen, dass Schüler und Sorgeberechtigte Anspruch auf kostenlose schulpsychologische Beratung haben. Wenn die Eltern Transferleistungen vom Staat beziehen, bezahlt häufig das Jobcenter oder die zuständige ARGE die Klassenfahrt. Viele Schulen haben neben dem Elternbeirat auch einen Förderverein. Dort kann man einen Zuschuss zur Klassenfahrt bekommen. Auch Jugendämter und Stiftungen/Organisationen (z.B. Robert Bosch Stiftung, Deutsches Kinderhilfswerk) bieten Unterstützung an.

PROJEKT Die TN erhalten als Hausaufgabe den Auftrag, sich über den Elternbeirat an der Schule ihres Kindes zu informieren: Wie heißen die einzelnen Ansprechpartner, welche Funktionen haben sie, welche Angebote gibt es, an welchen Aktionen ist der Beirat beteiligt ... Die TN berichten über ihre Ergebnisse im Kurs.

ZU HAUSE IN DER WELT

Folge 14: *König Nasseer I.*
Einstieg in das Thema: Traditionen

1 **Vor dem Hören: Traditionelle Musik**

1. Die Bücher sind geschlossen. Spielen Sie Track 34 mehrmals vor und fragen Sie die TN, aus welchen Regionen der Welt die Musikbeispiele wohl stammen. Was vermuten die TN? Haben sie diese Musik schon einmal gehört oder ist etwas völlig Fremdes dabei?
2. Die TN öffnen ihr Buch. Sie hören noch einmal die drei Musikbeispiele und ordnen sie zu. Geben Sie zunächst keine ! Erklärung zu „Jodeln", es lässt sich per Ausschlussverfahren zuordnen. Wenn die TN die Foto-Hörgeschichte gehört haben, können Sie näher darauf eingehen.
3. Abschlusskontrolle im Plenum. *Lösung:* A 2; B 3; C 1

2 **Vor dem Hören: Über berühmte Sehenswürdigkeiten sprechen**

1. Die TN betrachten die Fotos im Buch. Sie erzählen, was sie über diese Orte oder Regionen wissen. Dabei geht es nicht um das Abfragen von Wissen, sondern um eine Einstimmung auf das Thema. Lassen Sie die TN daher frei und zwanglos und nur so lange darüber sprechen, wie sie Interesse zeigen.
2. Die TN lesen die Beschreibungen zu den Fotos und ordnen sie zu.
3. Abschlusskontrolle im Plenum. Gehen Sie dabei auf Wortschatzfragen ein.
   Lösung: A das größte und südlichste Bundesland in Deutschland; B ein sehr bekanntes und beliebtes Schloss in Bayern ...; C ein großes Gebirge in Mitteleuropa; D eine berühmte indische Grabstätte ...

3 **Vor dem Hören: Traditionelle Kleidung in Bayern und Indien**

1. Die TN betrachten die Zeichnungen im Buch. Sie lesen die Definitionen und versuchen allein oder zu zweit eine Zuordnung. Gehen Sie herum und helfen Sie bei individuellen Wortschatzfragen.
2. Abschlusskontrolle im Plenum. *Lösung:* A 1; B 4; C 2; D 3
3. Die TN zeigen die Kleidungsstücke auf den Fotos der Foto-Hörgeschichte.
   Lösung: der Turban: Foto 4–6; das Dirndl: Foto 3, (4–6); die Lederhose: Foto 3–4, (5–6); der Gamsbart: Foto 1, 3, 5–6
4. *fakultativ:* Suchen Sie vorab im Internet nach Fotos mit Personen, die eine Lederhose, ein Dirndl oder einen Hut mit Gamsbart tragen, und bringen Sie die Fotos mit. So können Sie den TN diese bayerisch-österreichischen Kleidungsstücke noch deutlicher veranschaulichen.

4/5 **Beim ersten Hören**

1. Bitten Sie die TN, die Fotos jetzt etwas genauer anzusehen. Sie überlegen in Partnerarbeit, auf welchen Fotos Nasseer träumt und was Realität ist. *Lösungsvorschlag:* Traum: Foto 3–6
2. Schreiben Sie „Jodeln" und „Jodelkönig" an die Tafel und bitten Sie die TN, beim Hören der Geschichte darauf zu achten, wo man jodelt, wer hier jodeln soll und was ein Jodelkönig ist.
3. Die TN hören die Geschichte.
4. Sprechen Sie mit den TN über die Fragen oben.
   Lösungsvorschlag: Gejodelt wird vor allem in der Alpenregion, z.B. Österreich, Bayern. Maja möchte, dass Nasseer jodelt. Der Jodelkönig ist Gewinner beim Jodelwettbewerb.

6 **Nach dem ersten Hören: Eine Geschichte nacherzählen**

1. Die TN lesen die Stichpunkte und hören die Geschichte noch einmal so oft wie nötig.
2. Die TN erzählen die Geschichte für ihre Partnerin / ihren Partner nach und umgekehrt.
   Variante: Bilden Sie einen Stuhlkreis mit den TN und beginnen Sie den Traum in Ich-Form. Sagen Sie nur einen Satz. Werfen Sie einem TN ein Tuch oder einen weichen Ball zu. Sie/Er setzt die Erzählung fort, wirft das Tuch oder den Ball weiter etc.

7 **Nach dem Hören: Über Heimat sprechen**

Die TN überlegen, welche Bedeutung Bayern und Indien in Nasseers Traum haben. Wie vermischen sich seine beiden „Heimaten" und warum?

... leben in Deutschland.

Landeskunde: Deutsche Regionen und Bundesländer
Lernziel: Die TN können über ein Land oder eine Region berichten.

Materialien
A1 Plakate, dicke Stifte
A2 *Variante:* Kopiervorlage L14/A2, Klebstoff, Scheren

A1 **Landeskunde: Vorstellungen über Deutschland**

1. Schreiben Sie „Deutschland" an die Tafel. Die TN nennen alle Begriffe, die ihnen spontan dazu einfallen.
Variante: Gestalten Sie die Aufgabe als Wettbewerb. Die TN stellen sich in zwei Gruppen vor der Tafel auf. Jede Gruppe bekommt eine Tafelhälfte. Die Gruppen schreiben in drei Minuten so viele Begriffe wie möglich auf. Dann vergleichen sie mit der anderen Gruppe. Wo gibt es Überschneidungen bzw. Unterschiede? Wer hat mehr gefunden?
2. Erklären Sie, dass die TN ihre persönliche Deutschlandkarte gestalten sollen, und verteilen Sie Arbeitsaufträge nach Neigung: TN, die gern schreiben, machen kurze Beschreibungen zu den Dingen, die sie in Deutschland kennen. TN, die lieber malen und basteln, zeichnen ihr persönliches Deutschland-Bild oder erstellen eine Collage. In diesem Fall sollten sie die Aufgabe aber als Hausaufgabe geben, damit die TN Zeit haben, Bilder zu suchen.
3. Die TN hängen ihre Bilder und Collagen auf und legen ihre Texte an verschiedene Stellen im Kursraum aus. Die TN gehen herum und lesen und betrachten die Ergebnisse der anderen.
4. Die TN finden sich in Gruppen von 4–5 TN zusammen und unterhalten sich ungezwungen über ihre Vorstellungen von Deutschland. Dabei haben sie auch Gelegenheit, den anderen Fragen zu ihren Texten oder Bildern/Collagen zu stellen. Bitten Sie die TN auch, eine Gruppensprecherin / einen Gruppensprecher zu wählen, der die wichtigsten Diskussionspunkte anschließend dem Plenum vorstellt.
5. Machen Sie einen Rückgriff auf die Foto-Hörgeschichte: Was für ein Deutschland-Bild hat Nasseer? Die TN vergleichen mit ihrem eigenen Bild.

A2 **Hörverstehen: Informationen über die deutschen Bundesländer verstehen**

1. Geben Sie den TN zuerst Zeit, die Deutschlandkarte zu betrachten und sich in Erinnerung zu rufen, wo die einzelnen Bundesländer liegen und wie die Hauptstadt jeweils heißt. Sprechen Sie auch über die Bilder in der Karte und fragen Sie, was damit gemeint ist (z.B. die Bäume in Baden-Württemberg stehen für den Schwarzwald), sonst können die TN manche Hörtexte womöglich nicht lösen, denn es werden nicht immer Städtenamen genannt.
Variante: Verteilen Sie die Kopiervorlage L14/A2 an Kleingruppen von 3–4 TN. Die TN schneiden die Begriffe aus und kleben sie auf das passende Bundesland. Gehen Sie herum und helfen Sie bei Bedarf.
! Es geht hier nicht darum, landeskundliches Detailwissen aufzubauen, sondern ausschließlich darum, das Hörverstehen mithilfe einiger Schlüsselwörter vorzuentlasten. Geben Sie also zu einzelnen Begriffen, wenn nötig, nur kurze Erklärungen.
2. Die TN hören jeden Text so oft wie nötig und notieren das Bundesland, über das gesprochen wird.
3. Abschlusskontrolle im Plenum.
Lösung: 1 Baden-Württemberg; 2 Schleswig-Holstein; 3 Berlin; 4 Nordrhein-Westfalen; 5 Sachsen; 6 Hamburg
4. Die TN hören noch einmal so oft wie nötig und sammeln Informationen über die Bundesländer.
Lösungsvorschlag: Baden-Württemberg: Urlaubsziel, schöne Landschaft, Schwarzwald, Bodensee, sparsame Menschen, die viel arbeiten, Sprache: Schwäbisch; Schleswig-Holstein: flaches Land, Küste, nordfriesische Inseln, im Osten Holsteinische Schweiz, bekannte Städte: Lübeck und Kiel, reservierte Menschen, Sprache: Friesisch, Plattdeutsch; Berlin: Regierungssitz und Hauptstadt, Weltstadt mit großem kulturellem Angebot, viele Wälder und Seen, Wahrzeichen Brandenburger Tor, manchmal unfreundliche Menschen; Nordrhein-Westfalen: Ruhrgebiet (= Deutschlands größtes Industriegebiet), Karneval (besonders in Köln), besonderer Dialekt, fröhliche Menschen; Sachsen: im Osten, Hauptstadt Dresden, an der Elbe, viele Kunstschätze, Semperoper, Leipzig: Wohnort des Komponisten Johann Sebastian Bach, Urlaubsregion Sächsische Schweiz; Hamburg: berühmter Hafen (über 800 Jahre alt), Name „Tor zur Welt", Medienstadt, an der Elbe, 2400 Brücken (mehr als Venedig, Amsterdam und London zusammen)
5. Die TN unterhalten sich über die Informationen: Was war neu/überraschend/ ... für sie?

A3 **Sprechen: Ein Besichtigungsprogramm erstellen**

1. Die TN lesen die Fragen im Buch. Sammeln Sie mit den TN weitere Fragen, die für die Kurzpräsentation interessant sein könnten.
2. Die TN machen sich Notizen über ihr Land / ihre Region zu den Fragen und erstellen allein oder in Partnerarbeit ein Programm für die Besucherin / den Besucher.
3. Die TN stellen ihr Land / ihre Region kurz vor. Damit es in großen Kursen nicht zu lang dauert und trotzdem jeder drankommt, verteilen Sie die Präsentationen auf die letzten zehn Minuten mehrerer Unterrichtsstunden.
4. Die zuhörenden TN vergleichen: Wo unterscheidet sich ihr eigenes Programm von dem der anderen? Geben Sie Gelegenheit zur Diskussion über die verschiedenen Programme. Wo würden die TN andere Schwerpunkte setzen und warum?

Arbeitsbuch 1–4: in Stillarbeit

B1 **Partnerinterview: Europäische Länder**

1. Die TN finden sich paarweise zusammen und befragen sich gegenseitig wie im Buch angegeben. Dehnen Sie die Aktivität nicht zu lange aus, es geht nur um eine Einstimmung der TN auf das Thema Europa.
2. Die TN berichten über ihre Partnerin/ihren Partner.
   Variante: Hängen Sie bei großen Gruppen eine Europakarte auf und kleben Sie für jedes Land, das in einer Antwort vorkommt, einen gelben Klebezettel (Post-it) auf. Wie sieht die Verteilung aus?

B2 **Eine Mindmap zum Thema Europa**

1. Verdeutlichen Sie am Beispiel im Buch, wie eine Mindmap funktioniert: Die TN sammeln ausgehend von einem Begriff Begriffe, die sie immer weiter differenzieren, bis ein richtiges Gedankennetz rund um den Ausgangsbegriff entsteht.
2. Die TN finden sich in Gruppen von 4–5 TN zusammen und erstellen eine Mindmap zu Europa. Machen Sie die TN, wenn nötig, darauf aufmerksam, dass es nicht um möglichst viel Wissen geht, sondern um das, was sie persönlich mit Europa verbinden (vgl. Deutschlandkarte in A1).
3. Die TN hängen die Mindmaps im Kursraum auf. Die Gruppen gehen umher und betrachten die Mindmaps der anderen Gruppen. Sollte ihnen ein Aspekt, der auf der eigenen Mindmap fehlt, wichtig erscheinen, können sie ihn auf ihrer Mindmap ergänzen.

TIPP

Die Mindmap ist auch eine gute Lernstrategie für das Lernen und Wiederholen von Vokabeln. Die Wörter eines Wortfelds werden zueinander in Beziehung gebracht und können so leichter memoriert werden. Versuchen Sie die Technik mit den TN einmal anhand eines für sie interessanten Wortfelds. Weisen Sie die TN darauf hin, dass sie sich ihre Mindmaps im Lerntagebuch aufbewahren sollten, denn mit zunehmenden Kenntnissen können diese erweitert und noch weiter differenziert werden. So sehen die TN auch ihren Lernfortschritt. Oder Sie erstellen mit dem Kurs eine Art Klassenwortschatz, indem die TN in Gruppen zu verschiedenen Wortfeldern jeweils eine Mindmap erstellen. Bieten Sie ihnen in den folgenden Stunden kurze Wortschatzarbeitssequenzen mit diesem gesammelten Wortschatz an, z.B. zu einem Themenkreis das Lieblings- oder Hasswort notieren und an die Wand hängen. Oder die TN geben an, welches Wort sie besonders leicht oder schwierig zu lernen finden und warum.

B3 **Landeskunde: Fakten über die Europäische Union**

1. Die TN überfliegen den Text.
2. Spielen Sie die Umfrage einmal komplett vor und fragen Sie die TN, wo die Situation stattfindet, wer fragt und wer gefragt wird.
3. Die TN lesen die Schlüsselbegriffe in der Tabelle. Klären Sie, wenn nötig, unbekannten Wortschatz.
4. Spielen Sie den Hörtext mehrmals, auch mit Unterbrechungen, vor und geben Sie den TN Zeit für die Eintragung ihrer Lösungen.
5. Abschlusskontrolle im Plenum.
   Lösung: 1 eine gemeinsame Währung; 2 hohe Kosten, Schwierigkeiten, gemeinsam Entscheidungen zu treffen; 3 offene Grenzen, mehr Reisefreiheit; 4 weniger Autonomie der einzelnen Länder; 5 politische Zusammenarbeit
6. Die TN vergleichen in einem kurzen Gespräch die Antworten der jungen Deutschen mit ihrer eigenen Meinung zu Europa.

B4 **Aktivität im Kurs: Länder raten**

1. Die TN finden sich in Gruppen von 3–4 TN zusammen und sammeln Informationen zu einem europäischen Land, das die anderen erraten sollen.
2. Die Gruppen stellen ihr Land vor, ohne den Namen des Landes zu nennen. Die Gruppe, die ein Land erraten hat, ist als Nächstes dran.
3. *fakultativ:* Alternativ oder zusätzlich können Sie mit den TN das in vielen Ländern bekannte Fernsehquiz „Wer wird Millionär?“ spielen. Schneiden Sie dazu die Fragekärtchen der Kopiervorlage L14/B4 aus und verteilen Sie sie an mehrere Moderatoren. Jeder Moderator findet sich mit vier Kandidaten zusammen und stellt die Einstiegsfrage. Wer am schnellsten antwortet, wird Kandidat. Der Moderator beginnt, die Fragen 1–10 zu stellen. Jede Frage ist einen „Geldbetrag“ wert. Der Kandidat antwortet. Wenn er nicht weiterweiß, hat er für das gesamte Spiel drei Joker zur Verfügung: Er darf das Publikum (= die übrigen drei Kandidaten) befragen, jemanden „anrufen“ (= die Kursleiterin / den Kursleiter fragen) oder den 50/50-Joker wählen (= der Moderator streicht zwei Falschantworten weg, sodass der Kandidat nur noch zwischen zwei Alternativen wählen muss). Sie/Er kann auch jederzeit aussteigen, wenn er nicht mehr weiterweiß und keine Joker mehr hat. Dann bekommt er „das Geld“, das er bis dahin erspielt hat.

Landeskunde: Besondere Traditionen
Lernziel: Die TN können über Feste und Bräuche berichten.

C1 **Leseverstehen 1: Schlagzeilen verstehen**

1. Die TN haben schon Schlagzeilen gelesen (z.B. in Lektion 12). Fragen Sie daher zur Erinnerung, was eine Schlagzeile ist.
2. Die TN lesen nur die Schlagzeilen und markieren mit Farbstiften oder verschiedenen Unterstreichungen, welche zwei Schlagzeilen ähnlich sind. So können sie beim Lesen der Texte schneller herausfinden, zwischen welchen zwei Schlagzeilen sie sich entscheiden müssen.
3. Die TN lesen die Texte. Geben Sie nur wenig Lesezeit, damit die TN die Texte nicht zu detailliert lesen. Es geht nur darum zu zeigen, dass die zentrale Aussage verstanden wurde.
4. Abschlusskontrolle im Plenum.
   Lösung: 1 C; 2 D; 3 A; 4 G

C2 **Leseverstehen 2: Kurzmeldungen detailliert lesen**

1. Die TN suchen sich selbstständig einen der Texte aus. Sie lesen ihren Text noch einmal und markieren dabei die Kerninformationen bzw. Schlüsselwörter.
2. Die TN berichten ihrer Partnerin / ihrem Partner den wesentlichen Inhalt ihres Textes.
3. *fakultativ:* Wenn Sie sichergehen wollen, dass die TN in eigenen Worten formulieren und zusammenfassen, können Sie ein paar Kurzberichte im Plenum vorstellen lassen.

C3 **Aktivität im Kurs: Über Feste und Bräuche sprechen**

1. Stellen Sie die Aufgabe zunächst als Hausaufgabe. Geben Sie den TN ausreichend Zeit zu recherchieren.
2. Die TN erzählen im Kurs von einem interessanten Fest oder Brauch.
3. *fakultativ:* Die TN schreiben ihren Bericht als kurze Zeitungsmeldung auf. Sammeln Sie die Texte ein und korrigieren Sie sie. Wer mag, kann seine Meldung im Kurs vorlesen.

D1 **Eine Definition für Heimat finden**

1. Die Bücher bleiben geschlossen. Machen Sie an der Tafel einen Wortigel zu Heimat, die TN nennen, was ihnen zu diesem Begriff einfällt. Bitten Sie die TN auch, das Wort „Heimat" in die Muttersprache zu übersetzen.
2. Die TN sprechen über die Farben, die ihre Heimat symbolisieren. Fragen Sie auch nach Farbsymbolen für andere Länder. Welche Farbe(n) assozieren die TN z.B. mit Deutschland, Österreich und der Schweiz?
3. Die TN öffnen ihr Buch und lesen die Fragen in Aufgabe c). Sie schließen die Augen und warten ab, welche Gedanken, Bilder, Geräusche, Gerüche etc. zu „Heimat" auftauchen. Sie schreiben ihre Bilder, Gefühle und Gedanken auf.
4. Die TN sprechen in kleinen Kursen im Plenum über ihre Empfindungen. In größeren Kursen ab 16 TN sollten Sie Vierergruppen bilden. Ermuntern Sie die jeweils zuhörenden TN zu Nachfragen.

D2 **Leseverstehen: Eine Reportage lesen**

1. Die TN lesen zuerst die Fragen zum Text, dann lesen sie und unterstreichen im Text, welche Assoziationen aus D1 vorkommen.
   Variante: Die TN finden sich paarweise zusammen. Jeder TN liest nur einen Textabschnitt und berichtet der Partnerin / dem Partner, was in ihrem/seinem Abschnitt steht und welche Assoziationen aus D1 im Text vorkommen.
2. Abschlusskontrolle im Plenum. Lassen Sie auch andere Lösungen als die hier angegebenen zu. Es ist auch von der persönlichen Einschätzung abhängig.
   Lösungvorschlag: Vural Öger: Gefühl, Erinnerung, Geruch, Familie, Freunde; Iris Berben: Gerüche, Orte
3. Die TN erzählen, welche Assoziationen ihrem eigenen Heimatgefühl am ehesten entsprechen und warum.

D3 **Aktivität im Kurs: Eine Kurszeitung machen**

1. Die TN schreiben im Kurs oder als Hausaufgabe einen persönlichen Text zum Thema „Heimat". Schreiben Sie selbst eine Einleitung für die Zeitung wie in D2.
2. Korrigieren Sie die Texte, bevor Sie sie TN mit Computerkenntnissen zur Gestaltung einer „Zeitung" geben. Kopieren Sie den Ausdruck der „Zeitung" für jeden TN. So haben diese eine schöne Erinnerung an den fast beendeten Kurs.

Viele Kulturen, eine Zukunft!

Zukunftsvisionen

Lernziel: Die TN können über persönliche Zukunftswünsche sprechen.

E1 **Leseverstehen: Ein internationaler Tagesablauf**

1. Die TN lesen den Text in Stillarbeit und ergänzen eine passende Jahreszahl. Gehen Sie herum und helfen Sie individuell bei Wortschatzfragen.
2. Abschlussdiskussion im Plenum. Die TN einigen sich auf eine Jahreszahl.
   Lösungsvorschlag: 2050
3. Die TN lesen den Text noch einmal und erstellen einen Tagesplan für die Erzählerin. Wer fertig ist, sammelt Dinge oder auch Rituale und Bräuche, die zu seinem Leben gehören, aber ursprünglich aus anderen Ländern stammen.
4. Die TN betrachten den Tagesplan und äußern ihre Meinung dazu: Können sie sich so ein Leben für die Zukunft vorstellen? Warum ja, warum nein? Was würde ihnen daran gefallen, was weniger? Wie interkulturell ist die Welt schon heute?
   Hinweis: Hier kann es interessant sein zu erfragen, was die TN z.B. als „lange" Anfahrtszeit verstehen, etc. Dies ist interkulturell unterschiedlich: In den USA z.B. werden vier Stunden mit dem Auto, um mit einer Freundin Kaffee zu trinken, als ganz normal empfunden, für Deutsche wäre es eine Reise!

E2 **Aktivität im Kurs: Über die eigene Zukunft sprechen**

1. Die TN lesen die Aufgabe und überlegen, wie ihre „interkulturelle" Zukunft aussehen könnte. Wie würde so eine Zukunft sprachlich aussehen? Fragen Sie die TN an dieser Stelle auch nach ihren persönlichen sprachlichen Zielen für die Zukunft.
2. Die TN ergänzen die angefangenen Sätze auf einem Zettel. Sie hängen diesen im Kursraum auf. Alle TN gehen herum und ergänzen auf den Zetteln der anderen ihren Namen, wenn eine Aussage auf sie auch zutrifft und sie sich das auch so wünschen.
   Variante: Sammeln Sie in kleinen Kursen bis maximal zwölf TN die Zettel ein, mischen Sie sie und lesen Sie sie vor. Die TN raten, welchem TN der jeweilige Zettel gehört.

Weisen Sie die TN auf die interaktiven Übungen auf ihrer Arbeitsbuch-CD hin. Die TN können jetzt auch ihren Kenntnisstand mit dem Fragebogen auf den Seiten 80 und 81 im Kursbuch überprüfen.

Fokus Alltag 14

Lebenslang lernen

Die TN können Gefühle im Hinblick auf das Lernen der deutschen Sprache äußern und sich mit anderen darüber austauschen, welche Schritte man unternehmen kann, um seine Sprachkenntnisse zu verbessern.

1 **Leseverstehen: Sprichwörter verstehen**

1. Die TN lesen den Text und markieren die Sprichwörter, die sie darin finden.
2. Lassen Sie sich von den TN die Sprichwörter nennen und schreiben Sie sie an die Tafel.
3. Sprechen Sie mit den TN über die Bedeutung der Sprichwörter: Welche können sie erschließen, welche gibt es so ähnlich auch in ihrer Muttersprache, für welche haben sie nur Vermutungen?
4. Der Text propagiert, dass man heutzutage ein Leben lang lernen muss, weswegen das Sprichwort „Was Hänschen nicht lernt ...“ nicht mehr zutrifft. Fragen Sie die TN, was ihre Meinung dazu ist.

2 **Deutschlern-Tipps sammeln**

1. Die TN lesen die Tipps und sprechen in Partnerarbeit darüber, welche sie selbst schon ausprobiert haben und welche sie hilfreich finden.
2. Sie ergänzen in Partnerarbeit weitere Tipps. Gehen Sie herum und helfen Sie bei Schwierigkeiten. Erinnern Sie die TN ggf. an Tipps, die sie im Lauf der Zeit bei der Projektarbeit oder der Arbeit mit Lerntagebuch-Aufgaben kennengelernt haben.
3. Im Plenum werden alle Tipps zusammengetragen. Fragen Sie exemplarisch nochmals nach ihren Erfahrungen der TN mit Lerntipps.

3 **Über den Lieblingstipp sprechen**

1. Die TN wählen ihren Lieblingstipp und begründen im Plenum, warum sie diesen gewählt haben. Wenn jemand mit keinem Lerntipp etwas anfangen kann, fragen Sie, was sie/er stattdessen wichtig findet, wenn man eine fremde Sprache lernt.
2. Die TN schreiben als Hausaufgabe einen kurzen Text (4–5 Sätze) über ihren Lieblingstipp.

Wiederholungsstationen

Materialien
Lösungsschlüssel; Hinweiszettel für Lernstationen
fakultativ: zusätzliche Aufgaben

Schritte plus 6 bietet als Abschluss im Arbeitsbuch ein Kapitel mit Wiederholungsübungen. Sicher haben die TN unterschiedliche Wünsche im Hinblick auf das, was sie noch üben möchten. Sagen Sie den TN daher, dass sie nicht alle Übungen machen müssen, sondern selbst auswählen können und sollen, welche Übungen sie machen möchten. Geben Sie eine Zeit für das Lösen der Übungen vor, z.B. eine Unterrichtsstunde. Legen Sie mehrere Lösungsschlüssel zu den „Wiederholungsstationen" bereit, damit die TN sich selbstständig kontrollieren können.

Variante:
1. Bereiten Sie die Wiederholungsübungen im Arbeitsbuch als Lernstationen (siehe den Tipp unten) vor, indem Sie z.B. an den einzelnen Stationen Hinweise auf die Übungen im Buch legen: „Möchten Sie Endungen üben? Machen Sie Übung 3–7."
2. Geben Sie den TN Zeit, die Stationen in Ruhe abzugehen und sich darüber zu informieren, welche Wiederholungsmöglichkeiten sie haben. Die TN entscheiden selbst, welche und wie viele Stationen sie bearbeiten möchten, gehen wieder an ihren Platz und lösen die Übungen zu ihren Stationen. Sie kontrollieren sich selbst mithilfe des Lösungsschlüssels.
3. *fakultativ:* Zusätzlich zu den Wiederholungsübungen aus dem Arbeitsbuch können Sie weitere Stationen „erfinden". Legen Sie z.B. kleine Schreibaufgaben aus, um auch das freie Schreiben zu üben (Brief aus dem Urlaub, Beschwerdebrief, Leserbrief etc.). Sammeln Sie diese Texte ein und geben Sie sie korrigiert an die TN zurück.

TIPP

Eine gute Möglichkeit für binnendifferenzierten Unterricht ist das Arbeiten mit Lernstationen: Den TN werden bei dieser Methode mehrere Arbeitsstationen angeboten, an denen sie bereits Gelerntes wiederholen und vertiefen können. Diese Arbeitsstationen werden als Arbeitsblätter, Kopiervorlagen, Arbeitsaufträge oder Hinweise auf Aufgaben im Kursbuch an verschiedenen Stellen im Kursraum ausgelegt und z.B. nach Schwierigkeitsgrad oder Themengebieten geordnet. Sie können Lernstationen immer wieder in Ihren Unterricht einbauen, wenn Sie ein Thema oder mehrere Themen wiederholen möchten. Mithilfe von Lernstationen fördern Sie die TN nach ihren unterschiedlichen Bedürfnissen und Interessen.

Was für Spiele spielen Sie gern? Warum?	Welches Spiel mögen Sie überhaupt nicht? Warum?
Was ist für Sie ein typisch deutsches Spiel?	Hatten Sie als Kind ein Lieblingsspiel? Erzählen Sie.
Was ist in Ihrem Heimatland ein beliebtes Kinderspiel?	Finden Sie Spiele für Kinder wichtig? Warum? / Warum nicht?
Kennen Sie ein Kartenspiel? Erklären Sie.	Können Sie Schach spielen? Wann haben Sie das gelernt? / Warum können Sie das nicht?
Welches Ballspiel spielen Sie gern? Wann haben Sie das gelernt?	Wann haben Sie zuletzt gespielt? Mit wem? Was?
Bei welchem Spiel sind/waren Sie besonders schlecht?	Spielen Erwachsene in Ihrem Heimatland? Was?
Kennen Sie ein typisches Spiel für Mädchen?	Kennen Sie ein typisches Spiel für Jungen?

Glücksbringer	überzeugen	mit Karte bezahlen
Ausbildung	Bewerbung	sich beschweren
Schauspieler	Stellenanzeige	Reihenhaus
Krimi	einen Ausflug machen	Hausordnung
Gesundheit	jemanden einladen	Heimat
Lerntyp	sich erholen	erkältet
Fremdsprache	Verkäufer	angestellt

A Sie sind den ersten Tag in Ihrer neuen Firma. Am Kopierer treffen Sie einen älteren Arbeitskollegen, den Sie noch nicht kennen.	**A** Sie treffen am Kopierer einen neuen Arbeitskollegen. Er ist jünger als Sie.
B Sie sind auf einem Schulfest und treffen die Mutter eines guten Freundes Ihres Sohnes.	**B** Sie sind auf einem Schulfest und treffen die Mutter eines guten Freundes Ihres Sohnes.
C Jemand duzt Sie auf der Straße, als er nach der Uhrzeit fragt. Sie kennen die Person aber nicht.	**C** Sie fragen nach der Uhrzeit und duzen, weil die Person genauso alt ist wie Sie.
D Sie sprechen jemanden auf der Straße mit „Du“ an, weil Sie glauben, dass es eine Freundin ist. Als sie sich umdreht, ist es eine Fremde.	**D** Jemand, den Sie nicht kennen, spricht Sie mit „Du“ an.
E Sie wohnen schon lange im selben Haus und bieten Ihrem Nachbarn das „Du“ an.	**E** Ihr Nachbar bietet das „Du“ an.
F Ein zehnjähriges Nachbarskind sagt „Du“ zu Ihnen. Sie möchten das nicht.	**F** Sie sind ein zehnjähriges Kind und duzen alle Erwachsenen, die Ihre Eltern auch duzen.

Was können Freundinnen zusammen machen? Kreuzen Sie an.

Man kann durch die City laufen. ☐

Man kann Eis essen gehen. ☐

Man kann zusammen auf Partys gehen. ☐

Man kann im Regen spazieren gehen. ☐

Man kann stundenlang Auto fahren ohne Ziel. ☐

Man kann die Nacht durchtanzen. ☐

Man kann in der Sonne dösen. ☐

Man kann sich neue Schuhe kaufen. ☐

Man ist nicht einsam. ☐

Man kann in derselben Wohnung wohnen. ☐

Man kann Billigflüge buchen. ☐

Man kann zusammen traurig sein. ☐

Man kann wie Schwestern sein. ☐

Man kann über alles reden. ☐

Man kann auf gute Musik stehen. ☐

Man kann die gleichen Schlager hören. ☐

Man kann über alles lachen. ☐

Man kann stundenlang versuchen, ein Rätsel zu lösen. ☐

Man kann einer Meinung sein, ohne zu diskutieren. ☐

1 **Was bedeuten diese Wörter? Ordnen Sie zu.**

a die Vorfahren → b	Physik, Chemie, Biologie
b der Meeresspiegel	Menschen, die vor langer Zeit gelebt haben und von denen wir abstammen
c der Himmelskörper	Lüge
d die Naturwissenschaft	Sonne, Mond, Stern oder ein Planet
e der Schwindel	Höhe des Meeres

2 **Lesen Sie die Einleitung und kreuzen Sie an: Richtig oder falsch?**

	richtig	falsch
a Seit es Menschen gibt, haben diese den Himmel betrachtet.	☐	☐
b Man versuchte, die Welt mithilfe der Bewegungen der Himmelskörper zu verstehen.	☐	☐
c Heute wissen die Menschen mehr über die Natur und glauben nicht mehr an die Astrologie.	☐	☐

3 **Wer sagt was? Ordnen Sie das passende Sternzeichen zu.**

1. Am wohlsten fühle ich mich zu Hause. ……………
2. Ein leckeres Essen und ein Glas Rotwein, das ist der perfekte Abend für mich. ……………
3. Arbeit hat noch keinem geschadet! ……………
4. Ich bin der Beste! ……………
5. Ich möchte in die Welt hinausgehen und Neues entdecken. ……………
6. Streit ist schrecklich! *Waage*……………
7. Am meisten lernt man, wenn man mit Menschen spricht. ……………
8. Ich helfe gern. ……………
9. Vor neuen Aufgaben habe ich keine Angst – im Gegenteil. ……………
10. Nur tiefe Gefühle sind echte Gefühle. ……………
11. Ich fühle, also bin ich. Ich liebe, also lebe ich. ……………
12. Man muss tolerant gegenüber anderen sein. ……………

Schein oder Sein

Sie brauchen Spielfiguren und einen Würfel. Ein Spieler beginnt und setzt seine Figur auf ein Feld seiner Wahl. Jetzt muss er den Satz mit ein bisschen Fantasie ergänzen. Wenn der Satz korrekt ist, bekommt er einen Punkt. Ab der zweiten Runde wird gewürfelt. Dabei dürfen die Spieler frei entscheiden, in welche Richtung sie ihre Figur bewegen, aber kein Feld darf von zwei Figuren gleichzeitig besetzt werden. Wenn Sie zweimal auf dasselbe Feld kommen, müssen Sie sich ein neues Satzende überlegen. Wer am Schluss die meisten Punkte gesammelt hat, hat gewonnen.

Herr Baum tut so, *als ob* ... (gleich verhungern), aber in Wirklichkeit ...	Es scheint, *als ob* ... (niemand zu Hause sein), aber in Wirklichkeit ...	Es sieht so aus, *als ob* ... (Frau Rossi viel arbeiten), aber in Wirklichkeit ...	Es sieht so aus, *als ob* ... (der Monitor kaputt sein), aber in Wirklichkeit ...
Es scheint, *als ob* ... (der Winter zu Ende sein), aber in Wirklichkeit ...			Frau Kaufmann tut so, *als ob* ... (sie kein Geld haben), aber in Wirklichkeit ...
Herr Ortega tut so, *als ob* ... (alles wissen), aber in Wirklichkeit ...			Frau Keller tut so, *als ob* ... (sie schon lange gewartet haben), aber in Wirklichkeit ...
Es sieht so aus, *als ob* ... (sein Auto kaputt sein), aber in Wirklichkeit ...			Es sieht so aus, *als ob* ... (der Computer neu sein), aber in Wirklichkeit ...
Es hört sich so an, *als ob* ... (jemand laut Musik machen), aber in Wirklichkeit ...			Es scheint, *als ob* ... (der Computer die Dateien gelöscht haben), aber in Wirklichkeit ...
Herr Martínez tut so, *als ob* ... (er keine Zeit haben), aber in Wirklichkeit ...	Es sieht so aus, *als ob* ... (es gleich regnen), aber in Wirklichkeit ...	Es hört sich so an, *als ob* ... (alle schlafen), aber in Wirklichkeit ...	Frau Köstner tut so, *als ob* ... (sie krank sein), aber in Wirklichkeit ...

Hinweis: Kopieren Sie die Kopiervorlage und schneiden Sie die Kärtchen aus. Wenn Sie mehr als 14 TN im Kurs haben, brauchen Sie einige Kärtchen doppelt.

Die TN stellen sich in die Mitte des Kursraums. Jeder TN erhält ein Kärtchen, liest die Angaben und formuliert eine vollständige Frage, zum Beispiel: „Was hast du heute gemacht, nachdem du aufgestanden warst?" Jeder TN sucht sich ein Gegenüber, stellt seine Frage und beantwortet die des anderen. Danach werden die Kärtchen getauscht und jeder sucht sich einen neuen Gesprächspartner etc.

Woran denkst du, *während* du ... (schöne Musik hören)?	**Wie hast du dich gefühlt, *während* du ... (den letzten Test schreiben)?**
Was machst du, *während* du ... (mit dem Bus zum Kurs fahren)?	**Was machst du, *während* deine Kinder ... (in der Schule sein)?**
Was hast du als Erstes gemacht, *nachdem* du ... (aufstehen)?	**Was hast du gemacht, *nachdem* du ... (die Schule beenden)?**
Was hast du heute gemacht, *nachdem* du ... (frühstücken)?	**Wie hast du gelebt, *bevor* du ... (heiraten)?**
Woran denkst du, *während* du ... (bügeln oder andere Hausarbeiten machen)?	**Was habt ihr als Nächstes gemacht, *nachdem* du ... (eine Freundin vom Flughafen abholen)?**
Was machst du normalerweise, *bevor* du ... (Hausaufgaben machen)?	**Was machst du, *während* du ... (eine lange Strecke mit dem Zug/Auto fahren)?**
Was musst du heute noch alles machen, *bevor* du ... (zu Bett gehen)?	**Welche Gefühle oder Gedanken hattest du, *bevor* du ... (das erste Mal zu einem Vorstellungsgespräch gehen)?**

1 Was ist die richtige Bedeutung? Kreuzen Sie an.

a ein Gerät mit Supermultifunktion

- ☐ ein Gerät mit vielen Funktionen und Anwendungsmöglichkeiten
- ☐ ein Gerät, das super funktioniert

b ein Spitzenqualitätsprodukt

- ☐ ein Produkt von total schlechter Qualität
- ☐ ein Produkt von sehr guter Qualität

2 In welcher Stimmung sind die Personen? Ergänzen Sie.

wütend • verzweifelt • leicht genervt • stolz

a Juhu, geschafft! Der Drucker funktioniert wieder. ....

b Ich kann nicht mehr. Ich weiß einfach nicht, was ich noch tun soll! ....

c Das darf doch nicht wahr sein, jetzt funktioniert das immer noch nicht. ....

d Ich bin echt sauer! Der Verkäufer kann was erleben! ....

3 Welche Aussagen bedeuten das Gleiche? Ordnen Sie zu.

a Es hat keinen Sinn.	Es ist noch nicht sicher, wer hier gewinnt.
b Ich habe nix kapiert.	Ich bin ein geduldiger Mensch.
c Ich bin nicht der Typ, der die Geduld verliert.	Es hilft nicht.
d Wir werden sehen, wer als Letzter lacht!	Ich habe nichts verstanden.

1 ist immer sauber	**2** da sitzt ___________ immer
3 alles muss ich heute lernen	**4** muss die Lehrerin / der Lehrer oft wischen
5 ist während des Unterrichts geschlossen	**6** geht nie genau
7 mit ihr üben wir das Hörverstehen	**8** dort hängen unsere Plakate
9 ich leihe ihn mir fast jede Stunde von dir	**10** mit ihm/ihr fahre ich immer nach Hause
11 an diesem Ort haben wir jeden Tag Unterricht	**12** etwas kenne ich nicht
13 ich vergesse ihn oft	**14** damit ist das Telefonieren sehr teuer

Sehen Sie sich im Kursraum um und notieren Sie Dinge, die es im Raum gibt.

...

...

hängend

die hängenden Plakate

...

liegend

sprechend

leuchtend

stehend

selbstständig arbeitender Computer • schreibt selbstständig Briefe • übersetzt automatisch Texte in andere Sprachen • macht Hausaufgaben für alle Schulfächer • ...	**mitwachsende intelligente Kleidung** • wird nicht zu klein • passt jedem Kind • kann sowohl im Sommer als auch im Winter getragen werden • ...
fliegender Koffer • muss nicht getragen werden • bleibt automatisch bei seinem Besitzer • kann nur durch Fingerdruck des Besitzers geöffnet werden • ...	**selbstständig aufräumender Staubsauger** • saugt und räumt auf • wirft den Müll weg und kann ihn sogar trennen • sorgt für gute Luft in den Räumen • ...

1 **Lesen Sie den Text. Was macht der Autor? Sehen Sie sich die Bilder an und bringen Sie sie in die richtige Reihenfolge.**

2 **Lesen Sie die Sätze und kreuzen Sie an: Richtig oder falsch?**

		richtig	falsch
a	Ein Dieb ist im Bad und hat die Zahnbürste angefasst.	☐	☐
b	Die Zahnbürste ist im Bad auf den Fußboden gefallen.	☐	☐
c	Die Zahnbürste hat einen Schalter.	☐	☐
d	Der Autor findet keinen Schraubenzieher.	☐	☐
e	Er kann die Batterie mit einem Messer herausnehmen.	☐	☐
f	Er will die ganze Nacht aufbleiben.	☐	☐
g	Die Zahnbürste fällt in ein tiefes Loch.	☐	☐
h	Der Betrunkene freut sich über die Zahnbürste.	☐	☐

3 **Was bedeuten diese Sätze? Kreuzen Sie an.**

a Kinder halten sich eher an Befehle von Maschinen als an die ihrer Eltern.

- ☐ Kinder tun lieber das, was Maschinen sagen.
- ☐ Kinder behalten die Befehle von Maschinen im Kopf.

b Ich versuchte, die Zahnbürste auszuknipsen.

- ☐ Ich versuchte, die Zahnbürste zu fotografieren.
- ☐ Ich versuchte, die Zahnbürste auszuschalten.

c Ich konnte mir nicht die Nacht um die Ohren schlagen.

- ☐ Ich konnte in der Nacht nichts hören.
- ☐ Ich konnte nicht die ganze Nacht aufbleiben.

Beruf | Deutsch | Müll | Sport | Urlaub | Verkehr | Fern-sehen | Kultur | Com-puter | Kleidung | Trinken | Arbeit | Deutsch-kurs | Kinder | Freunde | Handy | Ein-kaufen | Nach-barn | Haus-halt | Schule | Familie | Er-nährung | Geld | Gesund-heit

Gute Vorsätze für das nächste Jahr

Sie feiern Silvester und fassen gute Vorsätze für das nächste Jahr.

1. Stellen Sie Ihre Spielfigur auf ein beliebiges Feld.
2. Würfeln Sie und ziehen Sie Ihre Spielfigur vor.
3. Das Feld gibt Ihnen den Themenbereich an, über den Sie sprechen sollen.
4. Formulieren Sie einen guten Vorsatz.

- Was ich im nächsten Jahr besser machen werde:
- Was ich im nächsten Jahr keinesfalls machen werde:

Beispiel: Kultur: Ich werde im nächsten Jahr öfter ins Theater gehen.

A Auf dem Parkplatz	B Auf dem Parkplatz
Ihr Freund hat vor, bald seinen Führerschein zu machen. Damit er nicht so viele Fahrstunden nehmen muss, will er vorher ein bisschen mit Ihnen und Ihrem Auto üben. Sie sind einverstanden und treffen sich mit ihm an einem Sonntag auf dem Parkplatz eines Einkaufszentrums. Ihr Freund ist gerade ein paar Minuten lang mit Ihrem Auto gefahren, als die Polizei (Partner B) kommt und Sie beide anhält. Entschuldigen Sie sich und erklären Sie die Situation. Überzeugen Sie den Polizisten davon, dass Sie keine Strafe bekommen.	Sie halten ein Auto mit zwei Personen (Partner A) an, das auf dem Parkplatz eines Einkaufszentrums fährt. Der Parkplatz ist leer, weil Sonntag ist. Als Sie die Papiere kontrollieren wollen, stellen Sie fest, dass der Fahrer keinen Führerschein hat. Sagen Sie den Personen, was sie falsch gemacht haben und dass der Besitzer des Autos mit einer Anzeige rechnen muss.
A Im Zug	**B Im Zug**
Sie sitzen mit Ihrer neuen Kamera im Zug und fahren durch eine wunderschöne Landschaft. Gern würden Sie ein paar Fotos machen, doch aus einem fahrenden Zug gelingt Ihnen das nicht. Da haben Sie eine Idee: Sie ziehen die Notbremse und bringen den Zug zum Halten. Als Sie fotografieren wollen, kommt ein Bahnbeamter (Partner B) auf Sie zu.	Sie arbeiten als Schaffner in einem Zug. Plötzlich hält der Zug an einer Stelle, an der er sonst nie hält: Jemand hat die Notbremse gezogen. Sie sehen, wie eine Person dabei ist, aus dem Zugfenster Fotos zu machen. Gehen Sie zu der Person (Partner A) und sprechen Sie mit ihr. Erklären Sie, dass es strafbar ist, die Notbremse ohne Grund zu ziehen.
A Auf der Straße	**B Auf der Straße**
Sie sind gerade auf dem Weg zu einem Vorstellungsgespräch. Deshalb tragen Sie einen Anzug/ein Kostüm, der/das keine Taschen hat. Da Sie etwas erkältet sind, müssen Sie Ihre Nase putzen. Leider gibt es keinen Mülleimer in der Nähe und so werfen Sie das Taschentuch ausnahmsweise auf den Boden. Das sieht ein Polizist (Partner B), der Sie sofort anspricht. Erklären Sie ihm die Situation und bitten Sie ihn, ein Auge zuzudrücken.	Sie sehen eine gut gekleidete Person, die ein Taschentuch auf die Straße wirft. Gehen Sie zu der Person (Partner A) und erklären Sie ihr, dass es in der Stadt eine neue Regelung gibt: Leute, die Müll machen, müssen Strafe zahlen, in diesem Fall 25 Euro. Ziel ist, dass Deutschlands Städte sauberer werden.

Auch heute ist es noch ein Zeichen von Höflichkeit, einer Frau die Tür aufzuhalten.	Der Ältere bietet dem Jüngeren das Du an.	Das Hören von lauter Musik mit dem MP3-Player im Bus oder Zug ist unhöflich.
Man spricht nicht mit vollem Mund.	„Der Esel nennt sich immer zuerst." Man sagt nicht: ich und meine Frau / mein Mann, sondern: meine Frau / mein Mann und ich.	Wer in der Öffentlichkeit ein Bonbon oder einen Kaugummi isst, sollte seinen Freunden/ Bekannten auch etwas anbieten.
Auf der Straße: Kinder sollten Erwachsene zuerst grüßen.	Wenn man Blumen mitbringt, überreicht man sie ohne Papier, das heißt, man packt sie vor der Wohnungstür aus.	Wenn ein Mann einen Raum / ein Haus betritt, nimmt er den Hut oder die Mütze ab.
Es ist unhöflich, nichts zu essen und nichts zu trinken, wenn man irgendwo zu Besuch ist und etwas angeboten wird.	Es ist unfein, auf die Straße zu spucken.	In Gegenwart von Nichtrauchern zündet man nicht einfach die Zigarette an, sondern bittet um Erlaubnis.

Eine Talkshow – wer sagt das? Markieren Sie.

		Moderator	Talkgast
1	Aber nein, das sehen Sie völlig falsch, Frau Susemehl.	☐	☐
2	Und was ist Ihre Meinung dazu, Herr Keller?	☐	☐
3	Ich fasse noch einmal zusammen, Sie meinen also, dass ...	☐	☐
4	Ja, das sehe ich genauso.	☐	☐
5	Da muss ich Ihnen widersprechen. Es ist doch so, dass ...	☐	☐
6	Bitte, meine Damen und Herren, lassen Sie Frau Sieber doch ausreden.	☐	☐
7	Herr Braun, Sie sind noch gar nicht zu Wort gekommen. Was ist denn Ihre Meinung dazu?	☐	☐
8	Nein, dieser Meinung bin ich überhaupt nicht.	☐	☐
9	Bitte, Frau Sieber, Sie haben das Wort.	☐	☐
10	Ich möchte noch etwas zu Herrn Braun sagen.	☐	☐
11	Es ist doch so, dass ...	☐	☐
12	Frau Susemehl, entschuldigen Sie, wenn ich Sie unterbreche, aber Sie kommen doch etwas zu weit vom Thema ab.	☐	☐
13	Meine Damen und Herren, ich danke Ihnen für die interessante Diskussion.	☐	☐
14	Ich möchte dazu noch sagen, dass ...	☐	☐
15	Das ist ein interessanter Punkt. Wie ist Ihre Meinung, Herr Keller?	☐	☐
16	Da stimme ich Ihnen voll und ganz zu.	☐	☐
17	Nein, nein, Herr Braun. Ihr Argument überzeugt mich überhaupt nicht. Denken Sie doch nur an ...	☐	☐
18	Frau Sieber, Sie wollten noch etwas zu Herrn Keller sagen. Bitte!	☐	☐
19	Da kann ich Ihnen wirklich nicht recht geben.	☐	☐
20	Ein weiterer wichtiger Punkt ist doch auch ...	☐	☐

1 **Was passt zu wem? Ordnen Sie zu.**

Das ist ja wohl die Höhe! • Ach, bitte. Seien Sie doch so nett und ... • He! Was machen Sie denn da? • laut • bittend • wütend • wütend • freundlich • empört/entsetzt

A 

B 

C 

	A	B	C
Worte:	....	....	....
Stimme:	....	....	....
Mimik:	....	....	....

2 **Welche Gestik könnte zu den Personen aus Übung 1 passen? Spielen Sie pantomimisch vor.**

3 **Was ist richtig? Kreuzen Sie an.**

a Wenn wir die andere Person sehen können, genügen Worte. ☐
b Worte allein drücken wenig aus. ☐
c Am Telefon entscheidet die Stimme über Sympathie und Antipathie. ☐
d Man muss genau darauf achten, was man sagt. ☐

4 **Was bedeuten die beiden Sprichwörter? Kreuzen Sie an.**

1. Der Ton macht die Musik.
   a Es kommt darauf an, wie man etwas sagt. ☐
   b Ein Lied besteht aus vielen verschiedenen Tönen. ☐
2. Wie man in den Wald hineinruft, so kommt es zurück. ☐
   a Wenn man in den Wald ruft, hört man ein Echo. ☐
   b Wer freundlich ist, bekommt Freundlichkeit zurück. Wer unfreundlich ist, Unfreundlichkeit. ☐

Gehen Sie im Kursraum herum und ergänzen Sie die Sätze.

1 Man kann viel über eine andere Kultur lernen, ...
2 Man bleibt länger fit, ...
3 Man lernt schneller Deutsch, ...
4 Man kann aufhören zu rauchen, ...
5 Man erfährt viel Neues, ...
6 Man kann noch mehr üben, ...
7 Man kann ein neues Gerät schneller bedienen, ...
8 Man kann den Partner fürs Leben finden, ...
9 Man kann Kinder dazu bringen, sich die Zähne zu putzen, ...
10 Man kann etwas für die Umwelt tun, ...

Hinweis: Bitte vergrößern Sie die Kärtchen und hängen Sie sie zerschnitten im Kursraum auf.

... indem man regelmäßig eine Zeitung liest oder Nachrichten hört.	... indem man einen Nichtraucherkurs macht.
... indem man mit den Menschen aus dieser Kultur spricht.	... indem man über das Internet einen Partner sucht.
... indem man ihnen eine sprechende Zahnbürste schenkt.	... indem man Altpapier und Altglas sammelt.
... indem man die Übungen auf der integrierten CD macht.	... indem man die Bedienungsanleitung vorher liest.
... indem man regelmäßig Sport treibt.	... indem man jeden Tag mindestens eine halbe Stunde Deutsch spricht.

Ihr Chef duzt Sie einfach. Sie möchten das aber nicht. Was tun Sie?	Ihre Schwester hat sich vor Monaten 1000 Euro von Ihnen geliehen. Sie möchten das Geld zurückhaben, aber Ihre Schwester sagt nichts mehr davon. Erinnern Sie sie daran?
Die neue Freundin Ihres Bruders gefällt Ihnen nicht. Sie finden sie egoistisch und glauben, dass sie Ihren Bruder gar nicht liebt. Sagen Sie es Ihrem Bruder?	Sie haben beobachtet, wie Ihr Nachbar mit seinem Auto gegen ein anderes gefahren und danach weggefahren ist. Das Auto hat jetzt ein kaputtes Rücklicht. Was sagen Sie Ihrem Nachbarn?
Wenn ein guter Freund Sie einlädt, gibt es immer zu wenig und sehr billiges Essen. Das ärgert Sie, weil der Freund genug Geld hat. Sprechen Sie mit ihm?	Sie nehmen eine Kollegin immer mit Ihrem Auto mit zur Arbeit. Die Benzinpreise sind sehr hoch. Eigentlich hätten Sie es gern, wenn die Kollegin sich an den Kosten beteiligen würde. Was tun Sie?

1 **Hören Sie noch einmal und antworten Sie.**

a Was vereinbaren Fred und Herr von Weißenhorn am Telefon?

b Wobei braucht Jonas Hermines Hilfe?

c Wird Jonas Fred Geld leihen? Warum (nicht)?

d In welcher Beziehung stehen Anne, Cécile und Kirsten zueinander?

e Welche Rolle spielt Sebastian im Leben von Anne, Cécile und Kirsten?

2 **Hören Sie noch einmal Gespräch 1. Was könnte Herr Weißenhorn sagen? Arbeiten Sie mit einer Partnerin / einem Partner. Schreiben Sie das Gespräch und lesen Sie es im Kurs vor.**

von Weißenhorn: ....

Fred: Bitte, Herr von Weißenhorn, ... können wir das nicht regeln, ohne dass Sie gleich mit dem Rechtsanwalt drohen?

von Weißenhorn: ....

Fred: Ich will die Miete ja zahlen ... Natürlich ... Habe ich denn nicht immer gezahlt, seit ich hier wohne?

von Weißenhorn: ....

Fred: Was?

von Weißenhorn: ....

Fred: Immer zu spät? ... Ich habe vielleicht ein paar Mal nicht ganz pünktlich gezahlt, aber gezahlt habe ich ...

von Weißenhorn: ....

Fred: Wann? ... Na, morgen ... Morgen Mittag bekommen Sie Ihr Geld ...

von Weißenhorn: ....

Fred: Ja, ja ... ich versprech's Ihnen ... Natürlich, Herr von Weißenhorn ...

von Weißenhorn: ....

Fred: Ja ...

von Weißenhorn: ....

Fred: Ja ...

von Weißenhorn: ....

Fred: Ja, ... bis morgen dann.

3 Welche Ausdrücke haben die gleiche Bedeutung? Ordnen Sie zu.

a Ich versprech's Ihnen.
b Jetzt hat's geklappt.
c Sag ihm schöne Grüße.
d Ich steh' nicht darauf.
e Ich weiß echt nicht.
f Das ist so verletzend.
g Was wollen wir wetten?

1 Das tut ziemlich weh.
2 Ich bin ganz sicher.
3 Sie können sich darauf verlassen.
4 Ich bin nicht sicher.
5 Das gefällt mir nicht.
6 Jetzt geht es.
7 Grüß ihn bitte von mir.

a	b	c	d	e	f	g
3						

4 Sehen Sie die Bilder an. Welche Gegenstände passen zu welchem Bild? Ergänzen Sie.

a Couch – Blumenvase – Bild [*A*]
b Herz – Schallplatten – Obstschale [ ]
c Tisch – Nagellack – Blumenvase [ ]
d Kleiderschrank – Hausschuhe – Kissen [ ]
e Schreibtisch – Kopfhörer – Kaktus [ ]
f Bett – Wandlampe – Bild [ ]
g Bildschirm – Obstschale – Vorhang [ ]

Für geübte TN

gebrauchen	lesen	Autos	Kinder
frisch streichen	betrinken	Bücher	Wände
sprechen	interessieren	Kartoffeln	Kilometer
üben	fahren	Dialoge	Grammatik
selbst backen	kochen	Kuchen	Männer

Für ungeübte TN

gebrauchte	gelesene	Autos	Kinder
frisch gestrichene	betrunkene	Bücher	Wände
gesprochene	interessierte	Kartoffeln	Kilometer
geübte	gefahrene	Dialoge	Grammatik
selbst gebackene	gekochte	Kuchen	Männer

Am Grenzübergang Checkpoint Charlie

Der Checkpoint Charlie war von 1961 bis 1990 der bekannteste Grenzübergang von West- nach Ostberlin. Er war auf der Friedrichstraße mitten in Berlin. Heute befindet sich an dieser Stelle ein Museum zur Berliner Mauer. Was wurde am Checkpoint Charlie alles gemacht? Sprechen Sie mit Ihrer Partnerin / Ihrem Partner.

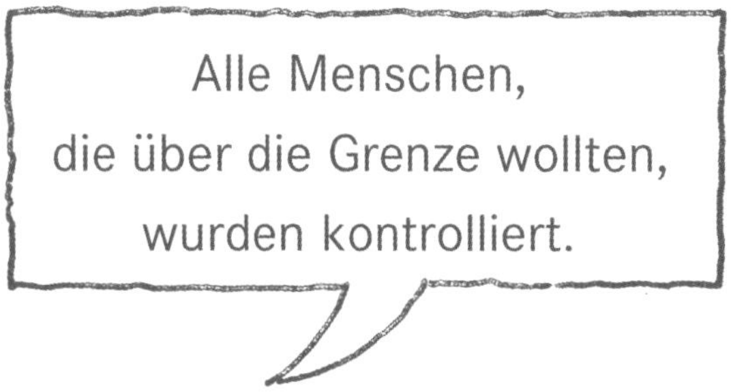

- alle Menschen, die über die Grenze wollten, kontrollieren
- Pass genau prüfen und Foto mit Person vergleichen
- Zeitungen aus dem Westen einbehalten
- viele Koffer auspacken und kontrollieren
- alle Autos anhalten, Türen und Kofferraum öffnen müssen
- Mantel- und Hosentaschen ausleeren
- alle Papiere genau prüfen
- bei der Einreise nach Ostberlin alle Wertgegenstände auf eine Liste schreiben
- bei der Ausreise die Wertgegenstände mit der Liste vergleichen
- die Menschen kontrollieren, damit sie kein Ostgeld mit in den Westen nehmen
- bei der Kontrolle darauf achten, dass niemand ohne gültige Papiere die DDR verlassen konnte
- in vielen Autos nach Flüchtlingen suchen
- am 22. Juni 1990 Checkpoint Charlie abbauen
- am 13. August 2000 ein Nachbau der ersten Kontrollhütte enthüllen

Kopiervorlage „Zwischenspiel zu Lektion 13"

1 **Lesen Sie noch einmal und kreuzen Sie an: Richtig oder falsch?**

	richtig	falsch
a Die Grünen sind eine Partei für Umweltschutz und Frieden.	☐	☐
b Cem Özdemir hat keinen Schulabschluss.	☐	☐
c Er war acht Jahre lang Mitglied des deutschen Parlamentes.	☐	☐
d Er arbeitete auch einige Jahre in der Europäischen Union.	☐	☐
e Ende 2008 wurde er Chef der Grünen.	☐	☐
f Er ist damit der erste Ausländer in dieser Partei.	☐	☐

2 **Was bedeuten die Sätze? Orden Sie zu.**

1 Hier kenne ich mich aus.
2 Ich habe eine Bindestrich-Identität.
3 Es war meine Absage und gleichzeitig die Ansage.
4 Ich bekenne mich zu dir.

a Ich bin sowohl das eine als auch das andere.
b Ich erkläre offiziell, dass ich zu dir gehöre.
c Das ist mir bekannt.
d Ich habe das eine abgelehnt und etwas anderes klar gemacht.

Zu welchem Bundesland / Zu welcher Stadt gehören die Begriffe? Schneiden Sie die Kärtchen aus und ordnen Sie zu.

der Schwarzwald
die Loreley
das Ruhrgebiet
das Brandenburger Tor
das Oktoberfest
die Semperoper
der größte deutsche Flughafen
die Bremer Stadtmusikanten
das Lübecker Marzipan
das Land der tausend Seen
Volkswagen (VW)
der wichtigste deutsche Hafen
deutsche und französische Lebensart
Goethe und Schiller
die Salzstadt Halle
das Schloss Sanssouci

Hinweis: Die richtigen Lösungen kann der Moderator an der Hervorhebung erkennen. Der Stand der Lösungen ist der 1. Januar 2011.

Einstiegsfrage:

Ordnen Sie diese deutschsprachigen Länder nach ihrer Größe (von klein nach groß): Deutschland, Schweiz, Liechtenstein, Österreich

Lösung: Liechtenstein-Schweiz-Österreich-Deutschland

---

❶

50 Euro

Welches Land gehört nicht zu Europa?

A Italien
B Kroatien
C Polen
D *Ägypten*

❷

100 Euro

Was wünschten sich die Menschen nach dem Zweiten Weltkrieg?

A Euro
B *Frieden*
C Union
D Gewalt

❸

500

Wie viele Länder sind Mitglied in der EU?

A *27*
B 25
C 15
D 7

❹

1.000

In wie vielen EU-Ländern ist der Euro das offizielle Zahlungsmittel?

A In allen.
B *In 17 Ländern.*
C In allen Ländern, die dem Schengener Abkommen zugestimmt haben.
D In den Ländern, die seit 1995 dabei sind.

❺

5.000

Aus welcher Stadt kommen die EU-Gesetze?

A London
B Berlin
C *Brüssel*
D Paris

❻

10.000

Für welches Land gilt der Britenrabatt?

A Frankreich
B *Großbritannien*
C Deutschland
D Österreich

❼

50.000

Welches Land gehört nicht zur EU?

A Malta
B Griechenland
C *Albanien*
D Estland

❽

100.000

Seit wann gehört Österreich der EU an?

A Seit 1992
B *Seit 1995*
C Seit 1999
D Seit 2004

❾

500.000

Wie viele EU-Länder sind von Anfang an dabei?

A 3
B 5
C *6*
D 8

❿

1.000.000

Wie viele Menschen leben ungefähr in der EU?

A ca. 50 Millionen
B *ca. 500 Millionen*
C ca. 100 Millionen
D ca. 1 Milliarde

Wiederholung zu Lektion 8 und 9

Karten sammeln

Hinweis: Kopieren Sie die Kopiervorlage mehrmals auf festes Papier. Schneiden Sie die Karten aus, klappen Sie die Lösung nach hinten um und kleben Sie Vorder- und Rückseite zusammen. Fertig ist die Fragekarte mit Möglichkeit zur Selbstkontrolle!

Die TN finden sich in Kleingruppen von 3–4 TN zusammen. Jede Gruppe erhält einen Kartensatz. Die Karten werden mit der Aufgabenstellung nach oben auf einen Stapel gelegt. Ein TN beginnt und liest seiner Partnerin / seinem Partner zur Linken die Aufgabenstellung vor. Sie/Er löst die Aufgabe mündlich. Die Rückseite hilft bei der Kontrolle. Wer die Aufgabe richtig gelöst hat, darf sie behalten. Konnte die Aufgabe nicht richtig gelöst werden, wandert die Karte wieder unter den Stapel und kann später noch einmal gezogen werden. Wer am Ende die meisten Karten hat, hat gewonnen.
Variante: Wenn Sie zu einem späteren Zeitpunkt einmal eine Beschäftigungsmöglichkeit für geübte TN suchen, während Sie mit den anderen noch üben, können Sie an diese TN je einen kompletten Kartensatz verteilen. Diese TN können mithilfe der Karten den Stoff aus Lektion 8 und 9 wiederholen. Mithilfe der Kartenrückseite können sich die TN selbst korrigieren.

Ist das der Kollege, über .... du gestern gesprochen hast?	Ist das der Kollege, über **den** du gestern gesprochen hast?	.... (gut) du Deutsch sprichst, ... (wenig) Probleme hast du bei der Arbeitssuche.	**Je besser** du Deutsch sprichst, **desto weniger** Probleme hast du bei der Arbeitssuche.	Hast du schon unseren neuen .... (Praktikant) kennengelernt? Sehr sympathisch, finde ich!	Hast du schon unseren neuen **Praktikanten** kennengelernt? Sehr sympathisch, finde ich!
Er tut so, ... er schon lange auf das Essen .... (warten).	Er tut so, **als ob** er schon lange auf das Essen **warten würde / gewartet hätte.**	Vielen Dank für deinen Brief, über .... ich mich sehr gefreut habe.	Vielen Dank für deinen Brief, über **den** ich mich sehr gefreut habe.	Es scheint, ... er viel Zeit .... (haben).	Es scheint, **als ob** er viel Zeit **hätte.**
.... du mal Probleme mit dem Computer hast, ruf mich einfach an!	**Falls/Wenn** du mal Probleme mit dem Computer hast, ruf mich einfach an!	Nachdem Beate die Rechnungen .... (schreiben), beantwortete sie E-Mails.	Nachdem Beate die Rechnungen **geschrieben hatte,** beantwortete sie E-Mails.	Links siehst du meine Eltern. Ich habe dir schon einmal von .... erzählt.	Links siehst du meine Eltern. Ich habe dir schon einmal von **ihnen** erzählt.
Tom? Das ist ein verrückter Bekannter, mit .... ich einen Monat durch Japan gereist bin.	Tom? Das ist ein verrückter Bekannter, mit **dem** ich einen Monat durch Japan gereist bin.	Rita hat sich in einen .... (Kollege) aus ihrer Firma verliebt! Wusstest du das schon?	Rita hat sich in einen **Kollegen** aus ihrer Firma verliebt! Wusstest du das schon?	.... (oft) du in den Computerkurs gehst, ... (selbstständig) kannst du später mit den Programmen arbeiten.	**Je öfter** du in den Computerkurs gehst, **desto selbstständiger** kannst du später mit den Programmen arbeiten.

Wiederholung zu Lektion 8 und 9

Karten sammeln

.... Bettina etwas Wichtiges mit ihrem Chef .... (besprechen), telefoniert Anna mit Freunden.	**Während** Bettina etwas Wichtiges mit ihrem Chef **bespricht**, telefoniert Anna mit Freunden.	Ist das die Frau, von .... du mir schon öfter erzählt hast?	Ist das die Frau, von **der** du mir schon öfter erzählt hast?	.... (viel) ich Deutsch spreche, ... (sicher) fühle ich mich.	**Je mehr** ich Deutsch spreche, **desto sicherer** fühle ich mich.
Der Urlaub, von .... wir schon lange geträumt hatten, war wunderschön.	Der Urlaub, von **dem** wir schon lange geträumt hatten, war wunderschön.	Der Gast tut so, ... das Essen nicht gut .... (sein).	Der Gast tut so, **als ob** das Essen nicht gut **wäre**.	Ayla? Das ist eine meiner besten Freundinnen. Ich denke sehr oft an	Ayla? Das ist eine meiner besten Freundinnen. Ich denke sehr oft an **sie**.
Peet? Das ist der Mann, von .... ich jeden Tag Rosen bekommen habe.	Peet? Das ist der Mann, von **dem** ich jeden Tag Rosen bekommen habe.	.... Karin einen Kunden vom Flughafen .... (abholen), liest Toni Zeitung.	**Während** Karin einen Kunden vom Flughafen **abholt**, liest Toni Zeitung.	Deine Blumen, über .... ich mich sehr gefreut habe, stehen jetzt auf meinem Schreibtisch.	Deine Blumen, über **die** ich mich sehr gefreut habe, stehen jetzt auf meinem Schreibtisch.
Wir fahren morgen in die Berge. .... du Zeit hast, komm doch einfach mit!	Wir fahren morgen in die Berge. **Falls/Wenn** du Zeit hast, komm doch einfach mit!	Auf dem Foto hier siehst du meine Freunde, von .... ich dir schon oft erzählt habe.	Auf dem Foto hier siehst du meine Freunde, von **denen** ich dir schon oft erzählt habe.	Seit Wochen habe ich schon Probleme mit meinem .... (Nachbar)!	Seit Wochen habe ich schon Probleme mit meinem **Nachbarn**!
Unsere Freunde, auf .... ich mich schon sehr gefreut hatte, konnten leider nicht kommen.	Unsere Freunde, auf **die** ich mich schon sehr gefreut hatte, konnten leider nicht kommen.	Es sieht so aus, ... der Drucker kaputt .... (sein).	Es sieht so aus, **als ob** der Drucker kaputt **wäre**.	Hallo, Tim. Da bist du ja! Wir haben gerade von .... gesprochen!	Hallo, Tim. Da bist du ja! Wir haben gerade von **dir** gesprochen!

Wiederholung zu Lektion 10 und Lektion 11
Karten sammeln

Hinweis: Die TN sitzen in Vierergruppen zusammen. Jede Gruppe erhält einen Satz Karten und legt diese verdeckt in einem großen Kreis auf den Tisch. Jede Gruppe erhält zusätzlich eine Spielfigur und einen Würfel. Die Spielfigur wird auf eine beliebige Karte gestellt. Die erste Spielerin / Der erste Spieler würfelt und zieht die Spielfigur im Uhrzeigersinn entsprechend vor. Die Karte, auf der die Figur landet, deckt sie/er auf und löst die Aufgabe. Ist die Lösung richtig, darf sie/er die Karte behalten. Ist die Lösung falsch, wird die Karte wieder verdeckt an ihren Platz gelegt. Dann würfelt die nächste Spielerin / der nächste Spieler etc. Gespielt wird, bis alle Karten weg sind.

Nennen Sie eins von Murphys Gesetzen.	Was passiert Maja beim Auspacken des Blechfroschs? 	Ergänzen Sie: Mein Gott, deine Brieftasche liegt da, ... du sie immer hinlegst.
Ergänzen Sie: Salzburg ist die Stadt, ... Mozart geboren ist.	Ergänzen Sie: Ich esse alles gern, ... du kochst.	Wie würden Sie das Produkt nennen? 
Beschreiben Sie das Bild. 	Ergänzen Sie: Ich habe keine Übungen gemacht, weder im Kursbuch ...	Ergänzen Sie: Das Essen gestern im Restaurant „Zum Kochlöffel" war ganz prima, sowohl das Hauptgericht ...
Was sagt die Frau? Sprechen Sie. 	Was sagt der Mann? Sprechen Sie. 	In der Cafeteria bekommen Sie einen kalten Kaffee. Beschweren Sie sich.
Sie arbeiten in einem Hotel. Ein Gast beschwert sich, weil aus der Dusche nur kaltes Wasser kommt. Wie reagieren Sie?	Erzählen Sie von einer Werbung, die Ihnen besonders gut gefällt.	Nennen Sie ein Beispiel für höfliches Verhalten.

Karten sammeln

Beschreiben Sie das Bild. 	Erklären Sie: Was heißt „Rücksicht nehmen“?	Erklären Sie: Was heißt „vorschriftswidrig“?
Erklären Sie: Was ist ein Bußgeld?	Was wissen Sie über die Verkehrsregeln in Deutschland? Erzählen Sie.	Nennen Sie eine Verhaltens-regel, die Ihnen besonders wichtig ist.
Ist Ihnen gutes Benehmen wichtig? Warum? / Warum nicht?	Machen Sie Werbung für dieses Produkt. 	Für welche Produkte machen Frauen häufig Werbung? (3 Beispiele)
Für welche Produkte machen meist Männer Werbung? (3 Beispiele)	Was ist in Ihrem Heimatland besonders wichtig, wenn man eingeladen ist?	Sie sind Talkshow-Moderator: Wie fordern Sie einen Gesprächsteilnehmer auf, seine Meinung zu sagen?
Sie nehmen an einer Talkshow teil und sind völlig anderer Meinung als Ihr Gesprächs-partner. Was sagen Sie?	Wie verhalten sich Deutsche bei Essenseinladungen? (3 Beispiele)	Ihre Frau ist traurig, weil Sie so wenig Zeit für sie haben. Was versprechen Sie ihr?
Sie sind die Frau mit der Brille. Was sagen Sie? 	Was werden Sie in drei Jahren machen? Erzählen Sie.	Was sind Ihre Vorsätze für das nächste Jahr? Was werden Sie tun oder nicht mehr tun?

Spielanleitung:

1. Spielen Sie mit Ihrer Partnerin / Ihrem Partner.
   Sie brauchen jede/r eine Spielfigur und eine Münze.
   Entscheiden Sie, wer Spieler A und wer Spieler B ist.
   Wer darf anfangen?

2. Wer anfängt, wirft die Münze. Wenn die Münze mit der Zahl nach oben zeigt, dürfen Sie ein Feld vorgehen. Wenn die Münze mit dem Bild nach oben zeigt, dürfen Sie zwei Felder vorgehen.

3. Lösen Sie die Aufgabe auf dem Feld. Wenn die Lösung richtig ist, bleiben Sie auf dem Feld stehen. Jetzt ist die Mitspielerin / der Mitspieler dran. Wenn die Lösung falsch ist, müssen Sie ein Feld zurückgehen und warten, bis Sie wieder dran sind. Falls Sie beim nächsten Mal wieder auf dieses Feld kommen, können Sie die Aufgabe noch einmal lösen. Ihre Mitspielerin / Ihr Mitspieler darf dann auch helfen.

4. Jetzt ist die Mitspielerin / der Mitspieler dran und wirft die Münze. Weiter wie zuvor.

5. Wer zuerst im Ziel ist, hat gewonnen.

A ZIEL	B ZIEL
A10 Blumen sind doch die ... (am schönsten) Geschenke, finde ich. 	**B10** ... fiel die Mauer zwischen Ost und West.
A9 Die Bundesrepublik ist ... gegründet worden.	**B9** Ich bin auf alle Fälle für ... (kürzer) Unterrichtszeiten an den Schulen. 
A8 Heute üben wir Grammatik, ... wir ein Wiederholungsspiel machen. 	**B8** Wer arbeitet, ohne Geld dafür zu verlangen, der arbeitet ... 
A7 Wir grillen gerade. Magst du ein ... (grillen) Würstchen essen? 	**B7** Ich glaube, das Rathaus ... 1891 ... (bauen). 
A6 ... Hanna bei Jan wohnt, hat er immer genug im Kühlschrank. 	**B6** Hast du mir das ... (versprechen) Geschenk mitgebracht? 
A5 Sag mal, weißt du, wann das Handy ... (erfinden)? 	**B5** Kannst du nicht einmal warten, ... ich auch mit dem Essen fertig bin? 
A4 Ein Vorbild ist ein Mensch, der ... 	**B4** Dieses kleine Auto passt in die ... (am kleinsten) Lücke. 
A3 Herr Maier, Sie sind doch auch dafür, dass wir einen ... (schneller) Drucker für unser Büro kaufen, oder? 	**B3** Kannst du nicht einmal ... (schöner) Socken anziehen? 
A2 ... Klaus die Hemden bügelt, geht Andreas spazieren. 	**B2** ... ich auf diese Taste gedrückt hatte, ist der Bildschirm schwarz geworden. 
A1 Du solltest Verträge nie unterschreiben, ... sie komplett gelesen zu haben. 	**B1** Lernen Sie perfekt Deutsch, ... Sie nachts einfach das Kursbuch unter das Kopfkissen legen. 
A ↑ START ↑	B ↑ START ↑

Name: ....

1 Lesen Sie den Text. Was ist richtig? Kreuzen Sie an.

Spielregel zu Mau-Mau

Mau-Mau ist ein Spiel für zwei bis fünf Spieler. Sie brauchen ein Kartenspiel mit 32 Karten. Das Kartenspiel hat vier Farben, Pik ♠, Kreuz ♣, Karo ♦ und Herz ♥.
Der jüngste Spieler mischt die Karten und verteilt an jeden Mitspieler und sich selbst fünf Karten: Erst bekommen die Spieler je zwei Karten, danach je eine und dann wieder zwei. Die restlichen Karten werden verdeckt in die Mitte des Tisches gelegt. Sie sind der Stapel. Die oberste Karte des Stapels wird aufgedeckt und neben den Stapel gelegt.
Der Spieler, der links vom jüngsten Spieler sitzt, beginnt. Er muss eine passende Karte auf die aufgedeckte Karte legen. Passend sind Karten der gleichen Farbe oder des gleichen Wertes (z.B. Kreuz-Acht auf Karo-Acht). Dann legt der nächste Spieler eine passende Karte usw. Wenn ein Spieler keine passende Karte legen kann, muss er eine Karte vom Stapel ziehen und der nächste ist dran.
Es gibt besondere Karten: Legt ein Spieler eine Sieben, so muss der nächste Spieler zwei Karten ziehen. Bei einer Acht muss der nächste Spieler einmal aussetzen. Buben können immer gelegt werden, egal, ob die Farbe passt. Der Spieler, der einen Buben legt, darf sich eine Farbe wünschen. Der nächste Spieler muss diese Farbe legen.
Gewonnen hat, wer zuerst keine Karten mehr in der Hand hat.

a Mau-Mau ist
- **A** ❑ ein Kartenspiel.
- **B** ❑ ein Brettspiel.
- **C** ❑ ein Kinderspiel.

b Mau-Mau kann man
- **A** ❑ nur mit jungen Leuten spielen.
- **B** ❑ allein spielen.
- **C** ❑ auch zu dritt spielen.

c Der jüngste Spieler
- **A** ❑ fängt an.
- **B** ❑ teilt die Karten aus.
- **C** ❑ muss zwei Karten ziehen.

d Wenn ein Spieler eine Sieben legt,
- **A** ❑ darf er noch einmal legen.
- **B** ❑ darf er sich eine Farbe wünschen.
- **C** ❑ muss der nächste zwei Karten vom Stapel nehmen.

e Eine Karte darf abgelegt werden,
- **A** ❑ wenn sie die gleiche Farbe hat.
- **B** ❑ wenn sie einen höheren Wert hat.
- **C** ❑ wenn sie gerade vom Stapel gezogen wurde.

Punkte ..... / 5

2 Was passt? Ergänzen Sie.

erhalten • erraten • verlieren • umschreiben • bilden

a Du darfst das Wort nicht nennen, du musst es ....

b Ich hatte eine Sechs, also .... ich einen Punkt.

c Man muss auch .... können, also sei nicht böse.

d Für dieses Spiel müssen Sie drei oder vier Mannschaften ....

e Beim lustigen Wörterraten muss die eigene Mannschaft ein Wort ....

Punkte ..... / 5

3 **Was ist richtig? Kreuzen Sie an.**

	falls	weil	als	
a Beim Zeitunglesen benutze ich ein Wörterbuch,				ich ein Wort nicht verstehe.
b Du gehst um neun Uhr ins Bett,				du morgen Schule hast und früh aufstehen musst.
c Ich hatte kein eigenes Zimmer,				ich noch bei meinen Eltern wohnte.
d Du bist nicht dran,				du einmal aussetzen musst.
e Ich habe ein neues Brettspiel gekauft,				du Lust haben solltest, mit mir zu spielen.

Punkte ..... / 5

4 **Erinnerungen an meinen Deutschkurs. Ergänzen Sie die Sätze.**

Beispiel: Das ist Ismael, *mit dem* ich immer gelernt habe.

a Es sind die Spiele im Kurs, ... ich mich am liebsten erinnere.

b Der Lehrer, ... ich dir so viel erzählt habe, unterrichtet heute nicht mehr. Er ist längst Rentner.

c Ahmed und Dilek waren die Mitschüler, ... ich ein bisschen Türkisch gelernt habe.

d Der Bus, ... ich meistens gefahren bin, hält da vorn vor dem Supermarkt.

e Na ja, wenn du mich so fragst: Es war die Prüfung, ... ich am meisten Angst hatte.

Punkte ..... / 10

5 **Über die Liebe. Ergänzen Sie die Sätze.**

Beispiel: Je verliebter man am Anfang ist, desto *schwieriger ist das Ende.*

a Je schneller man zusammen in eine Wohnung zieht, desto ....

b Je schöner die Frau ist, desto ....

c Je reicher der Mann ist, desto ....

d Je mehr Vertrauen man zum anderen haben kann, desto ....

e Je mehr Kinder ein Paar bekommt, desto ....

Punkte ..... / 5

Insgesamt: .... / 30

Bewertungsschlüssel

30 – 27 Punkte	sehr gut
26 – 23 Punkte	gut
22 – 19 Punkte	befriedigend
18 – 15 Punkte	ausreichend
14 – 0 Punkte	nicht bestanden

Test zu Lektion 9

Name: ....

1 Wie heißen die Gegenstände auf Deutsch? Vergessen Sie *der, das, die* nicht.

❶ ....

❷ ....

❸ ....

❹ ....

❺ ....

❻ ....

❼ ....

❽ ....

Punkte ..... / 4

2 Schreiben Sie Sätze mit *als ob*.

a	Herr Funk tut so, ...	Klavier – können – spielen	ganz unmusikalisch sein
b	Es sieht so aus, ...	es – regnen – bald	heute nicht regnen
c	Es scheint, ...	Frau Perle – sehr reich – sein	nicht viel Geld haben
d	Herr Kurban tut so, ...	viel – haben – zu tun	weniger als seine Frau arbeiten
e	Es hört sich so an, ...	unsere Nachbarn – feiern – eine Party	die drei Kinder allein zu Hause sein
f	Beate tut so, ...	haben – einen sehr anstrengenden Job	nur im Internet surfen
g	Es sieht so aus, ...	Computer – funktionieren	gar nicht gehen

Beispiel:

a *Herr Funk tut so, als ob er gut Klavier spielen könnte. Aber in Wirklichkeit ist er ganz unmusikalisch.*

b ....

c ....

d ....

e ....

f ....

g ....

Punkte ..... / 6

3 **Was macht Frau Winter jeden Morgen? Schreiben Sie Sätze mit *nachdem* oder *während*.**

Beispiel: Zuerst frühstückt Frau Winter. Dann fährt sie zur Arbeit.

Nachdem Frau Winter gefrühstückt hat, fährt sie zur Arbeit.

a Zuerst begrüßt Frau Winter ihre Sekretärin. Dann setzt sie sich an den Schreibtisch.

....

b Zuerst schaltet sie den Computer ein. Dann liest sie ihre E-Mails.

....

c Frau Winter beantwortet die E-Mails und sieht Akten durch. Dabei trinkt sie mehrere Tassen Kaffee.

....

d Frau Winter schreibt einige Rechnungen. Dann telefoniert sie mit Kunden.

....

e Mittags isst sie etwas in der Kantine. Dabei unterhält sie sich mit Kollegen.

....

f Am Nachmittag plant sie eine Geschäftsreise. Gleichzeitig versendet ihre Sekretärin die Rechnungen.

....

Punkte ..... / 12

4 **Was ist Ihre Meinung dazu? Schreiben Sie einen Kommentar.**

- Was ist Ihre Reaktion?
- Warum sind Sie auch/nicht dieser Meinung?
- Geben Sie einen Rat.
- Vergessen Sie nicht Anrede und Gruß. Schreiben Sie auch eine passende Einleitung.

Faule Kollegin!
Liebe Büroangestellte,
meine Kollegin Suse ist total faul. Alles muss ich allein machen. Wer schreibt alle Briefe und Rechnungen, kopiert Dokumente für den Chef und organisiert seine Reisen? Ich! Wer beantwortet Kundenfragen am Telefon? Wer beruhigt die Kunden, wenn etwas schiefgeht? Ich! Und wenn am Abend noch was Dringendes zu erledigen ist, packt Suse schon zusammen und hat irgendeinen wichtigen Termin. So muss immer ich die Überstunden machen.
Geht es Euch auch so wie mir? Wer hat einen Tipp?
Eure total genervte Martina

Punkte ..... / 8

Insgesamt: .... / 30

Bewertungsschlüssel	
30 – 27 Punkte	sehr gut
26 – 23 Punkte	gut
22 – 19 Punkte	befriedigend
18 – 15 Punkte	ausreichend
14 – 0 Punkte	nicht bestanden

Name: ....

1 Ein Tag voller Missgeschicke. Was passt? Ergänzen Sie.

alles • was • ~~wo~~ • überall dort • alles • den Ort • nichts • was • ~~da~~ • wo • was • wo

Gestern war ein furchtbarer Tag. Es fing schon mit der Busfahrt an. Zuerst bin ich nicht **a** *da* ausgestiegen, **b** *wo* ich aussteigen wollte. Dann habe ich meinen Einkaufszettel verloren. Da stand **c** ...., **d** .... ich einkaufen sollte, drauf. Ich habe **e** ...., **f** .... ich gewesen war, noch einmal gesucht. Aber er war nicht zu finden. Und ich konnte mich an **g** ...., **h** .... ich kaufen wollte, erinnern. Dann bin ich einfach zurückgefahren an **i** ...., **j** .... ich wohne. Ich sage dir, es gibt Tage, da geht **k** ...., **l** .... schiefgehen kann, schief.

Punkte ..... / 5

2 Sehen Sie sich die Bilder an und ergänzen Sie in der richtigen Form.

~~trainieren~~ • spielen • funktionieren • telefonieren • warten • aussteigen • starten • streiten • tanzen

Beispiel: Das ist eine *trainierende* Frau.

a Ich sehe eine .... Person.

b An der Bushaltestelle steht ein .... Mädchen.

c Guck mal da oben, ein .... Flugzeug.

d Das .... Paar ist sich nicht einig, wer den Hausputz machen muss.

e .... Frauen mögen es nicht, wenn man sie stört.

f Der Mann ärgert sich über den nicht .... Automaten.

g Die Erwachsenen sprechen über die .... Kinder.

h Zum Geburtstag habe ich eine Spieldose mit einer .... Ballerina bekommen.

Punkte ..... / 8

3 **Was passt? Ergänzen Sie *weder … noch* oder *sowohl … als auch*.**

Beispiel: Gestern gab es im Supermarkt keine Getränke mehr, *weder* Bier *noch* Mineralwasser.

a Beim Auspacken des Pakets musste ich feststellen, dass die Hose .... die richtige Größe .... die richtige Farbe hatte.

b Sie haben heute Tomaten und Kartoffeln im Sonderangebot. Aber ich kann .... das eine .... das andere finden.

c Ich bin wirklich verärgert, Herr Kummer. .... die Wände .... die Fenster sind nicht sauber und ordentlich gestrichen.

d Das Buch, das Sie mir neulich empfohlen haben, war .... zu dick .... viel zu langweilig. Ich muss sagen, das hat mich schon enttäuscht.

Punkte ..... / 4

4 **Schreiben Sie den Brief anders. Beginnen Sie mit den unterstrichenen Wörtern oder verbinden Sie die Sätze.**

Heppenheim, 14.08.20..

Sehr geehrter Herr Berg,

ich habe vor einiger Zeit bei Ihnen ein Buch zum Thema „Hund und Garten" bestellt. Ich warte seit acht Wochen darauf. Ich habe Ihnen schon vor vier Wochen geschrieben, Sie haben mir nicht geantwortet. Ich bin sehr wütend, ich habe das Geld bereits überwiesen. Ich schreibe Ihnen noch einmal, Sie können die Sache noch regeln. Ich warte nicht mehr lange. Meine Geduld ist zu Ende. Ich erwarte die Zusendung des Buches bis zum 30. August. Ich habe bis dahin nichts bekommen, ich gehe zum Rechtsanwalt. Der Sommer ist bald vorbei, ich brauche das Buch nicht mehr lange. Mein Hund ist leider seit zwei Wochen krank. Ich muss das Haus auch verkaufen. Ich brauche das Buch eigentlich schon jetzt nicht mehr.

Wissen Sie was? Überweisen Sie mir am besten mein Geld zurück und die Sache ist erledigt.

Mit freundlichen Grüßen

Siegfried Mutner

Obwohl

weil

Trotzdem / damit

Aber / Deshalb

Wenn

deswegen

Punkte ..... / 13

Insgesamt: .... / 30

Bewertungsschlüssel	
30 – 27 Punkte	sehr gut
26 – 23 Punkte	gut
22 – 19 Punkte	befriedigend
18 – 15 Punkte	ausreichend
14 – 0 Punkte	nicht bestanden

Test zu Lektion 11

Name: ....

1 **Was passt? Kreuzen Sie an.**

	Versprechen	Vorhersage	Aufforderung	Vorsatz
Beispiel: Es wird bestimmt gleich regnen.		✗		
a Geben Sie mir sofort mein Geld zurück, sonst werde ich die Polizei holen.				
b Ich werde dich lieben bis an mein Lebensende.				
c Nächstes Jahr höre ich auf zu rauchen.				
d Du wirst jetzt sofort herkommen, sonst passiert was!				
e Im Sommer will ich endlich den „Deutsch-Test für Zuwanderer" machen.				

Punkte ..... / 5

2 **Bei einer Wahrsagerin. Ergänzen Sie das passende Verb mit „werden".**

heiraten • ~~fahren~~ • feiern • arbeiten • haben • sein • gehören • brauchen • kommen • haben • machen

Wahrsagerin: Oh, ich sehe ... Ich sehe, dass Sie ein großes Auto *fahren* *werden* . Ich sehe, dass das Auto Ihrer Frau a ....

Paul: Aber ich bin gar nicht verheiratet.

Wahrsagerin: Aber Sie b .... bald .... Schon im nächsten Jahr c .... Sie ein großes Hochzeitsfest mit 400 Gästen ....

Paul: 400 Gäste? So viele Leute kenne ich gar nicht.

Wahrsagerin: Nein, aber Ihre Frau d .... so viele Verwandte und Freunde .... Denn Ihre Frau e .... nicht aus Deutschland ....

Paul: So ein Quatsch! Ich kenne keine ausländische Frau.

Wahrsagerin: Noch nicht. Deswegen f .... Sie bald einen langen und teuren Urlaub .... – Nein, sagen Sie jetzt nichts. Ich sehe noch, dass Sie sehr glücklich g ...., weil Sie und Ihre Frau nie mehr h ....

Paul: Ja, das ist toll! Ich arbeite sowieso nicht gern. Aber i .... ich auch Kinder ....?

Wahrsagerin: Oh ja, viele sogar. Für Ihre zwanzig Kinder mit ihren zwanzig Betten j .... Sie ein sehr großes Haus ....

Punkte ..... / 10

3 **Einladung zum Essen: Wie sollte sich ein Gast Ihrer Meinung nach verhalten? Notieren Sie drei Tipps.**

1 ....

2 ....

3 ....

Punkte ..... / 6

4 **Was passt? Kreuzen Sie an.**

Beispiel: Sabine ist innerhalb der Stadt 70 km/h gefahren. ☐ Weil ☒ Aus diesem Grund ☐ Denn hat die Polizei sie angehalten.

a Der Polizist droht dem Autofahrer mit einer Anzeige, ☐ deswegen ☐ denn ☐ da der Fahrer nicht aufhört zu diskutieren.

b Ich bin zu schnell gefahren, ☐ deshalb ☐ da ☐ denn muss ich ein Bußgeld bezahlen.

c Frau Kuhn wollte mit dem Handy nur schnell zu Hause anrufen, ☐ aus diesem Grund ☐ weil ☐ denn sie hat vergessen, den Elektroherd auszuschalten.

d Petra möchte auf Sabrinas Hochzeit Sekt trinken, ☐ deswegen ☐ da ☐ denn nimmt sie für den Weg ein Taxi.

Punkte ..... / 4

5 **Schreiben Sie den Anfang des Briefes noch einmal. Variieren Sie die Satzanfänge und verbinden Sie einige Sätze.**

Um 23 Uhr • da • mit großem Interesse • Trotzdem • Allerdings

München, 14. Oktober 20..

Sehr geehrte Damen und Herren,

ich habe mit großem Interesse Ihre Talkshow „Gutes Benehmen – Ist das noch aktuell?“ am Mittwochabend gesehen. Ich finde es sehr schade, dass solche Sendungen so spät kommen. Ich kann um 23 Uhr während der Woche nur selten fernsehen. Ich muss früh aufstehen. Ich habe die Sendung gesehen, weil das Thema mich interessiert hat. Ich habe nämlich ...

Punkte ..... / 5

Insgesamt: .... / 30

Bewertungsschlüssel	
30 – 27 Punkte	sehr gut
26 – 23 Punkte	gut
22 – 19 Punkte	befriedigend
18 – 15 Punkte	ausreichend
14 – 0 Punkte	nicht bestanden

Name: ....

1 **Ergänzen Sie *bis* oder *seit*.**

Beispiel: Gestern habe ich geschlafen, *bis* .... der Wecker geklingelt hat.

a .... ich verheiratet bin, war ich nicht mehr in der Disco.

b Kannst du nicht warten, ... alle am Tisch sitzen?

c Thomas fährt nur noch mit dem Auto, ... er einen Führerschein hat.

d .... ich in Deutschland lebe, weiß ich erst, wie schön das Wetter bei uns eigentlich ist.

e Du musst hier wohnen, ... du eine bessere Wohnung gefunden hast.

Punkte ..... / 5

2 **Schreiben Sie die Sätze mit *als, bevor, bis, nachdem, seit, wenn*.**

Beispiel: Um neun Uhr steht Frau Müller auf. Vorher macht sie im Bett Gymnastik.

Bevor Frau Müller um neun Uhr aufsteht, macht sie im Bett Gymnastik. ....

a Yasemin isst abends nichts Fettes mehr. Sie schläft viel besser.

....

b Ich habe beim Mieterverein angerufen. Danach habe ich mich viel besser gefühlt.

....

c Onkel Heinz hat Geburtstag. Da backt Tante Erna immer ihren berühmten Apfelkuchen.

....

d Ich ging noch zur Schule. Da engagierte ich mich schon beim Roten Kreuz.

....

e Zuerst musste Nasseer Mitglied werden. Erst dann bekam er Rat und Hilfe vom Mieterverein.

....

f Lara und Lars warten mit ihrer Hochzeit. Lars beendet im nächsten Jahr sein Studium.

....

g Karin engagiert sich für Straßenhunde. Sie hat überhaupt keine Zeit mehr für ihren Freund.

....

Punkte ..... / 7

3 **Beim Roten Kreuz. Ergänzen Sie die Sätze mit *indem, ohne dass ...* und *ohne ... zu*.**

Beispiel: Das Rote Kreuz hilft vielen Menschen, ... (es für Kleidung, Nahrung und Medikamente sorgen)

Das Rote Kreuz hilft vielen Menschen, indem es für Kleidung, Nahrung und Medikamente sorgt.

a Herta engagiert sich beim Roten Kreuz, ... (sie gespendete Kleidung prüfen, sortieren und in Kisten verpacken)

....

b Wir alle helfen ehrenamtlich beim Roten Kreuz, das heißt, ... (Geld bekommen)

....

c Das Rote Kreuz hilft Menschen, ... (diese Mitglied sein müssen)

....

d Man kann sich für Notfälle ausbilden lassen, ... (man einen Erste-Hilfe-Kurs beim Roten Kreuz besuchen)

....

e Wer beim Roten Kreuz Blut spenden will, sollte nicht kommen, ... (vorher etwas gegessen und getrunken haben)

....

f Nein, Max, ich kann dich nicht beim Jugendrotkreuz als Mitglied aufnehmen, ... (du deine Eltern um Erlaubnis fragen)

....

Punkte ..... / 6

4 **Schreiben Sie zu der Überschrift eine kurze Geschichte. Die Stichwörter helfen Ihnen.**

Hund rettet Familie
vor dem Feuer

Vater vor dem Fernseher einschlafen → brennende Zigarette in Hand halten → Sessel und Sofa schnell brennen → Hund auch in Wohnzimmer → Hund bellen → Hund Vater wecken → Vater weiß nicht, was tun → Hund Tür öffnen → Hund Mutter, Kinder wecken → alle aus Haus rennen → Vater Feuerwehr rufen → Hund große Wurst zum Dank bekommen

....

....

....

....

....

....

....

Punkte ..... / 12

Insgesamt: .... / 30

Bewertungsschlüssel	
30 – 27 Punkte	sehr gut
26 – 23 Punkte	gut
22 – 19 Punkte	befriedigend
18 – 15 Punkte	ausreichend
14 – 0 Punkte	nicht bestanden

Name: ....

1 Ergänzen Sie in der richtigen Form.

Beispiel: Noch ein Supermarkt – die a *meisten* .... (am meisten) Bürger wollen das nicht.

Die Bürger der Kleinstadt Hamminkeln sind dagegen, dass noch ein b .... (größer) Supermarkt gebaut wird. Die Stadt hat bereits drei Supermärkte, in denen c .... (jung) Familien d .... (günstig) einkaufen können. Trotzdem hat der Stadtrat das e .... (am größten) Grundstück bereits verkauft. Jetzt gibt es eine Initiative von Bürgern, die f .... (viel) Unterschriften sammeln wollen, um das Projekt doch noch zu verhindern. „Wir wollen einen g .... (schöner) Marktplatz haben. Dafür brauchen wir das Grundstück", sagen die Leute.

Punkte ..... / 6

2 Ergänzen Sie in der richtigen Form.

planen • verärgern • ~~erbauen~~ • öffnen • basteln • gründen

Beispiel: Die von der DDR-Regierung *erbaute* .... Mauer steht nicht mehr.

a Die Mozartschule soll geschlossen werden. Deshalb zogen die .... Eltern, Lehrer und Schüler vor das Rathaus.

b Die vor sechs Jahren .... Bürgerinitiative hat bereits 5.000 Mitglieder.

c Ein Bürger brachte ein selbst .... Plakat mit.

d Es wurde bekannt, dass der .... Parkplatz doch nicht gebaut wird.

e Für die Menschen in der DDR waren die .... Grenzen ein Grund zu feiern.

Punkte ..... / 5

3 Schreiben Sie die Sätze mit eigenen Beispielen zu Ende.

Beispiel: Ich bin für *das Rauchverbot in Gaststätten,* weil *man den Kellnern das gesundheitliche Risiko nicht zumuten sollte.*

a Ich bin gegen ...., weil ....

b Verglichen mit Deutschland ....

c Im Gegensatz zu ....

d Ich halte nicht viel von ...., denn ....

e Bei uns .... Der Unterschied ist ....

Punkte ..... / 10

4 **Wann war das? Schreiben Sie.**

> die Mauer gebaut • der Zweite Weltkrieg beendet • die Wiedervereinigung zum ersten Mal gefeiert • die Bundesrepublik Deutschland und die DDR gegründet • ~~der erste VW-Käfer produziert~~ • die Grenzen geöffnet

Beispiel: 1945 *wurde der erste VW-Käfer produziert.*

a Am 8. Mai 1945 ....

b 1949 ....

c 1961 ....

d Am 9. November 1989 ....

e Am 3. Oktober 1990 ....

Punkte ..... / 5

5 **Schreiben Sie einen kurzen Text über den Nationalfeiertag Ihres Landes: Warum wird er gefeiert? Wann/Wie feiert man?**

....

....

....

....

....

Punkte ..... / 4

Insgesamt: .... / 30

Bewertungsschlüssel	
30 – 27 Punkte	sehr gut
26 – 23 Punkte	gut
22 – 19 Punkte	befriedigend
18 – 15 Punkte	ausreichend
14 – 0 Punkte	nicht bestanden

Lektion 8 Unter Freunden

Folge 8: *Ein Bekannter*

Maja: Wie spät ist es?
Nasseer: Moment ... Viertel nach zehn.
Maja: Schon? Machst du nicht Feierabend, Nasseer?
Nasseer: Ach, weißt du, zu Hause fällt mir ... wie sagt man? Zu Hause fällt mir die Decke auf den Kopf. Wir werden noch ein bisschen Schach spielen, falls Giovanni nicht einschläft. Giovanni? Giovanni!
Giovanni: Ja?
Nasseer: Na, was ist denn? Kommst du?
Giovanni: Nasseer! Je öfter du mich unterbrichst, desto länger dauert es.

Nasseer: Hey, Maja! Was hast du denn vor?
Maja: Ich geh' ins Kino.
Nasseer: Aha? Welchen Film guckst du dir an?
Maja: Keine Ahnung.
Nasseer: Was?!
Maja: Ich lass' mich überraschen.
Nasseer: Überraschen? Von wem?
Maja: Von Eberhard.
Nasseer: Eberhard? Ist das ein Bekannter?
Maja: Hm-m.

Nasseer: Ist das der Bekannte, über den du neulich gesprochen hast?
Maja: Du meinst Max?
Nasseer: Nein, nicht Max. Ich meine den Bekannten, von dem du mir erzählt hast.
Maja: Hm?
Nasseer: Na, diesen Typ, diesen ... Bodybuilder.
Maja: Ach so! Du meinst Hajo!
Nasseer: Hajo. Ha-Hu! Ha-Hu! Schrecklich!

Maja: Eberhard ist sportlich, nett, intelligent, sieht gut aus ...
Giovanni: Und hat schöne blaue Augen?
Maja: Ja, wieso?
Giovanni: Immer wenn mich ein Mann so ansieht, werde ich schwach.
Nasseer: Stimmt nicht! Als ich sie mal so angesehen habe, hat sie mich ausgelacht. Da! Schon wieder!
Giovanni: Ach komm, Nasseer! Sie steht nun mal auf große, blonde Männer mit blauen Augen. Da haben wir beide keine Chance.
Nasseer: Was? Na, du bist ja 'n toller Freund!

Maja: Wie spät ist es?
Nasseer: Kurz nach halb.
Maja: Schon!?
Nasseer: Keine Panik! Falls dein Eberhard nicht kommt, geh' ich mit dir ins Kino.
Giovanni: Nix Kino, Schach sollst du spielen!
Maja: Ah ... da ist er! Hallo!
Eberhard: Hallo!
Maja: Jungs, das ist Eberhard.
Eberhard: Hi!
Maja: Das sind die Kollegen, von denen ich dir erzählt habe: Nasseer und Giovanni.
Eberhard: Hallo!
Giovanni: Hallo!
Nasseer: Hallo!
Eberhard: Hey, sag mal, Nasser, dich kenn' ich doch!
Nasseer: Nasseer, bitte!
Eberhard: Ich hab' dich irgendwo schon mal gesehen ...
Nasseer: Tut mir leid, ich kann mich nicht an Sie erinnern.
Eberhard: Doch, doch! Wir sind uns mal begegnet ... aber wo?
Maja: Hey, komm jetzt! Bis dir das einfällt, ist der Film zu Ende ...

Eberhard: Ouh! Das sieht aber gar nicht gut aus für dich, Jasseer!
Nasseer: Nasseer, bitte!
Eberhard: Du wirst das Spiel verlieren.
Nasseer: Ach was, das ist doch noch gar nicht sicher.
Maja: Kommst du?
Eberhard: Jou! Also, ciao dann. Und Nassim: Pass auf deine Dame auf!
Maja: Bis morgen, Jungs!
Giovanni u. Nasseer: Bis morgen! Tschüs!
Nasseer: Puh!

Giovanni: Du hast verloren! Dein Bekannter hatte recht.
Nasseer: Wer?
Giovanni: Dein Bekannter.
Nasseer: Giovanni! Ich ...
Giovanni: Ja? Was ist? Was willst du denn, Jassim?
Nasseer: Revanche!

Schritt A A1

Gespräch a

Nasseer: Falls dein Eberhard nicht kommt, gehe ich mit dir ins Kino.
Giovanni: Kommt überhaupt nicht in Frage. Du sollst jetzt Schach spielen.

Gespräch b

Frau: Ja!
Mann: Das darf doch nicht wahr sein!
Frau: Eins ... zwei ... drei ... vier ... fünf ... und sechs! ... Gewonnen!
Mann: Jetzt gewinnt sie schon wieder! Warum gewinnst immer du?!
Frau: Mensch, ärgere dich nicht! Das ist doch ein reines Glücksspiel! Und außerdem: Man muss auch verlieren können.
Mann: Ja, ja, ja ...

Gespräch c
Mann 1: Hey! Du bist dran!
Mann 2: Wie?
Mann 3: Guten Morgen! Du musst 'ne Karte ziehen.
Mann 2: Schon wieder?
Mann 1: Ja, Mann! Mach schon!
Mann 2: Tut mir leid! Hab grad nicht aufgepasst.
Mann 3: Ach!?

Gespräch d
Mann: Nein! Halt! Du darfst nicht würfeln!
Frau: Was!? Wieso denn?
Mann: Du musst doch zwei Runden aussetzen!
Frau: Zwei Runden?
Mann: Ja, zwei!
Frau: So ein Quatsch! Das gibt's gar nicht!
Mann: Doch.
Frau: Das ist gegen die Regel. Man muss höchstens eine Runde aussetzen.
Mann: Nein, zwei.
Frau: Das möcht' ich sehn!
Mann: Zwei Runden!
Frau: Wo ist die Spielanleitung?

Schritt B B1
Eberhard: Hey, sag mal, Nasser, dich kenn' ich doch!
Nasseer: Nasseer, bitte!
Eberhard: Ich hab' dich irgendwo schon mal gesehen.
Nasseer: Tut mir leid, ich kann mich nicht an Sie erinnern.

Schritt B B2 a und b
Gespräch 1
Frau Richter: Ja?
Herr Ramsauer: Frau Richter?
Frau Richter: Ja?
Herr Ramsauer: Also, wie ich Ihnen schon angekündigt habe: Das ist Frau Stein, Ihre neue Kollegin.
Frau Richter: Ah! Grüße Sie, Frau Stein!
Herr Ramsauer: Frau Stein, das ist unsere langjährige Mitarbeiterin, Frau Richter.
Frau Stein: Guten Tag, Frau Richter!
Herr Ramsauer: So, tja, meine Damen, ich muss gleich weiter. Sie haben wahrscheinlich 'ne Menge Fragen, Frau Stein. Aber Sie sind ja nun in den besten Händen. Frau Richter kann Ihnen hier alles genau erklären, nicht wahr?
Frau Richter: Sicher, Herr Ramsauer.
Herr Ramsauer: Wunderbar! Nun, dann also bis später!
Frau Richter u.
Frau Stein: Ja, bis später!
Frau Richter: Also, noch mal: Hallo und ganz herzlich willkommen!
Frau Stein: Das ist aber nett, Frau Richter! Vielen Dank! Ich freue mich sehr, Sie kennenzulernen.
Frau Richter: Setzen Sie sich doch! Übrigens, von mir aus können wir uns gern duzen. Ich heiße Renate.
Frau Stein: Schön! Hallo, Renate! Ich bin Marion.

Gespräch 2
Martin Kirschner: Entschuldigung?
Christoph Gärtner: Ja?
Martin Kirschner: Der Elternabend vom Kindergarten, der … der ist doch hier, oder?
Christoph Gärtner: Ja, ja, der ist hier.
Martin Kirschner: Ich frage nur, weil hier keiner ist. Ich meine, außer uns.
Christoph Gärtner: Tja, wir sind wohl beide 'n bisschen früh dran. Mein Name ist Gärtner. Ich bin der Vater von Julian.
Martin Kirschner: Kirschner. Mein Sohn ist der Max.
Christoph Gärtner: Ah ja, richtig, wir haben uns schon mal auf dem Spielplatz gesehen.
Martin Kirschner: Ja, stimmt! Ach, wollen wir uns nicht lieber duzen?
Christoph Gärtner: Ja, gern! Ich heiße Christoph.
Martin Kirschner: Hallo, Christoph! Ich bin der Martin.

Schritt C C1
Nasseer: Ist das der Bekannte, über den du neulich gesprochen hast?
Nasseer: Nein, nicht Max. Ich meine den Bekannten, von dem du mir erzählt hast.
Maja: Das sind die Kollegen, von denen ich dir erzählt habe.

Schritt C C3
Refrain: Freundinnen müsste man sein,
dann könnte man über alles reden,
über jeden geheimen Traum.
Freundinnen müsste man sein,
dann könnte man über alles lachen,
viele Sachen zusammen tun.
1. Strophe: Man könnte sich neue Schuhe kaufen und auf Partys geh'n,
man könnte durch die City laufen und auf gute Musik steh'n
und man könnte die Nacht durchtanzen, ohne auszuruh'n,
man wäre unbeschwert und den ganzen Tag gegen Einsamkeit immun.
Refrain: Freundinnen …
2. Strophe: Man könnte stundenlang versuchen, ein Rätsel zu lösen,
man könnte Billigflüge buchen und in der Sonne dösen,
und man könnte richtig traurig sein, aber ohne Depressionen,
und man könnte einer Meinung sein ganz ohne Diskussionen.
Refrain: Freundinnen …

Schritt D D2a
Heidenreich: Hallo, liebe Hörerinnen und Hörer! Herzlich willkommen zu einer neuen Folge von „Freizeitpartner Online“ mit Franziska Heidenreich. Früher lernte man neue Freunde

in einem Verein kennen oder auf einer Party. Heute suchen immer mehr Menschen ihre Freizeitpartner im Internet. Aber: Klappt das auch wirklich? Kann man auf diese Weise wirklich echte Freunde fürs Leben gewinnen? In unserer heutigen Sendung stellen wir diese Fragen einer jungen Frau, Miriam aus Mainz, die ihre Freunde im Internet kennengelernt hat. Hallo Miriam!

Miriam: Hallo!

Heidenreich: Na, dann erzähl doch mal, Miriam: Wie bist du auf die Idee gekommen, Freunde übers Internet zu suchen?

Miriam: Na ja, ich bin letztes Jahr von Kiel nach Mainz gezogen, und das war da ein echter Schock für mich. In Kiel hatte ich total viele Freunde. Und in Mainz war ich plötzlich ganz allein. Abends und am Wochenende war das besonders schlimm.

Heidenreich: Kann ich mir vorstellen. ...

Miriam: Ja, und dann hab ich mir gedacht, so geht das nicht weiter und ...

Heidenreich: ... und hast ein Profil auf Mainzelmenschen.de eingestellt, oder?

Miriam: Nein, zuerst habe ich mich in einem Verein angemeldet. Ich bin ja Sportlerin und darum war das für mich natürlich der erste Weg. Die Leute dort waren zwar auch wirklich super nett, aber leider viel älter als ich. Die haben schon Familie und Kinder und ...

Heidenreich: Verstehe – und dann hast du dich bei mainzelmenschen.de angemeldet.

Miriam: Ja, genau, das ist ein Netzwerk im Internet für Leute in Mainz.

Heidenreich: Warst du früher in Kiel denn auch schon in solchen Netzwerken aktiv?

Miriam: Nein, das war das erste Mal und ich war auch ziemlich skeptisch.

Heidenreich: Skeptisch? Wieso?

Miriam: Na, man weiß ja nicht, wer sich da meldet. Und ich finde es komisch, wenn man Dinge über sich ins Internet schreibt, die fast jeder lesen kann.

Heidenreich: Aber offenbar hast du ja nur gute Erfahrungen gemacht, oder?

Miriam: Hmmm, ja, also, natürlich, das Internet ist der einfachste Weg ganz schnell, ganz viele Leute kennenzulernen. Wahnsinn! In Nullkommanix hatte ich Dutzende von Bekanntschaften und Leuten, die sich mal mit mir treffen wollten.

Heidenreich: Na toll! Da hattest du also die freie Wahl.

Miriam: Ja, ich war auch erst mal begeistert, vor allem, weil das meistens auch Leute waren, die schon lange in der Stadt wohnen und mir viele gute Tipps geben konnten. Aber so einfach war es dann doch nicht.

Heidenreich: Ach!?

Miriam: Ich habe mich mit ein paar Leuten verabredet, die ich nett fand oder die ein interessantes Profil im Netz stehen hatten und das waren zum Teil dann echte Katastrophen.

Heidenreich: Wie meinst du das?

Miriam: Na, z.B. der eine Typ. Der hatte ein wahnsinnig witziges Profil und er hatte auch die gleichen Interessen wie ich, nämlich Sport und Kickerspielen. Und der hatte auch ein nettes Bild von sich im Netz. Also haben wir uns dann verabredet ...

Heidenreich: Na? Und was war dann?

Miriam: Schrecklich! Das war ein totaler Langweiler – oh Mann! ... und sportlich war der überhaupt nicht. Im Gegenteil.

Heidenreich: Hmmm. Das ist natürlich nicht so toll.

Miriam: Nee, wirklich, wir wollten gemeinsam joggen gehen, aber nach den ersten 100 Metern war der schon schlapp. Ich glaube, sein Foto im Internet ist mindestens 10 Jahre alt. So was! Der sucht einfach nur eine Freundin, eine Partnerin übers Internet.

Heidenreich: Tja, da muss man wohl 'n bisschen aufpassen.

Miriam: Ja, unbedingt, denn das war leider auch nicht der Einzige. Bei Männern bin ich inzwischen echt vorsichtig geworden, wenn ich die kontaktiere ... Ich sag' dann gleich, dass ich grade nur Leute für gemeinsame Freizeitaktivitäten suche.

Heidenreich: Aber du hast nicht aufgegeben, nehme ich an.

Miriam: Nö! Genau. Ich habe ja auch andere – also wirklich nette – Leute kennengelernt.

Heidenreich: Das heißt, du hast also eher positive Erfahrungen gemacht?

Miriam: Ja, unbedingt. Ich habe richtig gute Freunde in Mainz gefunden. Wir sind jetzt inzwischen eine richtige Clique und unternehmen total viel am Wochenende. Und wir haben immer einen Mordsspaß dabei!

Heidenreich: Das ist ja toll. Würdest du also anderen Menschen auch empfehlen, sich im Internet Freizeitpartner zu suchen?

Miriam: Auf jeden Fall! Wer nicht zu Hause hocken möchte, sondern Spaß mit anderen will, der soll sich die Tastatur unter die Finger klemmen und loslegen.

Heidenreich: Tja, liebe Hörerinnen und Hörer, „Freizeitpartner online" geht zu Ende. Ich glaube, eins ist heute mal wieder besonders deutlich geworden: richtig schöne Freundschaften können auch im Internet beginnen. Ich bedanke mich ganz herzlich bei unserem heutigen Gast Miriam. Ich wünsche dir ein schönes und lustiges Wochenende mit deinen neuen Freunden und sage tschüs bis zu nächstem Mal!

Lektion 9 Technik und Alltag

Folge 9: *Computer sind doof*

Maja: Homeservice, hallo?
Herr Baum: Ja, hier ist Baum.
Maja: Was kann ich für Sie tun, Herr Baum?
Herr Baum: Ja, ich hatte vor 'ner halben Stunde 'ne Pizza bei Ihnen bestellt ...
Maja: Ach, richtig, Herr Baum!
Herr Baum: Ja, und da wollte ich mal nachfragen, nicht?
Maja: Herr Baum, Ihre Pizza ...
Herr Baum: Denn meine Mittagspause geht ja nun bald zu Ende, nicht?
Maja: Herr Baum, es tut mir wirklich leid, aber wir haben hier ein kleines Problem mit unserem neuen Computerdrucker.
Herr Baum: Mit Ihrem Drucker? Ja, aber ...
Maja: Haben Sie doch bitte noch einen ganz kleinen Moment Geduld, Herr Baum. Wir sind gerade dabei, das Problem zu lösen und dann kommt Ihre Pizza sofort zu Ihnen, okay?

Maja: Vielen Dank für Ihr Verständnis, Herr Baum! – Funktioniert das blöde Ding immer noch nicht?
Nasseer: Hey, du sagst das so, als ob ich dafür verantwortlich wäre!
Maja: Nein, Nasseer, ich ...
Nasseer: Aber das hier ist nicht mein Job.
Maja: Ja, ich weiß.
Nasseer: Mein Job ist Essen ausfahren. Während ich unterwegs bin, kann ich mich nicht um deinen Computer kümmern.
Maja: Ja doch! Ja doch! Ist ja gut! Hey, was war 'n das? Geht's jetzt?!

Maja: „Der Drucker ist nicht betriebsbereit". Oh Mist! „Legen Sie die CD-ROM ein und installieren Sie die Druckersoftware". Wo ist denn diese CD-ROM?
Nasseer: Dort, wo sie hingehört: im CD-ROM-Laufwerk.
Maja: Na, dann installier doch die Software! Du musst doch nur auf „Weiter" klicken!
Nasseer: Hab' ich doch schon!
Maja: Lass mich mal an den Computer! Na los, gib mir mal die Maus!
Nasseer: Bitte schön! Wenn du meinst.

Maja: Okay! So. – „Der Drucker ist nicht betriebsbereit". Hä? Moment, noch mal! „Legen Sie die CD-ROM ein und installieren Sie die Druckersoftware". Computer sind einfach doof!
Nasseer: Telefon!

Maja: Homeservice, hallo?
Nasseer: „Probleme bei der Installation". Aha!
Maja: Guten Tag, Frau Keller. Was kann ich für Sie tun?
Nasseer: „Für ein einwandfreies Funktionieren des Druckers benötigen Sie die richtige Treibersoftware."
Maja: Ach, richtig, Frau Keller! Das war einmal Curryhuhn, stimmt's?
Nasseer: Sollten Sie die passende Software für Ihr Betriebssystem auf der beigelegten CD-ROM nicht finden, haben Sie folgende Möglichkeiten.
Maja: Ja, Frau Keller, ich ... ich verstehe Ihren Ärger, aber wir haben hier Probleme mit unserem Drucker ...
Nasseer: Wenn Sie über einen Internetzugang verfügen, können Sie den benötigten Druckertreiber von unserer Internetseite herunterladen. Aha!
Maja: Ja, ja, Frau Keller. Ganz bestimmt! Vielen Dank für Ihr Verständnis!

Maja: Weißt du, wo der alte Rechnungsblock ist?
Nasseer: Was? Hey, lass mich doch bitte in Ruhe!
Maja: Was machst du da eigentlich? Bist du etwa im Internet? Tatsächlich! Das darf doch wahr sein! Hier ist Chaos und er surft im Internet!
Nasseer: Quatsch! Ich surfe nicht.
Maja: Und was ist das? Was machst du da?
Nasseer: Druckertreiber downloaden.
Maja: Was? Wozu braucht man denn 'nen Druckertreiber?
Nasseer: Ach, vergiss es! Wozu brauchst du denn 'nen Rechnungsblock?
Maja: Ach, vergiss es!

Maja: Herr Baum, Friedrichstraße 7, Pizza Primavera, 9 Euro 50 Cent, inklusive Mehrwertsteuer. Und jetzt noch Frau Keller, Goethestraße 119.
Nasseer: Rechnungen mit der Hand schreiben, als ob wir im Mittelalter wären!
Maja: Hey! Geht der Drucker jetzt doch?
Nasseer: Na, das siehst du ja, oder!
Maja: Hey, Nasseer! Das ist ja super! Homeservice, hallo? Herr Baum! Die Pizza ist schon fast auf dem Weg zu Ihnen. Was? Ach so, verstehe. Tut mir leid, entschuldigen Sie bitte. Auf Wiederhören. Idiot!
Nasseer: Na sag mal! Was ist denn los?
Maja: Homeservice, hallo? Frau Keller! Ihr Huhn kommt jetzt sofort. Was? Ach, tja, das, na ja, da kann man nichts machen. Entschuldigen Sie bitte ... ja. Zicke!
Nasseer: Was ist denn?
Maja: Nachdem ich nun eine Stunde gewartet habe, brauche ich kein Mittagessen mehr, behalten Sie Ihr Huhn!

Maja: Du, was is 'n das eigentlich, ein Druckertreiber?
Nasseer: Das ist 'ne Software.
Maja: Hm.

Nasseer: Damit der Computer den Drucker versteht und umgekehrt.
Maja: Was? Die müssen sich verstehen? Das kapier' ich nicht. Du, komm, gib mir 'n Stück von der Pizza!
Nasseer: Was?
Maja: Du sollst mir Pizza geben!
Nasseer: Ich verstehe nicht.
Maja: Kann ich bitte ein Stück Pizza haben?
Nasseer: Ah, jetzt hab' ich's verstanden! Siehst du: Das bitte, das war die Treibersoftware.
Maja: Mann, du bist genauso doof wie der Computer!

Schritt A A3

Tamara: Und was machst du so, Michael?
Michael: Oh, das is' n langweiliges Thema. Das wird dich sicher gar nicht interessieren, Tamara.
Tamara: Doch, doch, wirklich.
Michael: Ich bin in 'nem großen Unternehmen.
Tamara: Echt? Und als was arbeitest du da?
Michael: Es is' ne leitende Stellung. Prozessmanagement und so.
Tamara: Management! Du bist also Manager?
Michael: Ja. Na klar!
Tamara: Wow! 'n richtiger Topmanager in 'nem richtig großen Laden! Da verdienst du sicher ziemlich gut, oder?
Michael: Na ja, okay, es ist nicht so wenig aber auf der anderen Seite hab' ich auch jede Menge Kosten.
Tamara: Oh, kann ich mir vorstellen! 'n großes Haus wahrscheinlich.
Michael: 12 Zimmer.
Tamara: Boah!
Michael: ... mit Pool.
Tamara: Wow! Und sicher 'n dicker Mercedes.
Michael: Mercedes!? Ich fahr' Porsche!
Tamara: Ach so! Und dann der ganze Schmuck für deine Frau.
Michael: Nee, also damit hab' ich kein Problem.
Tamara: Ach, du bist gar nicht verheiratet?
Michael: N-nn.
Tamara: Ja, aber der Ring?
Michael: Der da? Das ist doch kein Ehering.
Tamara: Nicht? Sieht aber ganz so aus.
Michael: Das ist'n Glücksbringer, verstehst du? Der schützt mich vor falschen Frauen und sagt mir, wer die Richtige ist.
Tamara: So? Und was sagt er jetzt gerade?
Michael: Moment mal. Er sagt noch nix. Er möchte erst noch 'n bisschen mehr wissen!
Tamara: Hey, bei dir muss man ja richtig aufpassen! Und was machst du so alles in deiner Freizeit?
Michael: Ach, weißt du, wenn ich mal frei hab, dann geh ich am liebsten Golf spielen.
Tamara: Golf? Aha!
Michael: Ja, du, ich komm' grad aus Florida. Hab 'ne Woche Golfurlaub gemacht.
Tamara: Florida! Hach, da wollt' ich schon immer mal hin!

Schritt C C1 a und b

Gespräch 1

Maja: Okay! So. „Der Drucker ist nicht betriebsbereit". Hä? Moment, noch mal! „Legen Sie die CD-ROM ein und installieren Sie die Druckersoftware". Computer sind einfach doof!

Gespräch 2

Frau: Willi? Willi!
Willi: Hm? Was?
Frau: Was ist denn jetzt mit den Fotos? Hast du sie schon ausgedruckt?
Willi: „Öffnen Sie ‚Druckeigenschaften – hilfreiche Informationen'. ‚Druckeigenschaften – hilfreiche Informationen'? Ja, wo ist denn das? Druckeigenschaften? Ah, da! So. Na? Und jetzt? Was? „Klicken Sie im Menü ‚Ich möchte' auf ‚Fotos drucken'. Daraufhin wird das Dialogfeld ‚Fotos drucken' angezeigt." ‚Ich möchte', ... ‚Ich möchte', wo soll denn das sein? Das da vielleicht? „Wählen Sie eine Druckqualität." Aha.
Frau: Willi? Was ist denn jetzt?!
Willi: Ja, ja.
Frau: Willi!
Willi: Ja doch!
Frau: Ich brauch' die Fotos. Ich muss los. Das weißt du doch!
Willi: Hey, das ist 'n völlig neues Programm!
Frau: Ja, eben. Damit geht's schneller, hast du gesagt.
Willi: Lass mich doch in Ruhe! Du checkst mal wieder gar nix!

Gespräch 3

Mann: „Erstens: Schraube A durch die Bohrung der Radkappe 2 stecken und den 6-Kant-Kopf komplett in die Radkappe 2 eindrücken. Zweitens: Die kurze Schraube in die kleine Radkappe und die lange Schraube in die große Radkappe stecken. Drittens: Abdeckkappe 3 in die Radkappe 2 drücken, bis sie einschnappt".
Unglaublich! Diesen Unsinn versteht doch kein Mensch! Nicht einmal der Hersteller selbst, was wollen wir wetten? Na ja, zum Glück sind's ja nur die vier Räder hier. Die schaff' ich zur Not auch ohne Gebrauchsanweisung.

Gespräch 4

Junge: „Öffnen Sie das Waschmittelfach". Das Waschmittelfach. Welches ist denn das Waschmittelfach? Das hier vielleicht? Ach ja, genau! Da kommt's rein, das Waschpulver! Genau! Da schüttet's die Mama auch immer rein! So! Und jetzt geht's los! Start! Moment mal! Kochwäsche? 95 Grad? Wieso denn Kochwäsche? Pullis darf man doch gar nicht kochen! So was Blödes! Was soll ich denn jetzt machen? Wie kann man das denn stoppen? Ah, da! „Erstens: Drücken Sie auf die Taste ‚Start/Pause', um das Programm zu unterbrechen. Das Lämpchen blinkt". Stimmt! „Zweitens: Wählen Sie ein neues Programm (mit Temperatur) und – sofern Sie dies wünschen – eine andere Schleuderzahl. Drittens: Drücken Sie erneut die Taste ‚Start/Pause' um das Programm wieder zu starten." Ah! Feinwäsche! 30 Grad! Puh! Das war knapp!

Zwischenspiel 9 ***Ich bin nicht irgendwer***

1. Ich hab' mir ein Gerät mit Supermultifunktion gekauft,
   ein Spitzenqualitätsprodukt der neuesten Generation,
   mit Treibersoftware in der aktuellen Version;
   Zum Starten braucht man leider eine Zahlenkombination.

   Refrain:
   Irgendwo steht das. ... Es muss doch irgendwo steh'n!
   Irgendwie geht das. ... Es muss doch irgendwie geh'n!
   Irgendwer weiß das. ... Irgendwer weiß das bestimmt!
   Aber ich bin ja nicht irgendwer!

2. Also schau' ich lieber gleich in die Bedienungsanleitung
   und stelle dabei fest: das Ding hat fünfhundertsiebzig Seiten!
   Muss ich vielleicht Urlaub nehmen für die Vorbereitung?
   Na, es hat ja keinen Sinn, jetzt schlechte Laune zu verbreiten.

   Refrain
   Irgendwo ...

3. Nach sieben Stunden Lesen hab' ich immer noch nix kapiert.
   Ich weiß nur: Dass das Startprogramm den Code nicht akzeptiert.
   Jetzt habe ich die Software einfach noch mal installiert,
   denn ich bin ja nicht der Typ, der die Geduld verliert.

   Refrain
   Irgendwo ...

4. Dreizehn Stunden sind vergangen, es ist mitten in der Nacht
   und kein einziger Versuch hat mir irgendwas gebracht.
   Deshalb hab' ich jetzt die Werkzeugkiste aufgemacht.
   Nun werden wir gleich seh'n, wer hier als Letzter lacht!

   Irgendwann reicht's mir! ... Und dann reicht's mir total!
   Irgendwann reicht's mir! ... Und dann werd' ich brutal!
   Irgendwann reicht's mir! ... Dann ist mir alles egal!
   Ich bin nicht irgendwer, ist das klar?

Lektion 10 Rund ums Produkt

Folge 10: ***Murphys Gesetz***

Maja: Also, das ist der Reis und das Lammcurry für Astner, Nordendstraße 12, 3. Stock. Dann einmal Huhn in Tomatensoße und Reis für Klett, Lothstraße 11, Parterre. Und das ist Pizza Diavolo, Huhn in Joghurtsauce und Reis für Firma Epstein, Schellingstraße 129.
Nasseer: Moment mal. Das ist doch kein Lammcurry!
Maja: Natürlich! Steht ja drauf: 224. Nummer 224 ist Lammcurry!
Nasseer: Ach was! Dann ist's eben falsch nummeriert. Das Entscheidende ist, dass hier kein Lammcurry drin ist. Siehst du? Huhn in Joghurtsauce.
Maja: Tatsächlich! Aber ... das versteh' ich nicht. Huhn in Joghurtsauce ist doch Nummer 267!

Nasseer: Du hast die beiden Deckel vertauscht. Der gehört hier drauf und der andere da.
Maja: Du hast recht. So was Dummes!
Nasseer: Ach, nimm's nicht so schwer, Maja, denk an Murphys Gesetz.
Maja: Wie? Was für'n Gesetz?
Nasseer: Kennst du das nicht? Murphys Gesetz: „Alles, was schief gehen kann, geht irgendwann schief." Hey, was ist'n das für'n Ding? Was ist'n da drin?

Maja: Finger weg, Nasseer! Mach das bloß nicht kaputt! Das ist'n Geburtstagsgeschenk für meinen Neffen.
Nasseer: Ach so?!

Maja: Hier! Guck mal!
Nasseer: Hey, ein Frosch! Der sieht aber lustig aus!
Maja: Das ist ein hüpfender Frosch.
Nasseer: Ein Frosch, der hüpft? Wirklich?
Maja: Oh ja, und wie!
Nasseer: Wirklich?
Maja: Pass auf, ich zeig's dir!

Nasseer: Mh, aber zuerst packen wir das Essen wieder ein.
Maja: Du hast recht! Sonst wird's ja kalt.

Nasseer: Der hüpft ja gar nicht!
Maja: Natürlich nicht. Er ist ja auch noch nicht aufgezogen. Mann! Wo ist denn der Schlüssel? So was Dummes!
Nasseer: Was ist?
Maja: Der Schlüssel für den Frosch. Der Schlüssel zum Aufziehen fehlt. Er ist nicht in der Packung.
Nasseer: Siehst du? Was hab' ich gesagt? Murphys Gesetz! Was schief gehen kann, geht schief.
Maja: Ach, komm! Hilf mir lieber, den Schlüssel zu suchen, statt dummes Zeug zu reden.

Nasseer: Nee du. Ich muss jetzt ganz dringend los. Also, bis nachher. Tschühüs!

Verkäuferin: Schulze?
Maja: Hallo? Spreche ich mit der Firma Spielwaren Schulze?
Verkäuferin: Ja, guten Tag. Was kann ich für Sie tun?
Maja: Hier ist Kremer. Ich hab' heute Vormittag einen Frosch bei Ihnen gekauft. So 'nen kleinen Hüpffrosch aus Blech.
Verkäuferin: Ja, ich kann mich an Sie erinnern, Frau Kremer.
Maja: Beim Auspacken musste ich nun leider feststellen, dass kein Aufziehschlüssel mit dabei ist.
Verkäuferin: Ach, wirklich? Der Schlüssel ist normalerweise immer beigelegt.
Maja: Tja, das mag schon sein. Ich hab' aber keinen gefunden, weder am Frosch noch in der Verpackung. Das ist wirklich sehr ärgerlich.

Verkäuferin: Ich verstehe Ihre Verärgerung! Selbstverständlich schicken wir Ihnen einen Ersatzschlüssel zu. Geben Sie mir doch bitte Ihre Adresse.
Maja: Ich bräuchte den Schlüssel aber heute noch. Der Frosch soll nämlich ein Geburtstagsgeschenk für meinen Neffen sein.
Verkäuferin: Noch heute? Da sehe ich leider gar keine Möglichkeit, außer Sie kommen noch einmal bei uns vorbei.
Maja: Ich kann zwar nicht persönlich kommen, aber ich schicke gleich jemanden zu Ihnen, okay?
Verkäuferin: Gerne, Frau Kremer. Wir haben durchgehend bis 19 Uhr geöffnet.
Maja: Vielen Dank! Auf Wiederhören!
Verkäuferin: Auf Wiederhören!

Verkäuferin: Guten Tag.
Nasseer: Hallo! Frau Kremer hat mir gesagt ...
Verkäuferin: Ach ja, der Schlüssel! Hier ist er. Bitte schön!
Nasseer: Vielen Dank! Wiedersehen!
Verkäuferin: Tschüs! Viel Spaß noch mit dem Frosch!
Nasseer: Danke!

Maja: Siehst du, Nasseer: Jetzt hüpft er, der Frosch!
Nasseer: Witzig! Echt witzig! Na also! Ende gut, alles gut!
Maja: Hallo? Hier Homeservice.
Herr Astner: Guten Tag, hier spricht Astner. Ich hatte ein Lammcurry bei Ihnen bestellt und muss mich nun leider beschweren.
Maja: Oje! Was ist denn passiert? Ist Ihnen das Curry zu scharf? Oder mussten Sie zu lange darauf warten?

Herr Astner: Nein, nein, sowohl die Lieferzeit als auch der Geschmack sind völlig in Ordnung. Aber beim Essen musste ich dann leider feststellen, dass da nicht nur Lammfleisch in der Soße war.
Maja: Wieso? Was denn noch?
Herr Astner: Ich bin mir nicht ganz sicher, was es ist. Aber ich glaube, es ist irgendein Aufziehschlüssel oder so was Ähnliches.
Maja: Was!
Herr Astner: Also, ich muss sagen, das hat mich schon etwas enttäuscht. Hallo?
Maja: Ja, ja ...
Herr Astner: Ja, was sagen Sie dazu?
Maja: Kennen Sie Murphys Gesetz, Herr Astner?

Schritt A **A2 a und b**

Gespräch 1
Hanna: Müller?
Oliver: Sag mal, wo bleibst du denn?
Hanna: Tut mir echt leid, Olli! Ich wollte schon längst bei dir sein ...
Oliver: Aber?
Hanna: Ich find' meinen Schlüssel nicht.
Oliver: Was?
Hanna: Lach nicht! Sag mir lieber, wo ich suchen soll!
Oliver: Na, am besten da, wo du ihn immer hinlegst.
Hanna: Da ist er nicht!
Oliver: Na, dann vielleicht in deiner Handtasche?
Hanna: Nö, da hab' ich auch schon geguckt. Aber ... Hey! Moment mal!
Oliver: Hanna? Hanna? Was machst du denn?
Hanna: Ich hab' ihn! Ich hab' ihn!
Oliver: Und? Wo war er?
Hanna: Ich hatte doch gestern den rosa Blazer an.
Oliver: Den schicken, den du so selten anziehst.
Hanna: Da war er drin, der Schlüssel
Oliver: Tja, Schatz: Murphys Gesetz!
Hanna: Murphys Gesetz? Was is'n das?
Oliver: Das erklär' ich dir nachher, okay?

Gespräch 2
Frau: Los! Komm! Wir stellen uns dort an!
Mann: Nee, nee, hier! Hier! Hier sind weniger Leute!
Frau: Meinst du? Na schön! Ich hab' noch Milch mitgenommen.
Sag mal, gibt's sonst noch was, was wir brauchen?
Mann: Haben wir Brot?
Frau: Brot? Brot haben wir noch eingefror'n. Das müsste reichen.
Mann: Wieso geht das denn hier nicht weiter?
Frau: Wir hätten doch die andere Kasse nehmen sollen.
Mann: Ist das 'ne Anfängerin oder was?
Frau: Pscht! Sei doch still! An der anderen Kasse wären wir jetzt dran.
Mann: Typisch!
Frau: Was?
Mann: Dass wir uns ausgerechnet dort anstellen, wo's am langsamsten geht. Das nennt sich Murphys Gesetz.
Frau: Wieso wir? Ich hätt' mich da drüben angestellt.
Mann: Ja, ja, ja!

Gespräch 3
Lena: Ja, hallo?
Birgit: Lena?
Lena: Hallo, Birgit.
Birgit: Ja, sag mal, wo bist du denn? Ich steh' hier im Regen und warte seit über 'ner halben Stunde auf dich!
Lena: Äh!
Birgit: Ist das alles, was dir dazu einfällt?
Lena: Tut mir leid, Birgit, aber heut' ist echt nicht mein Tag.
Birgit: Wieso denn?
Lena: Heut' geht alles schief. Es gibt nichts, was ich richtig mache.
Birgit: Ach, komm!
Lena: Zuerst fällt mir die Kontaktlinse ins Klo.
Birgit: Nee!
Lena: Dann verlier' ich in der S-Bahn mein Portemonnaie.
Birgit: Ach, du liebe Zeit!
Lena: Und vorhin, bei der Führerscheinprüfung, tret' ich vor Aufregung aufs Gas statt auf die Bremse und fahr' dem Prüfer übern Fuß.
Birgit: Nein!
Lena: Und dann lass' ich auch noch meine beste Freundin im Regen stehen.
Birgit: Ach, komm, das ist doch alles nicht so schlimm! Das ist einfach so. Das hat was mit diesem Ding zu tun, mit diesem Gesetz. Na, wie heißt es noch gleich? Murphys Gesetz?

Gespräch 4
Charlotte: Also, Therese, da ist etwas, was ich nicht verstehe!
Therese: So? Was denn?
Charlotte: Zuerst find' ich den Zucker nicht, dann die Sahne und jetzt ist auch noch meine Brille weg!
Therese: Tja, es ist überall, wo ich hinkomme, das gleiche Problem: Wir werden alle nicht jünger, Charlotte!
Charlotte: Ach! Alt werden ist einfach furchtbar lästig!
Therese: Ha!
Charlotte: Was denn?
Therese: Deine Brille! Da! Auf deiner Stirn!
Charlotte: Na, Gott sei Dank! Ah, da ist ja auch die Sahne! Und der Zucker!
Therese: Na also! Jetzt fehlt nur noch der Kaffee.
Charlotte: Der Kaffee! Den hab ich vergessen!

Schritt C C1
Maja: Ich hab' aber keinen Schlüssel gefunden, weder am Frosch noch in der Verpackung. Das ist wirklich sehr ärgerlich.

Herr Astner: Nein, nein, sowohl die Lieferzeit als auch der Geschmack sind völlig in Ordnung.

Maja: Was mache ich nur? Ich kann weder heute Vormittag noch heute Nachmittag persönlich vorbeikommen. Heute ist nicht mein Tag. Ich habe sowohl die Deckel vertauscht als auch den Schlüssel ins Lammcurry fallen lassen.

Schritt C C2 a und b
Gespräch 1
Sachbearbeiterin: Quick Versand Hamburg, guten Tag! Was kann ich für Sie tun?
Frau Ströbele: Hier ist Ströbele. Ja, also, Sie haben mir dieses Kleid zugeschickt und ...
Sachbearbeiterin: Entschuldigen Sie bitte, Frau Ströbele, könnten Sie mir erst mal Ihre Kundennummer geben?
Frau Ströbele: Ach so, ja, das ist ... warten Sie mal. Hier: Das ist die 4-5-6-3-7-5. Also, wissen Sie, ich muss schon sagen.
Sachbearbeiterin: Einen Moment noch, Frau Ströbele. Ah ja, jetzt hab' ich den Vorgang hier.
Frau Ströbele: Ja, also, ich bin wirklich sehr verärgert!
Sachbearbeiterin: Das tut uns leid, Frau Ströbele. Darf ich wissen, womit Sie unzufrieden sind? Hat die Lieferung zu lange gedauert?
Frau Ströbele: Nein, nein. Das ging ganz schnell. Beim Auspacken musste ich dann aber feststellen, dass das Kleid weder die richtige Farbe noch die richtige Größe hat.
Sachbearbeiterin: Oje, das ist ja wirklich sehr ärgerlich! Da muss bei der Auslieferung ausnahmsweise mal was verwechselt worden sein.
Frau Ströbele: Na, na, das ist ja nicht zum ersten Mal! Das ist nun schon die zweite falsche Lieferung! Das geht doch nicht!
Sachbearbeiterin: Oh, das tut mir sehr leid, Frau Ströbele! Ich verspreche Ihnen, ich werde mich sofort persönlich darum kümmern. Wir schicken das richtige Kleid noch heute los, okay?
Frau Ströbele: Okay! Also, tschüs dann!
Sachbearbeiterin: Auf Wiederhören!

Gespräch 2
Kunde: Entschuldigen Sie ...
Verkäufer: Ja, bitte? Kann ich Ihnen helfen?
Kunde: Tja, also, ich hab' da ein Problem.
Verkäufer: Ja?
Kunde: Dieses Laufrad hier hab' ich letzte Woche bei Ihnen gekauft. Das wollten wir unserer Tochter zum Geburtstag schenken.
Verkäufer: Aha?
Kunde: Tja, ich bin mir nicht ganz sicher, was es ist, aber unsere Janina will nicht damit fahren.
Verkäufer: Wie alt ist denn Ihre Tochter? Vielleicht ist das Laufrad ja noch'n bisschen zu groß für sie?
Kunde: Nein, nein, die Größe stimmt schon. Wissen Sie, ich glaube, dass Janina lieber 'n Roller hätte.
Verkäufer: Ach so?
Kunde: Wäre es vielleicht möglich, das Laufrad gegen einen Roller einzutauschen?
Verkäufer: Kein Problem! Das Entscheidende ist doch, dass das Kind zufrieden ist! Die Rechnung haben Sie ja noch, oder?

Kunde: Nein, das ist ja das Dumme: Wir haben sowohl die Verpackung als auch die Rechnung weggeworfen.
Verkäufer: Oje! Das ist schlecht! Tja, da sehe ich leider keine Möglichkeit, außer vielleicht, dass Sie unseren Chef fragen. Sie finden ihn oben, im ersten Stock.
Kunde: Okay. Vielen Dank!
Verkäufer: Gerne!

Gespräch 3
Kunde: Entschuldigung! Entschuldigung? Hallo!
Verkäufer: Ja?
Kunde: Dies hier ist doch die Campingabteilung, oder?
Verkäufer: Ja, det sehn' Se doch, oder?
Kunde: Sie haben heute in der Zeitung eine Sonderaktion „Rund ums Campen" ausgeschrieben. Hier: mit einem Iglu-Zelt, Luftmatratzen, einem Campingkocher, Sie wissen schon.
Verkäufer: Kann schon sein.
Kunde: Sowohl das Iglu-Zelt als auch dieser Campingkocher würden mich interessieren.
Verkäufer: So?
Kunde: Ich such' jetzt schon seit 'ner Viertelstunde danach. Aber ich kann weder das eine noch das andere finden. Können Sie mir vielleicht helfen?
Verkäufer: Zeigen Sie mal! Nö, haben wir nicht mehr.
Kunde: Was?
Verkäufer: Tja, wer zuerst kommt, mahlt zuerst.
Kunde: Na, hören Sie mal! Was sind denn das für Methoden?
Verkäufer: Hätten Sie halt früher kommen müssen.
Kunde: Was? Es ist jetzt zehn Uhr. Sie haben gerade mal seit einer Stunde geöffnet. Sie können doch nicht eine Sonderaktion starten und nach einer Stunde ist schon alles ausverkauft. Solche Methoden lehne ich ab. Ich werde mich bei der Gewerbeaufsicht beschweren.
Verkäufer: Ja, ja. Das machen Sie mal!
Kunde: Unverschämtheit!

Gespräch 4
Frau Meinhard: Firma Lauser und Faller. Meinhard, guten Tag!
Herr Körner: Guten Tag. Hier ist Körner. Würden Sie mich bitte mit Herrn Lauser verbinden?
Frau Meinhard: Worum geht's denn, Herr Körner?
Herr Körner: Das möchte ich gerne mit Herrn Lauser selbst besprechen. Es geht um Handwerksarbeiten, hier bei mir in der Wohnung.
Frau Meinhard: Einen Augenblick, ich verbinde.
Herr Lauser: Lauser hier. Guten Tag, Herr Körner.
Herr Körner: Hören Sie mal, Herr Lauser, ich komme gerade aus dem Urlaub zurück, und ...
Herr Lauser: Herr Körner, ich ...
Herr Körner: Es war abgemacht, dass Sie sowohl das Bad renovieren als auch die Wände neu tapezieren.
Herr Lauser: Herr Körner ...
Herr Körner: Sie hatten fest versprochen, dass alles rechtzeitig fertig wird!
Herr Lauser: Hören Sie doch.
Herr Körner: Sie hatten 14 Tage Zeit!
Herr Lauser: Herr Körner, jetzt beruhigen Sie sich doch bitte! Lassen Sie mich doch auch mal etwas sagen!
Herr Körner: Bitte schön!
Herr Lauser: Ich kann verstehen, dass Sie enttäuscht sind, aber es hat einige unvorhergesehene Probleme gegeben. Können wir das nicht in Ruhe bei Ihnen besprechen?
Herr Körner: Wann?
Herr Lauser: Wenn Sie wollen, kann ich in einer halben Stunde bei Ihnen sein.
Herr Körner: Na gut, dann kommen Sie mal.
Herr Lauser: Okay! Bis gleich, Herr Körner.

Schritt D D2
S. Engelbrecht: ‚Die Frau in der Werbung' ist unser nächstes Thema, liebe Hörerinnen und Hörer. Und dazu begrüße ich einen Studiogast: Frau Dr. Anita Eckstein, sie ist die Leiterin des ‚Emma-Krasnitz-Instituts für Sozialforschung' und befasst sich seit Jahren mit dem weiblichen Rollenbild in der Werbung. Guten Tag, Frau Eckstein!
Anita Eckstein: Hallo, Frau Engelbrecht!
S. Engelbrecht: Frauen in der Werbung. Wir treffen sie fast immer und überall: wenn wir durch die Straßen gehen, wenn wir einkaufen, im Kino, in der Zeitung, im Radio, im Fernsehen.
Anita Eckstein: Und inzwischen auch im Internet! Ja, Sie haben recht: Die Frau spielt seit Jahrzehnten eine wichtige Rolle in der Werbung. Ich behaupte sogar: die wichtigste!
S. Engelbrecht: In Ihrem neuen Buch „Die Verführung ist weiblich" untersuchen Sie, wie sich das Frauenbild in der Werbung im Lauf der Zeit verändert hat.
Anita Eckstein: Richtig. Und einige Fragen haben mich dabei besonders interessiert: Zum Beispiel: Wo, also in welcher Umgebung, befindet sich die Frau in der Werbung? Welchen Beruf hat sie? Wie sieht sie aus und für was wirbt sie? Es war interessant zu sehen, wie viel sich da in den vergangenen Jahrzehnten bewegt hat und wie sehr manche Dinge doch auch gleich geblieben sind.
S. Engelbrecht: Können Sie das für unsere Hörer mit ein paar Beispielen verdeutlichen?
Anita Eckstein: Gerne! Fangen wir mit dem WO an: In den 50er- bis 70er-Jahren erleben wir die Frau vor allem zu Hause. Ab den 80er-Jahren sieht man sie dann immer öfter am Arbeits-

platz und seit den 90ern wird sie zur emanzipierten Frau, die überall unterwegs sein kann.

S. Engelbrecht: Das berufliche Rollenbild der Frau hat sich in diesem Zeitraum stark verändert ...

Anita Eckstein: Genau! In den 50er- und 60er-Jahren ist sie vor allem noch die fleißige Hausfrau und liebevolle Mutter. Danach beginnt sie langsam, auch zur Arbeitskollegin zu werden. In einer wirklich selbstständigen und gleichberechtigten Rolle tritt sie in der Berufswelt dann aber erst seit den 90er-Jahren auf.

S. Engelbrecht: Diese Entwicklung hat sich doch sicher auch im Aussehen bemerkbar gemacht.

Anita Eckstein: Natürlich! Zuerst sehen wir die Frau vor allem mit Schürze beim Putzen, Waschen und Kochen. Dann, ab den 70er-Jahren, wird sie immer sportlicher, jugendlicher und frischer. Und dieser Trend setzt sich bis heute fort.

S. Engelbrecht: Aber es hat doch auch schon in den 50er-Jahren schlanke, verführerische Frauen in der Werbung gegeben.

Anita Eckstein: Das ist richtig, Frau Engelbrecht, für bestimmte Produkte, wie zum Beispiel für Alkoholika, Zeitschriften oder Autos, hat man von Anfang an auf den weiblichen Sex-Appeal gesetzt. Wie ich ja vorhin schon gesagt habe: Einige Dinge haben sich nicht sehr verändert.

S. Engelbrecht: H-hm. Und für welche Produkte wird mit Frauen geworben? Gibt es da auch eine Entwicklung über die Jahre?

Anita Eckstein: Man kann vielleicht sagen, dass Frauen zuerst vor allem für frauen-, haushalts- und familientypische Produkte geworben haben, also für Waschmittel zum Beispiel oder für Kaffee und so weiter. Dann auch für Geschirrspüler, Kühlschranke, Backöfen, dieser ganze Bereich. Dann für Medikamente und natürlich auch immer für Kosmetika. Seit den 80er-Jahren nutzt man die Verführungskraft der Frau dann aber für fast alle Produkte.

S. Engelbrecht: So, nun sind wir fast am Ende unserer Sendung angekommen. Zum Schluss vielleicht noch eine ganz kurze Frage, Frau Dr. Eckstein, mit der Bitte um eine ebenso kurze Antwort: Viele Feministinnen werfen Ihnen vor, dass Sie mit Ihrem Buch der Frauenbewegung schaden. Was antworten Sie ihnen?

Anita Eckstein: Verführung ist weiblich. Nutzen wir sie!

S. Engelbrecht: Vielen Dank! Das war Dr. Anita Eckstein. Ihr Buch „Die Verführung ist weiblich" ist im Heineweg-Verlag erschienen und kostet 19 Euro 80.

Lektion 11 Mit Menschen

Folge 11: *Rücksicht nehmen*

Nasseer: Ottostraße sieben. Wieder mal kein Parkplatz. Wieder zweite Reihe. Das ist doch zum Kotzen!

Mann: Also, nein! Das ist ja unglaublich! Nein, so geht das nicht! Hallo! Sie da! Hallo!
Nasseer: Meinen Sie mich?
Mann: Ja natürlich! Ist das Ihr Wagen hier?
Nasseer: Wieso? Haben Sie was dagegen?

Mann: Ob ich was dagegen habe? Ja, natürlich! Ich habe was dagegen, dass Sie hier in zweiter Reihe parken. Das kann man doch nicht machen! Sehen Sie denn nicht: Ich komm' hier mit meinem Wagen nicht raus. Was denken Sie sich eigentlich?
Nasseer: Ja. Sie haben recht, aber ...
Mann: So kann man doch nicht parken! Man muss doch Rücksicht nehmen! Außerdem ist das vorschriftswidrig.
Nasseer: Sie haben ja vollkommen recht, aber kann ich nicht schnell das Essen da reinbringen?
Mann: Was? Und ich soll hier warten? Oh nein!

Nasseer: Ach, bitte! Das dauert doch nur ein paar Sekunden. Bitte!
Mann: Nein! Sie werden jetzt wegfahren! Jetzt sofort!
Nasseer: Ach, seien Sie doch bitte so nett! Das Essen wird kalt.
Mann: Sie parken vorschriftswidrig in zweiter Reihe!
Nasseer: Aber es geht ja ganz schnell und dann fahre ich gleich weg.
Mann: Na schön! Wie sie wollen! Dann werd' ich jetzt die Polizei rufen!
Nasseer: Okay! Okay! Ich fahr' ja schon! Ich fahr' ja schon!

Nasseer: Ich hab' nen Parkplatz ... 'nen wunderschönen Parkplatz ...
Kunde: Ja? Bitte? Wer ist denn da?
Nasseer: Pizza & Curry! Ich bringe Ihr Essen!
Kunde: Ah ja! Kommen Sie rein!

Nasseer: Jetzt geht es weiter ... Oh nein! Na, das gibt's doch wohl nicht, oder?

Nasseer: Hallo! Hallo! Hallo! Hallo!
Mann: Was soll denn das! Hören Sie doch auf!
Nasseer: Ich kann hier nicht raus.
Mann: Na und?
Nasseer: Sie parken vorschriftswidrig in zweiter Reihe.
Mann: Ich musste noch mal zurück, da ich was vergessen hatte. So was passiert Ihnen wohl nie, oder?
Nasseer: Doch, natürlich, aber ich ...
Mann: Na sehen Sie! Warum regen Sie sich denn so auf?
Nasseer: Und was ist mit der Rücksicht, he? Man muss Rücksicht nehmen! Das haben Sie doch selbst gesagt!

Mann: Völlig richtig. Hier ist eine Wohngegend. Hier leben viele ältere Menschen. Also: Nehmen Sie gefälligst etwas Rücksicht. Und schreien Sie hier nicht so rum!

Nasseer: Das werde ich mir merken! Sie, Sie, dummes, arrogantes A ...
Stimme: Halt! Dieses Wort gehört nicht in einen seriösen Deutschkurs! Nehmen Sie doch bitte etwas Rücksicht, Herr Banissar!

Schritt A **A1**
a Mann: Und ich soll hier warten? Oh nein!
Nasseer: Ach, bitte. Das dauert doch nur ein paar Sekunden.
Mann: Nein! Sie werden jetzt wegfahren! Jetzt sofort!
b Nasseer: Aber es geht ja ganz schnell und dann fahre ich gleich weg.
Mann: Na schön! ... Wie Sie wollen! ... Dann werd' ich jetzt die Polizei rufen!

Schritt A **A2/A3**
1
Erik: Hallo, Jonas! Lange nicht gesehen!
Jonas: Hi, Erik!
Erik: Na, wie geht's denn immer?
Jonas: Du, mir geht's super! Ich hab vorgestern den Führerschein bestanden!
Erik: Ey, stark! Gratuliere!
Jonas: Danke!
Erik: Hast du auch schon 'n Auto?
Jonas: Bin grad dabei, eins zu organisieren.
Erik: Aha. Und? Was machst du so in den Semesterferien?
Jonas: Mitte Juli fahren Ralf und ich mit dem Auto nach Dänemark zum Campen. Cool, oder?
Erik: Dänemark? Du Glückspilz! Du hast's gut! Ich darf mal wieder arbeiten.

2
Mann 1: Hallo? Entschuldigen Sie mal! Sie dürfen hier nicht parken.
Mann 2: Na und? Was geht'n Sie das an? Was wollen Sie denn überhaupt, Sie Hilfssheriff?
Mann 1: Hören Sie mal, was denken Sie sich eigentlich dabei? Sie werden jetzt sofort hier wegfahren und den Parkplatz frei machen! Ich war schließlich zuerst da.
Mann 2: Hier: Siehste die Hand? Gleich gibt's was! Und jetzt mach' dich vom Acker!
Mann 1: Also das ... also das ... also das ist ja wohl die Höhe!
Mann 2: Hau ab, du Pfeife!

3
Radiosprecher: Und hier noch eine Durchsage unserer Wetterredaktion: Im süddeutschen Raum bleibt die Verkehrssituation auf den Fernstraßen auch in den nächsten Tagen unverändert. Wegen der guten Schneeverhältnisse in den Alpen, im Schwarzwald und im Bayerischen Wald müssen Autofahrer auch am ersten März-Wochenende mit langen Staus rechnen. Achtung! Auch im benachbarten Ausland wird es in den Skigebieten wahrscheinlich lange Staus geben.

4
Sebastian: Tschüs, Mama! Ich muss los!
Mutter: Du, warte mal, Sebastian! Es wird doch sicher ziemlich spät heute?
Sebastian: Hm, ich denke schon. Wieso?
Mutter: Wie willst du denn nach Hause kommen, nach der Party?
Sebastian: Genauso wie ich hinkomme: mit dem Auto!
Mutter: Sebastian!
Sebastian: Ach, mach dir keine Sorgen, Mama. Ich werde keinen einzigen Tropfen Alkohol trinken. Ich versprech's dir!
Mutter: Ach komm, das glaubst du doch selbst nicht! Wenn ihr erst mal richtig feiert, dann wird auch getrunken, das kenn' ich doch! Nimm doch lieber 'n Taxi!
Sebastian: 'n Taxi!? Ne, ne, das ist viel zu teuer!

5
Polizeisprecher: Mit unserer „Aktion Verkehrssicherheit" wollen wir möglichst viele Menschen für die Gefahren im Straßenverkehr sensibilisieren. Dazu werden wir noch aktiver als bisher das Gespräch mit den Bürgern suchen. Wir werden die Ursachen vieler Verkehrsunfälle aufzeigen und wir werden auch die teilweise schrecklichen Folgen dieser Unfälle deutlich machen. Ich denke, auf diese Weise wird es uns gelingen, in der Bevölkerung das Verständnis für unsere Arbeit zu fördern und auch die Akzeptanz unserer Verkehrskontrollen zu erhöhen.

Schritt B **B1**
b Nasseer: Kann ich nicht schnell das Essen da reinbringen?
Mann: Was? Und ich soll hier warten?
Nasseer: Ach bitte! Das dauert doch nur ein paar Sekunden. Bitte!
Mann: Nein! Sie werden jetzt wegfahren! Jetzt sofort!
Nasseer: Ach, seien Sie doch bitte so nett! Das Essen wird kalt.
Mann: Sie parken vorschriftswidrig in zweiter Reihe!
Nasseer: Aber es geht ja ganz schnell und dann fahre ich gleich weg.

Schritt B **B2**

Dr. Schnöbl: Ja, ja, Herr Swoboda, natürlich ... Das besprechen wir dann alles morgen. Ja, bei Ihnen in der Bank, ja? Mist! Da ist 'ne Verkehrskontrolle! Ich ruf' Sie nachher noch mal an!
Polizist: Guten Tag!
Dr. Schnöbl: Tag!
Polizist: Verkehrskontrolle! Ihren Führerschein und den Fahrzeugschein, bitte!
Dr. Schnöbl: Hier, bitte!
Polizist: Danke! Können Sie sich vorstellen, warum wir Sie anhalten, Herr Dr. Schnöbl?
Dr. Schnöbl: Nee, eigentlich nicht. Bin ich zu schnell gefahren?
Polizist: Sie haben ohne Freisprechanlage telefoniert.
Dr. Schnöbl: Ah ja, stimmt!
Polizist: Sie wissen ja, dass das verboten ist, oder?
Dr. Schnöbl: Tut mir leid, das ist mir wirklich unangenehm. Aber wissen Sie, meine Frau ist ziemlich krank, und ich wollte nur schnell ...
Polizist: Ganz egal, aus welchem Grund Sie im Auto telefonieren: Ohne Freisprechanlage bringen Sie sich und andere in Gefahr.
Dr. Schnöbl: Ja, natürlich! Da haben Sie ja vollkommen recht. Aber, das war doch jetzt nicht so schlimm, oder? Ich meine, es war doch keine Absicht.
Polizist: Telefonieren ohne Freisprechanlage ist eine Ordnungswidrigkeit gemäß Paragraph 23 Absatz 1a der Straßenverkehrsordnung.
Dr. Schnöbl: Tja, und was machen wir jetzt?
Polizist: Sie erhalten einen Bußgeldbescheid in Höhe von 40 Euro sowie einen Punkt in Flensburg.
Dr. Schnöbl: Was? Auch 'nen Punkt in Flensburg? Ach kommen Sie, so schlimm war das doch gar nicht. Können Sie nicht mal ein Auge zudrücken?
Polizist: Tut mir leid.
Dr. Schnöbl: Es wird bestimmt nie wieder vorkommen. Sehen Sie, hier. Ich gebe Ihnen die 40 Euro in bar und wir vergessen den Punkt, okay?
Polizist: Nein! Das kommt überhaupt nicht in Frage!
Dr. Schnöbl: Ja, wieso denn?
Polizist: Was denken Sie sich eigentlich? Gesetz ist Gesetz, das gilt auch für Sie, Herr Dr. Schnöbl!
Dr. Schnöbl: Aber hören Sie!
Polizist: Ich warne Sie! Wenn Sie jetzt nicht sofort vernünftig werden, dann wird die Sache richtig teuer!

Schritt E **E2**

a Interview 1

Journalist: Kennen Sie dieses Gefühl, dass Sie irgendwohin fahren und sich plötzlich fremd fühlen?
Frau: Ja, schon. Also, vor allem dann im Ausland. Also, wenn die Sprache dann auch anders ist und man kann sich halt vielleicht dann nicht mehr mit Englisch oder Deutsch weiterhelfen. Dann fühlt man sich schon ziemlich fremd.

b Interview 1

Journalist: Kennen Sie dieses Gefühl, dass Sie irgendwohin fahren und sich plötzlich fremd fühlen?
Frau: Ja, schon. Also, vor allem dann im Ausland. Also, wenn die Sprache dann auch anders ist und man kann sich halt vielleicht dann nicht mehr mit Englisch oder Deutsch weiterhelfen. Dann fühlt man sich schon ziemlich fremd.
Journalist: Und was machen Sie dann?
Frau: Ja, ich versuch' halt schon, mich irgendwie zu verständigen, auch wenn's mit Händen und Füßen ist. Das geht schon irgendwie. Ich will ja schließlich neue Leute kennenlernen.
Journalist: Gut, vielen Dank!

Interview 2

Journalist: Und Sie? Kennen Sie dieses Gefühl, dass Sie irgendwohin kommen und sich fremd fühlen?
Mann: Ja. Das kenn' ich sehr gut.
Journalist: Woher, oder ...?
Mann: Woher? Aus dem Urlaub und wenn ich zu 'ner Versammlung geh' und keinen kenn'.
Journalist: Können Sie mir das noch genauer erklären?
Mann: Na ja, also das liegt an den Menschen. Die, na, ... da ist es schon manchmal schwer, Zugang zu kriegen. Klar, die Sprache, die Umgebung können auch schwierig sein, aber das ist eigentlich nicht so das Problem für mich, also, da bin ich schon aufgeschlossen.
Journalist: Also, Sie würden das eigentlich eher daran festmachen, wie die Menschen sich verhalten und nicht, wo sie wohnen und welche Sprache sie sprechen, sondern einfach, ob sie offen sind oder verschlossen.
Mann: Ja, genau. Wie die Menschen aufeinander zugehen.
Journalist: Okay! Dankeschön!

Interview 3

Mann: ... und dann fühlt man sich schon fremd. Ganz in 'ner anderen Kultur und so. Und man versteht vielleicht einigermaßen die Sprache. Na ja, also am Anfang vielleicht auch noch nicht so gut, obwohl man eigentlich denkt, dass man sie kann, die Sprache, weil man sie in der Schule gelernt hat. Aber man kommt hin und die sprechen irgendwie ganz anders, als man sich das

	vorgestellt hat. Da fühlt man sich schon echt fremd. Man steht da rum und weiß nicht genau, was man machen soll und die Leute merken das auch sofort, wenn man fremd ist.
Journalist:	Und was glauben Sie, woran merken die Leute, dass Sie fremd sind.
Mann:	Hmmm, na ja, ich verhalt' mich halt ganz anders als sie.

Interview 4

Frau:	Erstens kommt es darauf an, in welches Land man fährt. Ob man die Sprache spricht. Ob man sich mit der Kultur befasst hat. Wenn ich jetzt nach Ägypten fahre, werde ich 'n anderes Gefühl haben, als wenn ich nach Venedig reise. Ist ja klar, andere Sprache, anderes Leben, andere Sitten ... Tja, eben, es kommt auf die Umgebung an, wo man hinreist.
Journalist:	Ja. Verstehe ...
Frau:	Ja, also, also je weiter weg ... ich meine außereuropäisch ... das ist immer mit einer gewissen Fremdheit verbunden ...

Interview 5

Journalist:	Kennen Sie das Gefühl, dass Sie irgendwohin fahren und Sie fühlen sich fremd?
Frau:	Ne, dazu hab' ich zu viel im Ausland gelebt. Also ich war ja schon überall zu Hause.
Journalist:	Und was haben Sie dafür getan, um sich zu Hause zu fühlen.
Frau:	Sprachkurse, auf Märkte gegangen, die Nachbarn besucht, viele Sachen ...
Journalist:	Also, die Menschen in ihrer Umgebung kennengelernt, mit ihnen gelebt ...
Frau:	Klar, wenn ich zwanzig Jahre in Holland lebe, dann kann man doch auch erwarten, dass ich fließend Holländisch spreche, oder?
Journalist:	Ja, natürlich ...

Schritt E **E3**

a Tina: Also, ich hatte ja hier in Hamburg in meiner Klasse eine Schülerin aus Ghana. Als die gehört hatte, dass ich nach Accra fliege, wollte sie unbedingt, dass ich ihre Familie besuche, und das hab' ich dann auch gemacht. Das war vielleicht ein Erlebnis!

b Tina: Es war insgesamt nett dort, sehr nett sogar. Aber alles in allem auch ziemlich komisch, ich wusste manchmal gar nicht, wie ich mich verhalten sollte, und mit den Eltern konnte ich mich ja auch nur schwer verständigen. Eigentlich nur mit Händen und Füßen.
Einmal hat mich die Familie zum Essen eingeladen. Und als ich dann da ankam, haben sie mich einfach ganz allein im Wohnzimmer vor den laufenden Fernseher gesetzt. Da war für mich der Tisch gedeckt, die anderen haben alle draußen im Hof gegessen, mit ihren Tellern auf den Knien. Ich wusste wirklich nicht, was ich machen sollte. Ich wollte ja auch nicht unhöflich sein. Irgendwie habe ich natürlich schon gemerkt, dass es wohl eine besondere Form von Respekt war. Aber ich wollte doch mit den anderen zusammen sein, deshalb war ich doch gekommen.

d Tina: Und so hab' ich dann nach einiger Zeit einfach gefragt, ob ich nicht zusammen mit der Familie draußen essen könnte. Zuerst waren sie total schockiert und haben heftig protestiert. Wahrscheinlich war es ihnen irgendwie unangenehm oder sogar peinlich. Und wahrscheinlich haben sie mich da ja auch nicht verstanden. Aber als ich dann mit im Hof saß und mit den Kindern gespielt habe, war es eigentlich ganz locker und wir haben viel gelacht.

Zwischenspiel 11 ***Herzlich willkommen!***

Mike Wetzich:	Ja, hallo?
Emma Heintz:	Hallo? Hier ist Emma Heintz von IT-Systems. Spreche ich mit Herrn Mike Wetzich?
Mike Wetzich:	Ja, richtig, das bin ich.
Emma Heintz:	Herr Wetzich, wir haben Ihre Bewerbungsunterlagen bekommen ...
Mike Wetzich:	Aha? Ja?
Emma Heintz:	... und wir möchten Sie gern zu einem Vorstellungsgespräch einladen.
Mike Wetzich:	Oh, schön! Das freut mich natürlich.
Emma Heintz:	Hätten Sie denn am Freitag um 11 Uhr Zeit?
Mike Wetzich:	Das ist der Vierzehnte, nicht?
Emma Heintz:	Richtig, der Vierzehnte.
Mike Wetzich:	Moment, bitte! Ja, ich denke, das geht.
Emma Heintz:	Schön, Herr Wetzich, dann bis Freitag, 11 Uhr, Zimmer 314.
Mike Wetzich:	Zimmer 314, okay ...
Emma Heintz:	Ich freue ich mich auf unser Treffen.
Mike Wetzich:	Ich freue mich auch, Frau Heintz. Auf Wiederhören!
Emma Heintz:	Auf Wiederhören!

Lektion 12 Rat und Hilfe

Folge 12: *Nasseer bekommt einen Brief*

Nasseer:	Was will der denn schon wieder? Mieterhöhung? „Ihre bisherige Monatsmiete: 430 Euro. Ihre neue Monatsmiete beträgt ..." Was!
Maja:	580 Euro! Für deine winzige Wohnung? So eine Unverschämtheit! Das ist ja ... Moment mal. – Das ist eine Mieterhöhung von 35 Prozent! Wohnst du da schon lange?

Nasseer: Ich wohne da, seitdem ich in Deutschland bin. Es war schon teuer, als ich eingezogen bin. Aber jetzt: 580 Euro! Wie soll ich das bezahlen?
Maja: Ja, aber ... Moment mal! Wenn 's damals schon so teuer war, warum hast du das Appartement dann eigentlich genommen?
Nasseer: Warum ich's genommen habe? Mensch, Maja! Ich wusste nicht, wo ich wohnen sollte, als ich hierher kam. Ich war froh, als ich endlich ein Zimmer gefunden hatte!

Maja: 580 Euro! Das ist Mietwucher! Dagegen musst du dich wehren.
Nasseer: Ich habe so eine Wut, seit ich diesen Brief gelesen habe. Aber wehren? Wie denn? Soll ich hingehen und den Vermieter k.o. schlagen, oder was?
Maja: K. o. schlagen? Quatsch!
Nasseer: Was denn dann? Wie wehrt man sich gegen solche Typen?
Maja: Dagegen wehrt man sich, indem man zum Mieterverein geht.
Nasseer: Mieterverein? Zu einem Verein soll ich gehen?
Maja: Mieterhilfe. Da gehst du hin! Die kennen sich aus. Die geben dir alle Informationen, die du brauchst.
Nasseer: Ich mag aber keine Vereine! Ich bin doch kein Vereinsmeier! Lieber zahle ich eine Mieterhöhung, bevor ich in einen Verein gehe.

Nasseer: Kann man sich bei Ihnen auch informieren, ohne dass man gleich Mitglied wird?
Berater: Nein, tut mir leid. Ich darf Sie nicht beraten, bevor Sie nicht Mitglied bei uns sind.
Nasseer: Ach so! Aha! Und was kostet das?
Berater: Der Jahresbeitrag ist zurzeit 85 Euro.
Nasseer: 85 Euro? Das ist aber nicht gerade billig.
Berater: Dafür kostet die Beratung nichts extra.
Nasseer: Ach so? Also gut, dann werde ich Mitglied.

Berater: Tja. Diesen Mietvertrag hätten Sie niemals unterschreiben dürfen, Herr Banissar.
Nasseer: Nein?
Berater: Darf ich Ihnen mal einen grundsätzlichen Rat geben? Sie sollten Verträge immer erst ganz genau durchlesen, bevor Sie sie unterschreiben.
Nasseer: Durchlesen? Sehr witzig! Wie denn? Ich konnte fast kein Deutsch, als ich hierher kam.
Berater: Ich verstehe. Na ja, zum Glück ist es in Ihrem Fall aber doch nicht ganz so schlimm.
Nasseer: So? Warum denn?
Berater: Das meiste, was in diesem Vertrag steht, ist nämlich illegal.
Nasseer: Wirklich?
Berater: Und außerdem ist Ihre Miete schon jetzt viel zu hoch. Sie liegt weit über der üblichen Vergleichsmiete.
Nasseer: Ach so?
Nasseer: Ja, was soll ich denn nun machen? Soll ich die neue Miete bezahlen?
Berater: Nein. Nein, auf gar keinen Fall!
Nasseer: Dann wird man mir aber kündigen, oder?
Berater: Das können Sie verhindern, indem Sie Widerspruch gegen die Mieterhöhung einlegen.
Nasseer: Widerspruch? Wie geht denn das? Ich weiß doch gar nicht, wie ich das machen soll.
Berater: Keine Sorge! Ich werde Ihnen dabei helfen.
Nasseer: Ach so. Das ist aber sehr nett von Ihnen!
Berater: Nein, nein, Herr Banissar, das ist nicht nett, das ist Ihr gutes Recht! Sie sind ja jetzt Mitglied bei der Mieterhilfe.

Maja: Du, Nasseer, das wollte ich schon seit letzter Woche fragen: Hast du was Neues von deinem Vermieter gehört?
Nasseer: Ach so, ja! Moment mal. Das kam heute früh mit der Post.
Maja: Oh, ein Einschreiben! Und? Was steht drin?
Nasseer: Keine Ahnung. Ich hab's noch nicht aufgemacht.
Maja: Wieso denn nicht? Dann mach's doch endlich auf!
Nasseer: Ich trau' mich nicht. Ich hab' so ein dummes Gefühl! Das mit diesem Verein und mit diesem Widerspruch, das war vielleicht doch nicht so gut.
Maja: Ach was, du Feigling! Los, gib her!
Nasseer: Und? Was steht drin?
Maja Na ja, tut mir leid für dich. Das ist 'ne Kündigung.
Nasseer: Was!
Maja: Du musst sofort raus aus deiner Wohnung.
Nasseer: Siehst du! Siehst du! Oh Mann!

Nasseer: Ich hab's ja immer gewusst! Ich hab's ja immer gewusst!

Maja: Quatsch! Ich hab' nur Spaß gemacht! Hier steht: „ ... nehmen wir die Mieterhöhung zurück und bitten um Verzeihung für unseren Fehler. Beiliegend senden wir Ihnen den neuen Mietvertrag mit der Bitte um Ihre Unterschrift. Die monatliche Miete beträgt ab sofort nur noch 375 Euro."
Nasseer: Ja!
Maja: Na? Was wolltest du sagen? Was hast du immer gewusst?
Nasseer: Ich, ich wollte sagen, ich hab' immer gewusst, dass ...
Maja: Ja?
Nasseer: Also, ich hab immer gewusst, dass dieser Mieterverein ... eine tolle Sache ist.
Maja: Unglaublich!

Schritt A A2
Gespräch 1
Beamtin: Ja? Bitte?
Bürger: Grüß Gott!
Beamtin: Guten Tag, was kann ich für Sie tun?
Bürger: Also, die Sache ist die: Mein Bruder heiratet.

Beamtin: Schön! Gratuliere!
Bürger: Ja, schon, aber die Sache hat 'nen Haken: Er heiratet in Kanada.
Beamtin: Kanada? Ein wunderbares Land!
Bürger: Ja, ja, im Prinzip stimmt das natürlich, aber, aber ...
Beamtin: Entschuldigen Sie, so kommen wir nicht weiter. Jetzt sagen Sie mir doch erst mal, was Ihr Problem ist.
Bürger: Das Problem ist mein Reisepass.
Beamtin: Sie brauchen also einen Pass?
Bürger: Nein, ich hab' meinen Reisepass schon, seit ich sechzehn bin. Aber ich hab' ihn nie benutzt. Wissen Sie, ich war, seitdem ich ihn hab', nicht ein einziges Mal im Ausland. Also, ich meine: Ich war natürlich schon im Ausland, aber nur innerhalb der Europäischen Union, und da brauche ich den Pass ja nicht, verstehen Sie?
Beamtin: Ja, ja. Verstehe! Und weiter?
Bürger: Drum denk' ich mir gestern Abend: Guck dir den Pass lieber noch mal an, bevor du losfährst. Und tatsächlich: Er ist abgelaufen! Da, sehen Sie selbst!
Beamtin: Stimmt! Abgelaufen, schon seit einem halben Jahr.
Bürger: Können Sie mir vielleicht sagen, was ich machen soll? Kann man den vielleicht verlängern?
Beamtin: Nein, das geht leider nicht. Sie brauchen einen neuen Pass.
Bürger: Einen neuen Pass? Aha! Wie lange dauert denn das?
Beamtin: Im Moment etwa 14 Tage bis drei Wochen.
Bürger: Drei Wochen!? Ja, aber, die heiraten doch schon übermorgen! Ich meine, die können doch nicht die ganze Hochzeit verschieben, nur wegen meinem Pass!
Beamtin: Tja, dann gibt's nur eine Lösung: Wir stellen Ihnen einen vorläufigen Pass aus.
Bürger: Einen vorläufigen Pass? Ja, wenn das geht?
Beamtin: Bevor ich Ihnen einen vorläufigen Pass ausstellen kann, müssen Sie allerdings an der Kasse 13 Euro zahlen und mir dann den Beleg bringen. Außerdem brauche ich auch ein Passbild von Ihnen.
Bürger: Na, prima! Das erledige ich sofort! Bin gleich wieder da! Vielen Dank!
Beamtin: Bitte!

Gespräch 2

Frau Meier: Frau Senefelder?
Frau Senefelder: Ja, richtig. Grüß Sie, Frau ...
Frau Meier: Meier, es geht um meinen Sohn.
Frau Senefelder: Kommen Sie doch mit ins Sprechzimmer!
Frau Meier: Danke.
Frau Senefelder: Nehmen Sie Platz! Benedikt Meier, Klasse 7 f, richtig?
Frau Meier: Nein, Lukas Meier, Klasse 10 a.
Frau Senefelder: Ah ja! Der Lukas! Ein guter Schüler!
Frau Meier: So? Sind Sie sicher?
Frau Senefelder: Moment, ich guck' mal in den Unterlagen nach. Ah, da haben wir ihn ja. Na ja, in den letzten Wochen war's nicht mehr ganz so toll.
Frau Meier: Nicht ganz so toll? Seitdem er 'ne feste Freundin hat, bekommt er eine schlechte Note nach der anderen.
Frau Senefelder: Eine Freundin? Sind Sie wirklich sicher, dass das damit zusammenhängt?
Frau Meier: Ja doch! Es ist diese Cornelia! Seitdem er die kennt, tut er nichts mehr für die Schule. Sie müssen mir helfen, ihn wieder zum Lernen zu bringen, Frau Senefelder! Er vermasselt sich sonst noch den ganzen Schulabschluss wegen dieser, dieser ...
Frau Senefelder: Frau Meier, beruhigen Sie sich doch! In Lukas' Alter sind solche Entwicklungen völlig normal. Das wissen wir doch aus eigener Erfahrung, oder?
Frau Meier: Richtig! Nur war damals der Leistungsdruck noch nicht so hoch wie heute.
Frau Senefelder: Gut, aber Lukas ist wirklich ein intelligenter Junge und ich finde, wir sollten ihm einfach ein bisschen Zeit geben, bis er sich an die neue Situation gewöhnt hat. Ich bin ganz sicher, er wird es schaffen.
Frau Meier: Meinen Sie?
Frau Senefelder: Aber ja! Außerdem sind es noch über drei Monate, bis er die Prüfungen machen muss. Das sollten Sie auch bedenken, bevor Sie sich jetzt aufregen.
Frau Meier: Na schön, dann werd' ich halt versuchen, mehr Geduld zu haben.

Schritt B B3

Herr Heinlen: „Immer mehr Deutsche ziehen sich ins Privatleben zurück", „Die Bundesbürger haben keinen Gemeinsinn mehr", „Die Menschen denken nur noch an Konsum". So oder ähnlich lauten die gängigsten Vorurteile über das Freizeitverhalten der Deutschen. Per Telefon bin ich nun verbunden mit dem Freizeitforscher Dr. Horst Omaschewsky. Herr Dr. Omaschewsky, stimmt denn das: Sind wir Deutsche wirklich nur noch an unserem Privatvergnügen interessiert?
Dr. Omaschewsky: Nein, Herr Heinlen, das stimmt nicht. Sehen Sie, wir forschen schon seit vielen Jahren auf diesem Gebiet und die Fakten sprechen eine ganz andere Sprache.
Herr Heinlen: Dann nennen Sie uns doch mal ein paar Beispiele.
Dr. Omaschewsky: Ja. Nehmen Sie nur mal das Vereinswesen, das ist ein Bereich, in dem es besonders auf den freiwilligen, ehrenamtlichen Einsatz vieler Helfer ankommt. 23 % der Bundesbürger sind Mitglied in einem Sportverein – das ist fast jeder

	vierte Mensch in unserem Land! Dazu kommen 8 %, die sich beim Roten Kreuz oder anderen karitativen Organisationen engagieren, dann 6 %, die bei der Freiwilligen Feuerwehr mitarbeiten. In musischen Vereinen engagieren sich 9 %,in kirchlichen Vereinen 4 % und weitere 3 % im Naturschutzbereich.
Herr Heinlen:	Nun, das sind beeindruckende Zahlen. Wenn man die zusammenrechnet, kommt man tatsächlich zu einem völlig anderen Bild.
Dr. Omaschewsky:	Das meine ich auch. Wir Deutschen brauchen uns auf diesem Gebiet überhaupt nicht zu verstecken.
Herr Heinlen:	Das war der Freizeitforscher Dr. Horst Omaschewsky. Vielen Dank, Herr Dr. Omaschewsky.
Dr. Omaschewsky:	Bitte, Herr Heinlen!

Schritt D D3 a und b
Gespräch 1

Frauke Scheich:	Hallo, liebe Hörer! Sie haben Radio Nordwest eingeschaltet. Es ist 11 Uhr 48 und wir machen weiter mit unserer Aktion „Menschen helfen Menschen". Es geht um Mitbürger, die nicht nur von Nächstenliebe reden, sondern sie auch wirklich praktizieren. Im Kleinen, in der Nachbarschaft, in der Gemeinde, einfach dort, wo Hilfe dringend gebraucht wird. Kennen Sie eine solche helfende Hand? Eine gute Seele? Einen rettenden Engel? Dann rufen Sie mich an! Mein Name ist Frauke Scheich. Bis halb eins können Sie mich erreichen unter der kostenlosen Rufnummer: Null-achthundert-siebenundvierzig-siebenundvierzig-achtundvierzig! Und jetzt hab' ich in der Leitung Herrn Werner aus Cloppenburg. Tag, Herr Werner!
Herr Werner:	Ja, guten Tag, Frau Scheich!
Frauke Scheich:	Herr Werner, erzählen Sie einfach: Wer ist Ihre „gute Seele"?
Herr Werner:	Ja, also, die Dame heißt Anna Müller und ich weiß gar nicht, ob es ihr recht ist, dass ich sie hier im Radio vorstelle. Sie is' nämlich sehr bescheiden, aber ich denke, für so viel gute Taten muss man schon auch mal öffentlich gelobt werden, nich'?
Frauke Scheich:	Jetzt bin ich aber gespannt! Was macht Frau Müller denn?
Herr Werner:	Ja, also, sie kocht für Obdachlose und Sozialhilfeempfänger, für Leute, die eben sehr knapp bei Kasse sind, nich'?
Frauke Scheich:	Aha! Und wie lang macht sie das schon?
Herr Werner:	Ja, soweit ich weiß, geht das nun schon fast 'n Jahr lang, jeden Donnerstag, und zwar richtig gutes Essen, wie zu Hause bei Muttern.
Frauke Scheich:	Das hat sich in Cloppenburg sicher schnell herumgesprochen, oder?
Herr Werner:	Aber hallo! Ist ja auch kein Wunder, wenn sie bedenken: ein Hauptgericht plus Nachtisch für 2,60 Euro!
Frauke Scheich:	2,60 Euro? Das ist wirklich sehr günstig!
Herr Werner:	Ja, deshalb kommen da inzwischen auch jedes Mal bis zu 30 Leute.
Frauke Scheich:	Dreißig Menschen mit Essen zu versorgen, das ist schon eine tolle Leistung.
Herr Werner:	Eben! Und sie macht das rein ehrenamtlich und zum Selbstkostenpreis.
Frauke Scheich:	Trotzdem könnte ich mir vorstellen, dass viele arme Mitbürger oft nicht mal die 2,60 Euro aufbringen können, vor allem in der zweiten Monatshälfte, wenn das Geld so richtig knapp wird.
Herr Werner:	Ja, das is' wahr.
Frauke Scheich:	Bekommt Frau Müller da einen Zuschuss von der Stadt oder von der Kirche?
Herr Werner:	Nein, nein, das möchte sie nicht. Aber sie hat 'ne andere Lösung gefunden: Ab Monatsmitte kocht sie Eintopfgerichte oder Aufläufe. Also günstigeres Essen, das kostet dann nur 1,60 Euro.
Frauke Scheich:	Tja, liebe Hörer, ist es nicht erstaunlich, mit wie viel Liebe und Fantasie hier geholfen wird? Ich bedanke mich bei Ihnen, Herr Werner, und wünsche Ihnen noch einen schönen Tag!
Herr Werner:	Ja, danke! Ihnen auch! Tschüs!

Gespräch 2

Frauke Scheich:	„Menschen helfen Menschen". Hier ist Radio Nordwest und ich habe bereits die nächste Hörerin am Apparat. Grüße Sie, Frau Seger!
Frau Seger:	Hallo, Frau Scheich!
Frauke Scheich:	Sie rufen uns aus Hatten an?
Frau Seger:	Ja, und ich möchte gerne einen richtigen rettenden Engel vorstellen.
Frauke Scheich:	Bitte, Frau Seger, legen Sie los!
Frau Seger:	Tja, also das war letzten Winter. Mein Neffe Jens war mit 'n paar Nachbarjungs zum Eislaufen am See und das Eis war wohl noch 'n bisschen dünn. Und da ist es dann passiert: Jens is' eingebrochen.
Frauke Scheich:	Oje!
Frau Seger:	Na ja, zum Glück hatte einer von den Jungs 'n Handy dabei. Aber bis die Polizei kam, war Jens schon fast am Ertrinken. So 'n achtjähriges Kind hält das ja nicht sehr lange aus, im eiskalten Wasser, ne? Stellen Sie sich vor, der arme Kerl konnte nicht mal mehr nach dem Seil greifen, das ihm die Polizisten zugeworfen hatten!

Frauke Scheich: Schrecklich!
Frau Seger: Ja, und da is' dann der eine Polizist ins Wasser gesprungen und hat Jens so lange gehalten, bis die Feuerwehr kam und sie beide rausholte.
Frauke Scheich: Na, Gott sei Dank!
Frau Seger: Jens konnte schon am nächsten Tag wieder nach Hause. Aber der Polizist musste länger im Krankenhaus bleiben, der hatte 'ne schlimme Unterkühlung.
Frauke Scheich: Wissen Sie denn auch den Namen dieses Polizisten, Frau Seger?
Frau Seger: Ja, das war der Herr Hauptwachtmeister Bahlmann. Dem möchte ich auch an dieser Stelle noch mal ganz herzlich danken!
Frauke Scheich: Na, vielleicht hört Herr Bahlmann gerade zu, dann wäre Ihr Dankeschön jetzt schon bei ihm.
Frau Seger: Ja, das würde mich freuen.
Frauke Scheich: Unser Dank geht an Sie, Frau Seger, für diesen tollen Beitrag!
Frau Seger: Bitte schön! Tschüs!

Gespräch 3
Frauke Scheich: Hier ist Radio Nordwest mit der Sendung „Menschen helfen Menschen". Am Telefon habe ich jetzt Corinna aus Bremen, ist das richtig?
Corinna: Ja, das ist richtig.
Frauke Scheich: Corinna, wer ist Ihre helfende Hand?
Corinna: Es geht um eine Kollegin von mir. Ich denke, sie möchte nicht, dass ich hier ihren Namen nenne. Also, diese Kollegin hat vor ein paar Wochen im Lotto gewonnen. Und sie hat keinen einzigen Euro behalten, sondern den gesamten Gewinn anonym der Nachbarschaftshilfe in ihrem Stadtteil gespendet.
Frauke Scheich: Sagen Sie uns auch, wie hoch dieser Gewinn war, Corinna?
Corinna: Ja klar, das waren 64 000 Euro!
Frauke Scheich: 64 000 Euro! Das klingt ja fast unglaublich!
Corinna: Aber es ist wirklich wahr.
Frauke Scheich: Ist Ihre Kollegin denn sehr reich?
Corinna: Nein, nein, bestimmt nicht. Aber sie sagt, sie verdient genug und andere hätten nicht mal 'nen Job und bräuchten das Geld viel dringender als sie.
Frauke Scheich: Na, das nenne ich echte Hilfsbereitschaft! Danke schön für Ihren Beitrag, Corinna!
Corinna: Bitte! Auf Wiederhören!

Gespräch 4
Frauke Scheich: 64 000 Euro! Ist es denn zu fassen? Und wenn ich es hier auf meinem Display richtig gelesen habe, geht es bei unserem nächsten Anrufer um noch mehr Geld, ist das richtig?
Jonas: Was? Wie?
Frauke Scheich: Du bist Jonas aus Oldenburg, oder?
Jonas: Ja.
Frauke Scheich: Und in deiner Geschichte geht es um 91 000 Euro?
Jonas: Ja, ja, 91 000. Die hat mein Opa im Stadtpark gefunden, in einer Aktentasche.
Frauke Scheich: Aha. Und was hat er damit gemacht?
Jonas: Er hat sie zur Polizei gebracht.
Frauke Scheich: Das klingt jetzt nicht so begeistert! Du hättest damit wahrscheinlich lieber Schokolade gekauft, was?
Jonas: Boah! Das wär 'ne Menge Schokolade! Nee, nee, es war schon gut so. Erstens wär's mir davon sowieso schlecht geworden und zweitens kriegen wir ja vielleicht noch 'n Finderlohn.
Frauke Scheich: Das wollen wir doch hoffen, Jonas! Vielen Dank für deinen Anruf und schöne Grüße an deinen Opa!
Jonas: Tschüs!
Frauke Scheich: Radio Nordwest, es ist 11 Uhr 56. Rufen Sie an, wenn Sie sich an unserer Sendung „Menschen helfen Menschen" mit einem eigenen Beitrag beteiligen wollen. Unsere kostenlose Telefonnummer: Null-achthundert-siebenundvierzig-siebenundvierzig-achtundvierzig! Und jetzt machen wir zwischendrin ein bisschen Musik.

Zwischenspiel 12 ***Reden wir drüber ...***

1
Fred: Bitte, Herr von Weißenhorn, können wir das nicht regeln, ohne dass Sie gleich mit dem Rechtsanwalt drohen? – Ich will die Miete ja zahlen. – Natürlich. – Hab' ich denn nicht immer gezahlt, seit ich hier wohne? – Was? – Immer zu spät? Ich hab' vielleicht ein paar Mal nicht ganz pünktlich gezahlt, aber gezahlt hab' ich ... – Wann? Na, morgen. Morgen Mittag bekommen Sie Ihr Geld. – Ja ja, ich versprech's Ihnen. Natürlich, Herr von Weißenhorn. – Ja. – Ja. – Ja, bis morgen, dann. – Vollidiot!

2
Hermine: So, jetzt klickst du einfach noch mal auf „Datei" und dann ...
Jonas: Moment! Moment! Warte mal, Hermine! Wohin soll ich klicken?
Hermine: Auf „Datei" und dann gehst du in dem Pulldown-Menu auf „Speichern unter"...
Jonas: „Speichern unter"? Ah ja, da isses.
Hermine: Da draufklicken.
Jonas: Draufklicken, so ...
Hermine: ... und jetzt 'nen neuen Namen eingeben. Du, sag mal, hast du mal wieder was von Fred gehört?

Jonas: Komisch, dass du fragst. Grad heute hab ich 'ne E-Mail von ihm bekommen.
Hermine: Ach, wirklich!? Was schreibt er denn so?
Jonas: Du kennst ihn ja. Von Fred hört man gar nix, außer er braucht Geld. – Aah! Jetzt hat's geklappt! Super!
Hermine: Na siehst du! Wie viel will er denn diesmal?
Jonas: Tausendfünfhundert.
Hermine: Und? Gibst du's ihm?
Jonas: Na ja, was soll ich machen, er ist ja mein Neffe.
Hermine: Hm. Du, ich muss jetzt Schluss machen! Sag Fred schone Grüße von mir!
Jonas: Mach' ich, Hermine! Nett, dass du mich angerufen hast! Und vielen Dank für deine Hilfe!
Hermine: Ach was! Mach' ich doch gerne! Tschüs!
Jonas: Tschüs!

3
Sebastian: Ehrlich! Glaub's mir doch! Ich mag dich wirklich. Ich mag dich, seit ich dich zum ersten Mal gesehen hab.
Kirsten: Ja, ja, ja! So machst du's mit jeder, oder?
Sebastian: Hey, hey! Kann ich denn gar nichts sagen, ohne dass du gleich was Schlechtes denkst?
Kirsten: So hast du's mit Anne gemacht und mit Cecile wahrscheinlich auch schon.
Sebastian: Cecile ist nett, aber sie ist überhaupt nicht mein Typ. Ich steh nicht auf Blondinen.
Kirsten: So? Und das soll ich dir jetzt glauben?
Sebastian: Das musst du mir glauben. Ich steh' auf dunkle, sportliche Frauen.
Kirsten: Auf dunkle, sportliche Frauen wie Anne.
Sebastian: Auf dunkle, sportliche Frauen wie dich, Kirsten.
Kirsten: Hey! Du! Sag mal! Ich weiß echt nicht, ob das jetzt so okay ist.
Sebastian: Tja, das kannst du ganz leicht rausfinden, indem du's einfach ausprobierst.
Kirsten: Toll! Und wie soll ich das Anne erklären? Hast du da vielleicht noch so 'nen einfachen Rat für mich?

4
Anne: Und das Schlimmste ist: Er hat's mir nicht mal am Telefon gesagt.
Cecile: Nein? Wie denn dann?
Anne: Er hat mir einfach nur 'ne SMS geschickt!
Cecile: Boah! Also so was! Das ist ja echt unmöglich!
Anne: Das ist so verletzend!
Cecile: Ja, das kann ich wirklich verstehen einerseits – aber auf der anderen Seite kannst du eigentlich auch ganz froh sein.
Anne: Froh? Wie meinst du denn das?
Cecile: Naja, Sebastian hat doch nicht wirklich zu dir gepasst.
Anne: Findest du? Warum denn nicht?
Cecile: Na ja, Basti ist ja ganz süß, aber er ist viel zu jung für dich.
Anne: Zu jung?
Cecile: Ja, du brauchst einen erwachseneren Mann, verstehst du?
Anne: Hm, vielleicht hast du recht, Cecile.
Cecile: Aber sicher. Glaub mir, bald findest du den Mann deines Lebens. Was wollen wir wetten?

Lektion 13 Aus Politik und Geschichte

Folge 13: *Das Flugblatt*

Aktivistin: Mehr Fantasie für Kinder! Beteiligen Sie sich an unserem Bürgerbegehren! Mehr Fantasie für Kinder! Hier bitte, informieren Sie sich! Bitte schön! Mehr Fantasie für Kinder! Mehr Fantasie für Kinder! Hier bitte. Unsere Stadt muss endlich mehr für unsere Kinder und Jugendlichen tun! Wo sind die versprochenen Einrichtungen für Kinder? Beteiligen Sie sich am Bürgerbegehren „Mehr Fantasie für Kinder"!

Aktivistin: Hallo! Sie sind doch sicher auch für schönere Spielplätze, oder?
Nasseer: Was? Wie bitte?
Aktivistin: Wir fordern „Mehr Fantasie für Kinder"!
Nasseer: Ach so?
Aktivistin: Ja. Wir sind der Meinung, dass die Stadt viel zu wenig für die Kinder tut.
Nasseer: Entschuldigen Sie, ich muss jetzt ...
Aktivistin: Es gibt nicht genügend Spielplätze, das Angebot an Kinderkrippen reicht bei weitem nicht aus, und es gibt viel zu wenige Jugendfreizeitmöglichkeiten.
Nasseer: Entschuldigen Sie, ich habe gerade keine Zeit.
Aktivistin: Sollten Sie aber! Kinder sind schließlich das Wertvollste, was wir haben, nicht wahr?

Aktivistin: Kinder sind unsere Zukunft! Und deshalb fordern wir ...
Nasseer: Wir? Wer ist denn „wir"?
Aktivistin: Wir sind die Initiative „Mehr Fantasie für Kinder!" Mit unserer Aktion wollen wir Druck auf den Stadtrat machen. Wir haben dazu auch ein Flugblatt gemacht. Hier bitte!
Nasseer: Es tut mir leid, aber ...
Aktivistin: Nehmen Sie es nur! Darin finden Sie alle wichtigen Informationen.
Nasseer: Ja, aber. Ich kann es nicht nehmen! Sie sehen doch: Ich hab' keine Hand frei.
Aktivistin: Ach, macht nichts! Nehmen Sie's einfach unter den Arm.
Nasseer: Na schön.

Nasseer: „Wir fordern mehr Kindergärten, mehr Kinderkrippen, mehr Spielplätze, mehr Jugendfreizeiteinrichtungen, mehr, mehr, mehr. Machen Sie mit! Unterstützen Sie unsere Initiative: Mehr Fantasie für Kinder!"
Kind: Hallo!

Nasseer: Hallo!
Kind: Du?
Nasseer: Ja?
Kind: Ist es eigentlich in Afrika immer heiß?
Nasseer: Was? Was war das? Wie meinst du denn das?

Kind: In Afrika. Ist es da immer heiß? Sogar im Winter?
Nasseer: Keine Ahnung!
Kind: Wieso denn? Du bist doch aus Afrika, oder?
Nasseer: Ich bin doch nicht aus Afrika! Wie kommst du darauf?
Kind: Was hast du denn da in den Kisten drin?
Nasseer: Zwei Elefanten.
Kind: Quatsch! Die passen da ja gar nicht rein!
Nasseer: Doch. Es sind ja indische Elefanten! Die haben viel kleinere Ohren als afrikanische.
Kind: Stimmt ja gar nicht! Die sind ja nur 'n Stückchen kleiner!
Nasseer: Nein, nein! Die haben viel kleinere Ohren, als du denkst.
Kind: Du?
Nasseer: Ja?
Kind: Kannst du Papierflieger basteln?
Nasseer: Papierflieger?

Nasseer: Also, zuerst musst du die eine Seite ganz auf die andere falten.
Kind: Was? Wie denn? Wie muss ich das falten?
Nasseer: So! Siehst du? So geht das.
Kind: Warte! Jetzt komm' ich!
Nasseer: Es muss aber ganz genau sein, so, dass die eine Seite genau auf der anderen liegt. Sonst fliegt er nachher nicht richtig.
Kind: So? Ist das richtig so?
Nasseer: Sehr gut!

Nasseer: So, und jetzt hier aufklappen und schon ist das Flugzeug fertig!
Kind: Aufklappen und fertig!
Nasseer: Na, siehst du!
Kind: Meiner fliegt weiter, wetten?
Nasseer: Das glaub' ich nicht. Ich denke, dass meiner weiter fliegt.
Kind: Los, wir machen 'nen Wettkampf.
Nasseer: Okay!
Kind: Auf die Plätze! Fertig! Los! Ich hab' gewonnen! Ich hab' gewonnen!

Nasseer: Tschüs dann! Und viel Erfolg noch!
Kind: Hey, Halt! Finger weg! Das ist meiner! Das ist mein Flieger!

Schritt A **A1**

Aktivistin: Sie sind doch sicher auch für schönere Spielplätze.
Nasseer: In meiner Heimat müssen wir viel schwierigere Fragen lösen. Das größte Problem ist doch, dass die Eltern in Deutschland für ihre Kinder keine Zeit mehr haben. Ein größeres Angebot an Spielplätzen ist ja schön und gut, aber ich muss jetzt wirklich das Essen liefern.

Schritt A **A2**

1

Interviewer: Entschuldigen Sie, eine kleine Frage: Stellen Sie sich vor, Sie hätten die absolute Macht und dürften in Deutschland bestimmen.
Passant: Das wäre schön!
Interviewer: Was würden Sie denn dann verändern?
Passant: Ich würde ein Tempolimit einführen auf den Autobahnen, Höchstgeschwindigkeit 120 Stundenkilometer, schärfere Verkehrskontrollen und höhere Strafen für Temposünder.
Interviewer: Und warum?
Passant: Ich bin viel mit dem Auto unterwegs, auch im Ausland. Nirgendwo darf man so schnell fahren wie bei uns. Und nirgendwo gibt's so aggressive Autofahrer wie bei uns. Verglichen mit unseren Nachbarländern wie die Schweiz und Österreich ist Deutschland ein Paradies für Raser und Verkehrsrowdys. Deshalb bin ich für ein Tempolimit.
Interviewer: Aha! Vielen Dank!
Passant: Bitte! Kein Problem!

2

Interviewer: Stellen Sie sich vor, Sie wären Bundeskanzler und dürften in Deutschland bestimmen. Was würden Sie als Erstes verändern?
Passantin: Ich würde das dauernde Verbieten verbieten.
Interviewer: Sie würden das Verbieten verbieten? Was meinen Sie damit?
Passantin: Ganz einfach – die Dinge lockerer sehen: Im Gegensatz zu den anderen Ländern haben wir viel zu viel Verbote. Nirgends gibt's so viele Vorschriften wie hier bei uns. Zum Beispiel: im Bus darf ich nicht telefonieren, in der U-Bahn nicht Inliner fahren, im Restaurant nicht rauchen. ... Und? Was kommt dabei raus? ... Tolerantere und zufriedenere Menschen, darauf kommt es an!
Interviewer: Okay! Vielen Dank!
Passantin: Gern!

3

Interviewer: Wenn Sie in Deutschland bestimmen dürften, was würden Sie verändern?
Passantin: Als erstes würd' ich sagen: Weg mit den Studiengebühren!

Interviewer: Aah. Sie studieren also?
Passantin: Genau, und ich weiß bald nicht mehr, wie ich das bezahlen soll: die immer teureren Lebensmittel, die immer höhere Miete, die immer verrückteren Benzinpreise und jetzt auch noch Studiengebühren. Das ist doch Wahnsinn, oder?
Interviewer: Aber ist das in anderen Ländern nicht genauso?
Passantin: Na und? Wird's dadurch besser, oder was?
Interviewer: Was ist denn so schlimm an Studiengebühren?
Passantin: Gegenfrage: Finden Sie es gut, wenn nur noch die studieren können, deren Eltern ein höheres Einkommen haben? Finden Sie es richtig, dass Kinder aus ärmeren Familien schlechtere Ausbildungschancen haben?
Interviewer: Natürlich nicht!
Passantin: Na, sehen Sie?
Interviewer: Okay! Vielen Dank!
Passantin: Gerne!

Schritt C **C1/C2**

Max Wegener: Meine sehr geehrten Damen und Herren, ich darf mich kurz vorstellen: Mein Name ist Max Wegener. Ich möchte Sie im Namen der Firma Traveltours ganz herzlich hier in Ihrem Hotel in Berlin begrüßen und ich hoffe, Sie werden in den kommenden Tagen einen angenehmen Aufenthalt in der deutschen Hauptstadt haben. Heute, nach dem Mittagessen, werden Sie eine große Rundfahrt mit dem Bus machen und dabei viel von Berlin sehen und viel über Berlin erfahren. Zu viel auf einmal vielleicht, und deshalb wollen wir Ihnen hier und jetzt die Möglichkeit zur Vorbereitung geben. Ich werde Ihnen Bilder zeigen und ein paar Informationen dazu geben, vor allem zur Geschichte Berlins seit dem Zweiten Weltkrieg. Wenn Sie Fragen haben, können Sie mich gerne unterbrechen.
Tourist: Entschuldigung?
Max Wegener: Ja, bitte?
Tourist: Wann beginnt die Sightseeing-Fahrt?
Max Wegener: Um 14 Uhr 30. Wir treffen uns ab 14 Uhr 25 direkt vor dem Hotel.
Tourist: Aha! Danke.
Max Wegener: Bitte. Hat noch jemand eine organisatorische Frage? Gut. Also, dann fang' ich mal an. Bei der Fahrt vom Flughafen zum Hotel ist Ihnen da etwas aufgefallen? In Berlin fehlt nämlich inzwischen etwas, das vor ein paar Jahren noch da war.
Touristin: Die Mauer?
Max Wegener: Richtig! Die Berliner Mauer.
Hier sehen wir sie. Die Mauer, die 1961 von Ostdeutschland, von der DDR erbaut worden ist. Fast 30 Jahre lang hat sie Berlin in zwei Teile geteilt: in Ost- und Westberlin. Diese berühmt-berüchtigte Mauer ist seit der deutschen Wiedervereinigung fast völlig entfernt worden.
Wie ist es zu dieser Mauer gekommen? Und warum gibt es sie heute nicht mehr? Das möchte ich Ihnen gerne mit ein paar Bildern zeigen.
Tja, meine Damen und Herren, das ist kein schöner Anblick. So sah Berlin aus, als der Zweite Weltkrieg zu Ende war. Am 8. Mai 1945 hatte Hitler-Deutschland den Krieg endgültig verloren und die Reichshauptstadt Berlin war total zerstört. Die Siegermächte – USA, Großbritannien, Frankreich und die Sowjetunion – waren sich damals in einem Punkt einig: Von Deutschland darf nie wieder ein Krieg ausgehen.
Aber was sollte man mit Deutschland machen? Wie sollte das Land wieder aufgebaut werden? Welches politische System sollte es bekommen? Darüber gab es bei den Siegern völlig unterschiedliche Meinungen und so kam es zur Teilung Deutschlands in vier Besatzungszonen. Sie sehen es hier auf der Karte: Im Westen die Besatzungszonen der Amerikaner, Briten und Franzosen und im Osten die sowjetische Besatzungszone.
1949 wurden dann zwei deutsche Staaten gegründet: Aus den drei Westzonen wurde Westdeutschland, die Bundesrepublik Deutschland oder BRD, die sich politisch an den westlichen Demokratien orientierte. Und aus der Ostzone wurde Ostdeutschland, die Deutsche Demokratische Republik oder DDR, ein sozialistischer Staat nach sowjetischem Vorbild.
Westdeutschland erhielt als Regierungssitz und neue Hauptstadt das kleine Bonn am Rhein. Die Hauptstadt der DDR wurde Ostberlin. ... Ja? Sie haben eine Frage? Bitte!
Tourist: Das war 1949?
Max Wegener: Richtig.
Tourist: Da gab es aber noch nicht die Berliner Mauer?
Max Wegener: Genau! Die wurde erst zwölf Jahre später gebaut.
Tourist: Warum hat man sie gebaut?
Max Wegener: Eine gute Frage. Ich werde versuchen, sie möglichst kurz und einfach zu beantworten. Viele Menschen im Osten waren mit dem Leben in der sozialistischen DDR unzufrieden. Es gab keine richtige Demokratie, man konnte seine Meinung nicht frei sagen und die Wirtschaft wurde staatlich gelenkt. Im Westen gab es mehr demokratische Wahlmöglichkeiten und den Bundesbürgern ging es wirtschaftlich viel besser. Kein Wunder, dass immer mehr Ostdeutsche nach Westdeutschland gingen.

Deshalb haben die Verantwortlichen in der DDR 1961 die Berliner Mauer bauen lassen und überhaupt die gesamte Grenze nach Westdeutschland geschlossen. Ja, bitte?

Touristin: Seit 1961 konnte also kein Ostdeutscher mehr nach Westen gehen?

Max Wegener: Doch! Aber das war nun sehr viel schwieriger und sehr viel gefährlicher als zuvor. Trotzdem flohen zwischen 1961 und 1989 noch tausende DDR-Bürger über die Grenze. Zum Teil mit ganz ungewöhnlichen Mitteln, wie Sie hier sehen. Leider sind bei diesen Fluchtversuchen auch eine ganze Reihe Menschen erschossen worden. Schließlich wurde die Unzufriedenheit der DDR-Bürger so groß und der Druck auf die ostdeutsche Regierung so stark, dass am 9. November 1989 die Grenzen nach Westdeutschland geöffnet wurden.

Touristin: Das war dann die Wiedervereinigung, oder?

Max Wegener: Nein, noch nicht ganz. Zur offiziellen Wiedervereinigung der beiden deutschen Staaten kam es erst am 3. Oktober 1990. Dieser Tag wird heute als unser Nationalfeiertag, als „Tag der deutschen Einheit" gefeiert. Beschlossen hat das unser Parlament, der Deutsche Bundestag, der seit dem 4. Oktober 1990 nicht mehr in Bonn ist, sondern in Berlin, im sogenannten Reichstagsgebäude, das damit endlich wieder der Sitz des gesamtdeutschen Parlamentes ist. Schon vorher hatte der Bundestag beschlossen, Berlin wieder zur deutschen Hauptstadt und zum Regierungssitz zu machen.
Hier sehen Sie das neue Bundeskanzleramt in Berlin. Seit am 2. Mai 2001 der Schlüssel übergeben worden ist, sitzt hier der deutsche Regierungschef. Tja, das Bundeskanzleramt und das Reichstagsgebäude werden Sie nachher auf unserer Fahrt im Original zu sehen bekommen und natürlich noch viele andere Dinge mehr. Ich bin damit am Ende meines kurzen Vortrages. Wer noch Fragen hat, kann gerne zu mir kommen. Ansonsten wünsche ich Ihnen jetzt für das Mittagessen einen guten Appetit! Wir sehen uns dann um 14 Uhr 25 vor dem Hotel.

Lektion 14 Zu Hause in der Welt

Folge 14: *König Nasseer I.*

Sprecher: Schwangau. Vor der prächtigen Kulisse von Schloss Neuschwanstein ging heute das traditionelle „Interalpine Wettjodeln" zu Ende. Unsere Reporterin Barbara Teichmann berichtet.

Barbara Teichmann: Zum größten Jodelwettbewerb der Welt waren 223 Teilnehmer aus sieben Ländern nach Bayern gekommen. Während der vergangenen drei Tage kämpften sie um die begehrte „Goldene Jodlerkrone". Bei den Damen siegte Ernestine Landtaler aus Österreich, bei den Herren wurde Anton Bernlochner aus Garmisch-Partenkirchen Jodelkönig.

Maja: Nasseer? Nasseer! Nasseer?

Maja: Bist du Nasseer?
Nasseer: Dumme Frage! Ich dachte, das wüsstest du.
Maja: Nasseer Banissar?
Nasseer: Natürlich bin ich Nasseer Banissar. Hey, was ist los? Ich dachte, das sei inzwischen allgemein bekannt.
Maja: Hör zu, Nasseer Banissar: Man sagt, du seist der Beste. Deshalb kröne ich dich zum Internationalen Jodelkönig.
Nasseer: Was?
Maja: Und jetzt, König Nasseer, jetzt bist du dran!
Nasseer: He, Maja. Was soll ich denn tun?
Maja: Du musst jodeln.
Nasseer: Jodeln? Jodeln! Ich?
Maja: Na los, fang schon an! Alle warten auf dich!
Nasseer: Aber, aber ich kann nicht. Ich kann doch gar nicht jodeln!
Maja: Was! Du kannst nicht?

Nasseer: Ich muss auch gar nicht jodeln! Siehst du meinen Turban?
Maja: Oh, Nasseer! Ich hatte geglaubt, du könntest es!
Nasseer: Ich kann's aber nicht.
Maja: Doch, du kannst es!
Nasseer: Tut mir leid.

Maja: Los! Mach schon! Fang an!
Nasseer: Hey Maja! Was soll denn das?
Maja: Du sollst jodeln!
Nasseer: Was ist denn das? ...
Maja: Jodeln!!
Nasseer: Was ist mit meinem Turban los?
Maja: Jodeln!!!

Maja: Oh Nasseer, du bist ja soo männlich!

Nasseer: Maja ... Was, was ist?

Nasseer: Holleradidi ...

Schritt A **A2**

1

Also, unser Land ist landschaftlich wunderschön. Deshalb machen ja auch so viele Touristen hier Urlaub, zum Beispiel im Schwarzwald oder am Bodensee. Von den Menschen hier sagt man, dass sie sehr sparsam sind und viel arbeiten. Kann sein, kann ich nicht so genau sagen. Und dann ist da noch etwas mit unserer Sprache, das Schwäbische. Das ist auch was Besonderes. Ein touristischer Werbe-Slogan heißt „Wir können alles, nur kein Hochdeutsch".

2

Unser Land hier, das liegt ganz oben im Norden, praktisch an der Grenze zu Skandinavien. Das platte Land, wie man hier so sagt, das ist zwischen Nordsee und Ostsee, also Jütland, sozusagen. Wir haben hier zum Beispiel vor der Küste die nordfriesischen Inseln. Weiter im Osten gibt's noch die Holsteinische Schweiz. Eine bekannte Stadt ... na ja, weiß nicht, vielleicht Lübeck und natürlich Kiel, das ist die Landeshauptstadt. Die Leute hier sind meistens ein bisschen reserviert, würd' ich sagen. Ganz im Norden sprechen sie Friesisch und Plattdeutsch.

3

Also, bei uns, da ist so richtig was los. Ist ja klar, wir sind ja auch Hauptstadt, hier sitzt nämlich die Regierung. Aber nicht nur politisch, auch kulturell haben wir als Weltstadt eine Menge zu bieten. Und nicht zu vergessen: Ein Drittel der Stadt besteht aus Wäldern und aus Seen, wir haben es also sehr grün hier. Unser Wahrzeichen ist das Brandenburger Tor – das steht da, wo die Stadt früher mal geteilt war. Die Menschen hier wirken vielleicht manchmal ein bisschen unfreundlich. Aber vielleicht liegt das eher an der Sprache, oder so ...

4

Unser Land? Na ja, das hat viele Seiten ... Die bekannteste Region ist wohl das Ruhrgebiet, Deutschlands größtes Industriegebiet. Hier wohnen mehr Menschen auf einem Quadratkilometer als irgendwo sonst in Europa. Und berühmt sind wir Rheinländer für unseren Karneval. Der wird besonders in Köln ausgiebig gefeiert. Wir sprechen hier einen besonderen Dialekt. Und ich glaube, dass wir ziemlich fröhliche Menschen sind.

5

Unser Land befindet sich ganz im Osten von Deutschland, an der Grenze zu Polen und Tschechien. Die Hauptstadt Dresden liegt an der Elbe. Dort kann man viele Kunstschätze anschauen, berühmt ist auch die Semperoper. Eine andere bekannte Stadt, in der lange Zeit der Komponist Johann Sebastian Bach gelebt hat, ist Leipzig. Und wenn man Urlaub machen möchte, fährt man am besten in die sächsische Schweiz, denk' ich mal.

6

Unsere Stadt hat einen berühmten Hafen, der über 800 Jahre alt ist. Sie wird oft „das Tor zur Welt" genannt und ist die zweitgrößte Stadt Deutschlands. Viele Verlage, Zeitungen und Filmproduktionen sind ansässig. Deswegen wird sie auch Medienstadt genannt. Was gibt es sonst noch Besonderes? Na ja, die Elbe natürlich. Wussten Sie, dass wir mit 2400 Brücken mehr Brücken als Venedig, Amsterdam und London zusammen haben? Unglaublich, was?

Schritt B **B3**

1

Marie: Na ja, also, wenn ich an Europa und die Europäische Union denke, dann hat das für mich auch eine ganz praktische Seite: Denn wenn ich heute nach Italien reise oder meine Freundin in Finnland besuche, kann ich ja ganz einfach mit dem Euro bezahlen. Das war ja früher viel komplizierter. Da musste man immer Geld tauschen. Das finde ich echt toll.

2

Michael: Aber es gibt auch eine Sache, die eher negativ ist an der EU. Ich denke dabei daran, was das alles so insgesamt kostet. Wenn man sich das mal überlegt, die EU-Verwaltung und so, das ist echt der Wahnsinn. Diese ganzen Institutionen in Brüssel und Straßburg. Das kostet doch alles irre viel Geld und das sind doch unsere Steuergelder. Und gleichzeitig ist es auch total schwierig geworden, überhaupt noch Entscheidungen zu treffen, mit denen alle Länder einverstanden sind. Da gibt es einfach zu viele verschiedene Meinungen nebeneinander.

3

Helena: Was Europa für mich bedeutet ... mmmhh ... Weiß nicht. Zuerst mal, dass es einfacher geworden ist, in alle Länder der EU zu reisen, um andere Menschen, Sprachen und Lebensarten kennen zu lernen. Ich finde es total gut, dass ich diese Länder innerhalb der EU ohne Pass besuchen kann. Auf diese Weise ist das Reisen eben viel unkomplizierter geworden.

4

Magda: Ja, das einfache Reisen, das ist sicher ein wichtiger Punkt. Aber wenn ich Europa höre, denke ich automatisch auch an die EU und daran, dass die kleinen Länder kaum noch was zu sagen haben. Die Familie meiner Mutter kommt zum Beispiel aus Estland, ein ganz kleines Land, das nicht viel zu melden hat. Und jetzt wird alles in Brüssel entschieden, und die einzelnen, vor allem die kleinen Länder verlieren ihre Eigenständigkeit. Sie können gar nichts mehr allein entscheiden. Das ist echt ein Nachteil, finde ich.

5

Tobias: Europa? Das bedeutet für mich: Gemeinsamkeit – irgendwie nach dem Motto „Gemeinsam sind wir stark". Die einzelnen Länder können zum Beispiel zusammenarbeiten, um Kriminalität, Drogen und so was zu bekämpfen. Zusammen kann man auch mehr Arbeitsplätze für junge Leute schaffen. Das ist wirklich positiv, finde ich.

Lektion 8 Unter Freunden

Schritt B **Übung 9 b**

1 Schüler: Frau Anne, können Sie das noch einmal erklären? Ich hab' das noch nicht ganz verstanden.
Lehrerin: Ja, natürlich. Also, die regelmäßigen Verben bilden das Perfekt mit ge und t ...

2 Frau: Paula! Paula!
Paula: Ja, was ist denn?
Frau: Paula, könnten Sie mal eben den Container mit den Flaschen leeren?
Paula: Ja, ja, mach' ich.

3 Frau: Entschuldigen Sie, ist hier der Platz noch frei?
Mann: Klar, setz dich.

4 Frau: Könnten Sie bitte mal Ihr Fahrrad zur Seite stellen?
Kind: Ja, Moment, ich muss nur erst den Schlüssel finden.

Schritt C **Übung 20 c**

a vgl. Arbeitsbuch Seite 90

b Du bist der Mann, von dem ich täglich träume, der einzige, auf den ich mich verlasse; der eine, über den ich nichts erzähle, der Mann, für den ich jeden Zug verpasse. Du bist der Mann, mit dem ich glücklich bin, du bist der Mann, an den ich immer denke; der Mann, um den sich für mich alles dreht, der eine Mann, dem ich mein Leben schenke. Du bist der Mann, in dem ich mich erkenne – der Mann, von dem ich mich nie wieder trenne.

Lektion 9 Technik und Alltag

Schritt C **Übung 18**

Birgit: Na – so ein Glück, dass du mir hilfst, Maike! Ich habe mir nämlich den Anrufbeantworter gekauft und, also ganz ehrlich, ich weiß nicht, wie ich ihn besprechen soll. Diese blöde Gebrauchsanweisung – irgendwie versteh' ich die nicht.

Maike: Ja, schauen wir mal, ob ich es hinkriege. Gib sie mir mal. Ja, also, hier steht, hier steht: ... geben Sie sich deshalb besonders viel Mühe, einen netten Text zur Begrüßung aufzusprechen. Ach ja, hier. Hier steht, dass du als Erstes diese Taste hier, auf der „Ansage" draufsteht, so lange drücken musst, bis diese Anzeige da blinkt. Mach das mal.

Birgit : Was? Die Taste drücken? Welche? Die da?

Maike: Ja, genau. Drücken, bis die Anzeige blinkt. Genau. So, weiter: Sprechen Sie jetzt die Ansage auf das Band. Okay, jetzt kannst du also reinsprechen.

Birgit: Ja, und? Was soll ich denn sagen?

Maike: Na ja, also Birgit, auf jeden Fall mal deinen Namen und dass du nicht da bist. Und dass man eine Nachricht hinterlassen soll. Du kannst ja auch was draufsingen ...

Birgit: Bist du verrückt – ich und singen!

Maike: Sag halt: Hallo, hier ist der Anrufbeantworter von Birgit Lupas. Im Moment bin ich nicht zu Hause. Aber ich rufe gerne zurück, wenn Sie mir eine Nachricht hinterlassen.

Birgit: Das klingt gut. Das sage ich. Muss ich denn die Taste weiter drücken, während ich spreche?

Maike: Lass mal sehen. Hier steht: Während Sie sprechen, zeigt Ihnen das Signal an, wie lange Sie sprechen können. Sie sollten mindestens 10, höchstens 18 Sekunden sprechen. Lassen Sie dann die Taste wieder los. Aha. Also, du musst die Taste gedrückt halten. Und halt erst wieder loslassen, wenn du alles draufgesprochen hast.

Birgit: Und dann muss ich also mindestens 10 und höchstens 18 Sekunden sprechen. Na, ob das funktioniert?!

Maike: Lass mich mal weiterlesen, dann können wir es ja mal ausprobieren. Also, hier steht: Sprechen Sie ruhig! Hast du gehört? Also, keine Panik! Hm, das hatten wir schon, hier: Danach wird Ihre Ansage sofort wiedergegeben und mit einem Signalton abgeschlossen. Also, jetzt probieren wir das einfach mal aus. Du drückst die Taste, wartest, bis die Anzeige blinkt. Dann sprichst du schön langsam, du hast 18 Sekunden Zeit, dann lässt du die Taste los und wenn dann der Piepton kommt, dann haben wir es geschafft. Also, das kann ja nicht so schwer sein, oder?

Schritt D **Übung 19 a und b**

Moderator: Hallöchen. Auch heute sind wir wieder für Sie da: Ihr Jan von Radio Aronella. Wir machen heute eine Umfrage zu dem spannenden Thema: „Gehören unsere Kinder vor den Computer – ja oder nein?" Und da fange ich gleich mal mit den ersten Passanten hier an, ja, Sie, genau, ja also, was meinen Sie denn: Sollen unsere Kinder schon mit fünf Jahren vor dem Computer sitzen?

Erster Passant: Ja, wenn ich mir das so recht überlege, ja – warum denn eigentlich nicht? Ohne Computer geht doch heute gerade im Arbeitsleben nichts mehr. Ich denke mal, je eher die das lernen, umso besser.

Moderator: Wunderbar, vielen Dank. Und was sagen Sie denn dazu? Sie haben doch sicherlich Enkel, oder? Wir machen nämlich gerade eine Umfrage zu dem Thema: „Kinder und Computer – passt das zusammen?" Möchten Sie dazu etwas sagen?

Erste Passantin: Also, um ehrlich zu sein, das mit den Computern – man weiß ja heute, wohin das führt, mit dem Computerspielen und so. Die Kinder werden immer dicker, können nicht mehr richtig sprechen und bekommen psychische Probleme. Das ist ja auch kein Wunder! Sie bewegen sich nicht mehr und spielen nicht mehr miteinander! Wir haben früher immer draußen gespielt und eigene Spiele erfunden. Und waren den

	ganzen Tag in Bewegung. Das hat uns gut getan, oder?! Außerdem mussten wir auch unseren Eltern helfen. Heutzutage müssen die Kinder ja gar nichts mehr selber tun, alles wird ihnen vorgesetzt. Also, ich bin total dagegen.
Moderator:	Danke schön! Und die junge Dame hier – Verzeihung, darf ich Sie kurz etwas fragen? Möchten Sie vielleicht auch etwas sagen zu dem Thema: „Gehören Kinder schon vor den Computer?“
Zweite Passantin:	Also ... ja, wir sind da gerade ziemlich drin in dem Thema, denn mein Ältester sitzt eigentlich nur noch vor dem Computer, sogar bei schönstem Wetter. Also, ich finde das einfach viel zu einseitig und jeden Tag gibt es Streit und Diskussionen. Ich habe prinzipiell nichts gegen Computer, deswegen haben wir ihm ja auch einen gekauft, aber die Kinder sollten schon auch noch andere Interessen haben, Sport machen, Freunde treffen und so. Das finde ich immer noch viel wichtiger als den Computer.
Moderator:	Aha, das ist ja sehr interessant. Vielen Dank. Entschuldigen Sie, wir machen hier eine Umfrage. Darf ich Sie mal fragen? Was meinen Sie zu dem Thema: „Kinder und Computer“? Passt das zusammen?
Dritte Passantin:	Soll ich Ihnen mal ganz ehrlich was sagen? Dieses ständige Gerede über Kinder geht mir total auf die Nerven. Das kann man doch so allgemein nie sagen: Das eine Kind findet den Computer super spannend und es macht ihm Spaß, am Computer irgendwas zu machen, und das andere Kind findet das doof. Mir ist das ehrlich gesagt total egal! Das sollen die Eltern entscheiden, was für ihr Kind gut ist oder nicht. Tut mir leid, mehr kann ich dazu nicht sagen.
Moderator:	Gut – auch eine Meinung ... Entschuldigung, haben Sie einen kurzen Moment Zeit? Ich würde Sie gern etwas fragen ... der Herr hier, ja, Sie, entschuldigen Sie, wir machen gerade eine Umfrage. Haben Sie Kinder? Ja? Was halten Sie denn davon, Kinder schon vor den Computer zu setzen?
Zweiter Passant:	Ja, also ich habe zwei Kinder und ich bin total begeistert. Es gibt wirklich tolle Lernsoftware für den Computer. Da sind so witzige und kreative Sachen dabei, da setze ich mich auch noch gerne mit hin. Aber zu lange dürfen die auch nicht vor der Kiste sitzen, dann werden unsere manchmal so richtig aggressiv. Genauso wie bei den falschen Spielen – manche Computerspiele sind eben für Kinder nicht besonders geeignet Also, wenn man als Erwachsener ein bisschen aufpasst, was die Kinder da so treiben, dann würde ich das auf jeden Fall unterstützen ...

Schritt D Übung 21 a und 22 a

vgl. Arbeitsbuch Seite 103

Lektion 10 Rund ums Produkt

Schritt C Übung 17 a

vgl. Arbeitsbuch Seite 114

Lektion 11 Mit Menschen

Schritt B Übung 8 b

- ● Ach, guten Abend, Herr Both.
- ▲ Guten Abend. Können Sie bitte die Musik ausmachen? Das ist ja ein furchtbarer Lärm.
- ● Oh, das tut mir leid, aber ich feiere heute mit Freunden meinen 30. Geburtstag.
- ▲ Alles Gute, aber müssen Sie denn in dieser Lautstärke feiern, dass wir gleich aus dem Bett fallen? Das ist wirklich nicht in Ordnung.
- ● Oh, das war keine Absicht. Aber wissen Sie, man wird ja nur einmal im Leben 30. Und das muss doch richtig gefeiert werden, finden Sie nicht?
- ▲ Aber doch nicht so laut. Das geht doch nicht. Man muss doch auch ein bisschen Rücksicht nehmen.
- ● Na ja, da haben Sie natürlich recht. Aber es ist doch nur heute. Können Sie nicht ein Auge zudrücken? Es wird dann auch bestimmt nie wieder vorkommen.
- ▲ Also gut, aber dann seien Sie doch bitte so nett und machen Sie die Musik wenigstens ein bisschen leiser. Wir müssen nämlich morgen früh aufstehen und arbeiten.
- ● Ja klar, und wenn es immer noch zu laut ist, sagen Sie bitte Bescheid. Oder Sie kommen und feiern einfach mit.
- ▲ Tja! Das ist auch eine gute Idee! Du, Klara, geh schon mal ins Bett. Ich komme gleich ... Also dann ...

Schritt C Übung 16

vgl. Arbeitsbuch Seite 124

Lektion 12 Rat und Hilfe

Schritt A Übung 9

Mann:	Das darf doch nicht wahr sein? Wo ist denn ... Wo habe ich denn ...
Frau:	Was haben Sie denn? Was ist denn passiert?
Mann:	Meine Brieftasche ist weg. Wenn ich die nicht zurückbekomme, dann weiß ich nicht, was ich tun soll.
Frau:	Beruhigen Sie sich doch. Wann haben Sie die Brieftasche denn zum letzten Mal in der Hand gehabt?
Mann:	Ich weiß nicht. Ich glaube, beim Bäcker, ja, beim Bäcker habe ich einen Fünfzig-Euro-Schein aus meiner Brieftasche genommen.

Frau: Sind Sie sicher, dass es beim Bäcker war? Überlegen Sie noch einmal.
Mann: Ja, ich bin mir sicher, danach war sie weg.
Frau: Dann gehen wir doch einfach zurück zum Bäcker. Bis wir da sind, müssen Sie Geduld haben.
Mann: Ja, das wird wohl das Beste sein. Vielen Dank. Hoffentlich liegt sie noch da. Mein Gott, ich darf gar nicht daran denken, das ganze Geld, die Kreditkarte, ...

Schritt A Übung 10 a
vgl. Arbeitsbuch Seite 132

Schritt A Übung 11 a
vgl. Arbeitsbuch Seite 132

Schritt B Übung 12 b

1 Mtgldschft	Mitgliedschaft
2 Mtrvrn	Mieterverein
3 Jhrsbtrg	Jahresbeitrag
4 Btrtt	Beitritt
5 Brbtngsgbhr	Bearbeitungsgebühr
6 Mtgld	Mitglied
7 Gbhrn	Gebühren

Lektion 13 Aus Politik und Geschichte

Schritt B Übung 16

1

Lehrerin: Liebe Eltern, herzlich willkommen zu unserem Elternabend für die vierten Klassen. Wie Sie wissen, sprechen wir heute über das wichtige Thema „Übertritt" und ich bin froh, dass so viele von Ihnen gekommen sind.
Das vierte Schuljahr ist für alle Kinder ein besonderes Jahr. Im nächsten Frühjahr entscheidet sich, auf welche weiterführende Schule Ihr Sohn oder Ihre Tochter gehen wird. Wird es die Hauptschule, die Realschule oder das Gymnasium besuchen? Viele Eltern und auch viele Ihrer Kinder sind deswegen vielleicht schon nervös, denn sie wissen, dass die Noten viel entscheiden. Darum ist das Wichtigste , dass Sie Ihrem Kind zeigen, dass Sie es in jedem Fall unterstützen. Egal auf welche Schule es kommen wird. Das hilft mehr als üben, üben, üben.
Vater: Das sagen Sie so leicht!
Lehrerin: Es bringt doch nichts, wenn jetzt schon alle gestresst sind. Wichtig für Sie als Eltern ist es zu wissen, dass die Schulwahl nach der Grundschule keine endgültige Entscheidung ist. Es entscheidet noch nicht über die schulische Laufbahn des Kindes! Aber darauf komme ich noch später.

2

Erzieherin: So, das ist ja schön, dass Sie so zahlreich zu unserem Elternabend erschienen sind. Nur noch vier Wochen und wir fahren mit unseren Vorschulkindern zum Abschluss der Kindergartenzeit für drei Tage auf den Bauernhof. Die Kinder freuen sich schon sehr darauf und Frau Waller und ich auch.
Vater: Was sollen die Kinder denn alles mitnehmen?
Erzieherin: Ja, dazu komme ich jetzt: Also, jedes Kind braucht einen Schlafsack, Wechselwäsche für 3 Tage, feste Schuhe und Waschsachen. Wichtig ist, dass Sie alle Dinge von Ihren Kindern gut sichtbar beschriften.
Vater: Und müssen wir den Kindern auch Essen einpacken?
Erzieherin: Nein, für Essen und Getränke ist gesorgt. Aber bitte geben Sie Ihrem Kind einen kleinen Rucksack mit, damit wir ihnen die Brotzeit für unterwegs auch einpacken können. Hier, auf diesem Blatt steht auch noch einmal alles drauf. Vergessen Sie bitte auch nicht, dass wir uns diesmal gleich am Busbahnhof treffen. Um 8. Der Bus holt uns direkt dort ab und bringt uns zum Bauernhof ...

3

Frau Pardo: Hallo Herr Schuster, sagen Sie mal, heute wird hier doch der Elternbeirat gewählt, richtig?
Herr Schuster: Ja genau, Frau Pardo! Hallo! Schön, dass Sie vorbeigekommen sind. Kann ich Ihnen irgendwie helfen?
Frau Pardo: Oh, ja, Sie wissen ja: Das ist ja unser erstes Kindergartenjahr mit Bernardo. Was muss ich denn da jetzt tun?
Herr Schuster: Also, Sie sehen ja auf der Pinwand hier die Fotos und Beschreibungen von allen Eltern, die sich für das Amt des Elternbeirates haben aufstellen lassen. Insgesamt sind es 10. Sie bekommen jetzt von mir einen Wahlschein. Da können Sie maximal acht Personen draufschreiben, es können aber auch weniger sein. Wichtig ist: Sie können jeder Person nur eine Stimme geben.
Frau Pardo: Aha, verstehe. Also maximal acht Leute, aber jeweils nur eine Stimme. Gut.
Herr Schuster: Ja, Sie schreiben die Namen auf, falten den Wahlschein und stecken ihn hier in diese Wahlurne. Fertig!
Frau Pardo: Okay.
Herr Schuster: Sehen Sie, da steht ein Tisch, da können Sie schreiben. Oh, hallo Thomas, na, willst Du heute nicht auch wählen?
Thomas: Ja, klar, Alexandra kommt gleich auch noch, die sucht noch einen Parkplatz ...

4

Frau Hauber: Ich grüße Sie, Herr Steininger. Schön, dass Sie gekommen sind. Setzen Sie sich doch.
Herr Steiniger: Danke, Frau Hauber.
Frau Hauber: Ja, ich wollte ja mit Ihnen über Steffen sprechen. Wissen Sie, seine Noten sind in der letzten Zeit etwas schlechter geworden und er kommt ziemlich oft ohne Hausaufgaben in die Schule.
Herr Steiniger: Oh, wirklich? Das wusste ich gar nicht.
Frau Hauber: Hm. Wann macht er denn immer seine Hausaufgaben?
Herr Steiniger: Ja, das ist unterschiedlich. Wenn er Fußball hat oder Freunde trifft, dann macht er sie oft erst am Abend. Ich frag zwar schon nach seinen Hausaufgaben, aber meistens sagt er, er hat sie schon gemacht. Naja, und ich schau dann auch nicht immer nach.
Frau Hauber: Also, Herr Steininger. Da müssen Sie jetzt strenger werden. Schauen Sie sich immer die Hausaufgaben mit Steffen zusammen an. Sie müssen ihm ja nicht unbedingt dabei helfen. Es reicht schon völlig, wenn Sie mit ihm eine feste Uhrzeit ausmachen, wann er seine Hausaufgaben machen soll. Also zum Beispiel immer um drei Uhr oder um halb vier.
Und danach gibt's eine kleine Belohnung, irgendetwas, was ihm Freude macht. Das muss ja nichts Großes sein.
Herr Steiniger: Ja, gute Idee! Das werde ich ausprobieren.
Frau Hauber: Tun Sie das! Dann merkt Steffen auch, dass es sich lohnt, die Hausaufgaben zu machen. Und dann hat er sicher auch wieder mehr Erfolg in der Schule. Ich denke, so bekommen wir das ganz gut wieder in Griff. Steffen ist ja ein kluger Junge ... Aber was ich Sie noch fragen wollte, unser Schulfasching ist in knapp vier Wochen und da brauchen wir noch ein paar Eltern, die mit anpacken ...

Schritt D Übung 25

Moderator: Kurz vor den Wahlen wollten wir von unseren Mitbürgern hören, wie sie die politische Situation in Deutschland einschätzen und was sie wählen werden. Einige Stimmen haben wir für Sie eingefangen.

a Also, für mich ist es schon völlig klar. Ich werde auf jeden Fall die Grünen wählen. Das ist doch die einzige Partei, die sich wirklich für die Umwelt engagiert und sich eindeutig gegen die Atomkraft ausspricht. Außerdem steht bei ihnen der globale Frieden im Vordergrund. Und das ist für mich das Allerwichtigste.

b Also, ich bin mir da noch etwas unsicher, denn ich wähle nämlich dieses Jahr zum ersten Mal. Aber wahrscheinlich werde ich die SPD wählen, denn mein Vater hat mir immer erklärt, dass es keine Partei gibt, die sich so für die soziale Gerechtigkeit einsetzt wie die Sozialdemokraten.

c Also, das ist doch alles ein Einheitsbrei, was die großen Parteien da von sich geben. Wo gibt es denn da noch echte Unterschiede? Ich werde dieses Jahr aus Protest gar nicht wählen.

d Also, früher wär's für mich niemals in Frage gekommen, die CDU zu wählen. Ich habe bisher immer rot gewählt. Aber dieses Mal ist es etwas anders. Unser Land steckt in einer tiefen Krise und ich geb' diesmal den Schwarzen 'ne Chance. Na, und wenn sie es nicht besser machen, dann wähle ich halt das nächste Mal wieder die anderen. Das ist ja das Schöne an der Demokratie.

e Für mich ist die FDP im Moment ohne Zweifel die einzige Partei, die man wählen kann. Sie setzen sich für eine starke und freie Wirtschaft ein. Und das ist ja im Moment unser Problem. Sicher, die haben auch nicht für alles eine Lösung. Aber ihre Vorschläge gefallen mir einfach am besten.

Lektion 14 Zuhause in der Welt

Schritt A Übung 3 b

1	Chuchi	Küche
2	Muus	Maus
3	Huus	Haus
4	Tuäch	Tuch
5	Muät	Mut
6	Müsli	kleine Maus
7	Müesli	Müsli

Fokus 8 *Eine Kündigung schreiben*

Übung 2

Sekretärin: Irina Bockel möchte Sie gern sprechen – ja, ich schicke sie hinein. Irina, Sie können gleich zu Herrn Schulte reingehen.
Irina: Guten Tag, Herr Schulte, haben Sie wohl einen Moment für mich?
Chef: Guten Tag, Frau Bockel, kommen Sie doch bitte herein – was gibt's denn?
Irina: Tja, Herr Schulte, ich wollte Ihnen nur sagen, dass ich ab dem 1. August nicht mehr bei Ihnen arbeiten werde.
Chef: Was? Sie wollen uns verlassen? Aber weshalb das denn? Haben Sie eine neue Arbeitsstelle? Gibt es ein Problem bei uns?
Irina: Nein, nein. Hier ist alles in Ordnung. Aber wissen Sie, mein Mann hat ab September eine neue Arbeitsstelle in Würzburg und da ziehen wir im August nach Würzburg.
Chef: Hm, das freut mich natürlich für Ihren Mann, aber es gefällt mir gar nicht, dass Sie uns verlassen wollen. Meinen Sie denn, dass es richtig ist, hier gleich alles aufzugeben und mitzuziehen?

Irina: Nein, ich habe es mir wirklich gut überlegt und ich möchte heute kündigen. Ich werde mir in Würzburg dann eine neue Stelle suchen.
Chef: Tja, wenn Sie sich da so sicher sind, muss ich Sie wohl gehen lassen. Aber so einfach geht das nicht, mit der Kündigung. Sie müssen die Kündigung nämlich schriftlich einreichen. Und Sie müssen die Kündigungsfrist einhalten – das sind 4 Wochen. Also: Sie können mit einer gesetzlichen Frist von 4 Wochen entweder zum Fünfzehnten oder zum Ende des Monats kündigen.
Irina: Gesetzliche Frist? ... Dann kann ich also gar nicht heute kündigen?
Chef: Nein, mündlich ist die Kündigung nicht gültig. Wenn Sie aber die Kündigung heute noch schriftlich einreichen, dann wäre der früheste Termin für Ihre Kündigung zum Fünfzehnten August. Lassen Sie uns auf jeden Fall auch schauen, wie viel Urlaub Sie noch haben – vielleicht können Sie dann doch schon etwas früher gehen.
Irina: Mhm, ja gut. Dann schicke ich Ihnen nachher eine E-Mail mit der Kündigung. Muss ich dabei noch etwas beachten?
Chef: Liebe Frau Bockel – eine Kündigung per E-Mail ist leider auch nicht gültig. Sie müssen schon einen Brief schreiben und diesen dann bei uns abgeben. Ich weiß, dass das alles sehr bürokratisch klingt, aber wir brauchen auch nur ein ganz kurzes Schreiben von Ihnen, in dem Sie die Kündigung kurz begründen und die Kündigungsfrist nennen. Das ist alles.
Irina: Okay, ein Brief mit dem Kündigungsgrund und der Kündigungsfrist – und mehr muss ich nicht schreiben?
Chef: Nein, das wäre schon alles. Sollen wir Ihnen dann gleich ein Arbeitszeugnis ausstellen, damit Sie sich damit bewerben können?
Irina: Ja, also, das wäre prima. Dann kann ich es gleich zu meinen Bewerbungsunterlagen hinzufügen.
Chef: Das mach' ich doch gern! Und dann wünsche ich Ihnen und Ihrem Mann schon mal alles Gute für Würzburg.
Irina: Danke.

Fokus 9 *Arbeitsaufträge geben und Alternativvorschläge machen*

Übung 2

Alberto: Papa? Bist du nervös?
Herr Ruffini: Ich? Nein, überhaupt nicht! Warum fragst du? Nervös! Also ...!
Alberto: Ach, nur so. Ich hab' mir nämlich gerade deine Liste angesehen und ... wir müssen noch ganz schön viel erledigen, bis Samstag.
Herr Ruffini: Mhmmmm.
Alberto: Du sag mal, was meinst du? Können wir nicht am Montag zuerst die Bilder aufhängen und danach putzen?
Herr Ruffini: Aber Alberto!!! Und der Salat? Und das Gemüse?
Alberto: Papa, wir können den Salat für Samstag doch nicht schon am Montag kaufen. Das ist viel zu früh.
Herr Ruffini: Hm, na ja. Da hast du recht. Also: Am Montag dann die Bilder und das Putzen.
Alberto: Mhm. Papa? Wäre es nicht besser, wenn wir die Einladungen am Dienstag verteilen? Am Freitag haben alle das Wochenende schon geplant und unsere Einladung kommt vielleicht zu spät.
Herr Ruffini: Meinst du? Du könntest recht haben.
Alberto: Und am Mittwoch können wir den Tischschmuck machen. Dann ist Silvia auch da und kann uns helfen. Sie hat immer so tolle Ideen.
Herr Ruffini: Stimmt, da hat sie frei.
Alberto: Und wie wäre es, am Donnerstag den Salat und das Gemüse vom Großmarkt mitzubringen? Wir fahren am Donnerstag doch sowieso hin.
Herr Ruffini: Du bist ein kluger Junge.
Alberto: Und vielleicht sollten wir auf dem Rückweg noch bei der Spar-doch-Bank vorbeifahren und das Wechselgeld holen. Das schaffen wir sicher noch. Dann müssen wir am Samstag nicht noch mal los.
Herr Ruffini: Ja, auf dem Rückweg vom Großmarkt kommen wir direkt an der Bank vorbei. Das ist richtig.
Alberto: Genau. Und am Freitag stellen wir den Sekt in den Kühlschrank, wie du es notiert hast.
Herr Ruffini: Ja!
Alberto: Und abends machen wir dann das Tiramisu. Schließlich soll es doch frisch sein für Samstag.
Herr Ruffini: Ist das nicht zu spät? Schaffen wir das?
Alberto: Klar, schaffen wir das. Ich helfe dir doch.
Herr Ruffini: Und am Samstagmittag gieße ich den Sekt ein. Es kommen ja sicher viele Leute, und da muss ja alles fertig sein.
Alberto: Papa?
Herr Ruffini: Mhm?
Alberto: Ist es nicht besser, wenn wir den Sekt erst eingießen, wenn die Gäste kommen? Ich meine, bis 18 Uhr ...
Herr Ruffini: Das sag' ich doch, Alberto. Wer trinkt schon gern warmen Sekt.
Alberto: Aha.

Fokus 11 *Ein Missverständnis klären*

Übung 1 und 2

Frau Steinbach: Ach, guten Tag, Frau Jordan. Gut, dass ich Sie hier treffe. Wo war Thomas denn gestern? Wir hatten doch unseren Wandertag.

Frau Jordan: Guten Tag, Frau Steinbach. Entschuldigen Sie die Frage, aber wo waren Sie denn und die anderen Kinder aus der Klasse? Wir waren pünktlich um 7:30 Uhr in der Schule – wie verabredet. Aber da waren schon alle weg. Thomas war so enttäuscht, dass er den Wandertag nicht mitmachen konnte! Warum haben Sie denn nicht auf ihn gewartet? Sie können doch nicht einfach früher gehen, wenn noch Kinder fehlen.

Frau Steinbach: Nein, nein, Frau Jordan, das haben wir auch nicht gemacht. Ich glaube, Sie haben da etwas falsch verstanden. Unser Treffpunkt war doch nicht in der Schule, sondern am Bahnhof! Hat Thomas Ihnen das denn nicht gesagt?

Frau Jordan: Wie? Was? Nein. ... Das habe ich nicht gewusst. Ich dachte, der Treffpunkt ist in der Schule und die Eltern sollen ihre Kinder dann am Nachmittag am Bahnhof abholen.

Frau Steinbach: Nein, Frau Jordan, das war genau umgekehrt.

Frau Jordan: Ach so ist das. Das war mir nicht klar. Ach, wie schade. Das haben Thomas und ich wohl missverstanden.

Frau Steinbach: Hm ja. Aber ich habe es den Kindern dreimal gesagt. Das tut mir ja leid für ihn. Aber sagen Sie, Frau Jordan: Haben Sie denn nicht in Thomas' Hausaufgabenheft geschaut? Da stehen doch auch immer alle Termine drin.

Frau Jordan: Hm, nein, ehrlich gesagt nicht.

Frau Steinbach: Verstehe. Aber bitte tun Sie das in Zukunft. Da lege ich den Eltern immer wichtige Mitteilungen rein. Sie sehen ja, die Kinder bringen leicht mal etwas durcheinander.

Frau Jordan: Ja, ja natürlich, Frau Steinbach. Ich bin froh, dass wir die Sache jetzt geklärt haben. Und beim nächsten Ausflug ist Thomas dann sicher zur richtigen Zeit am richtigen Ort.

Fokus 12 *Auf einer Infoveranstaltung Informationen erfragen*

Übung 1 b

Referent: ... und dann komme ich schon zum dritten Beruf im Kurzprofil: Der Physiotherapeut. Nun, was macht ein Physiotherapeut? Physiotherapeuten behandeln vor allem Menschen, die sich nicht mehr gut bewegen können. Also meistens alte Menschen, Menschen mit Behinderung oder Patienten nach schweren Unfällen. Außerdem führen sie präventive – also vorbeugende – Therapiemaßnahmen durch. Menschen mit diesem Beruf arbeiten hauptsächlich in Krankenhäusern, aber auch immer mehr in Altenheimen, Sportvereinen und in Wellness-Hotels. Für Physiotherapeuten gibt es eine einheitlich geregelte schulische Ausbildung an Berufsfachschulen oder Berufskollegs. Diese Ausbildung dauert normalerweise drei Jahre. Mit einer entsprechenden Vorbildung, wenn man z.B. schon in einem Therapieberuf tätig war, kann die Ausbildung aber auf eineinhalb Jahre verkürzt werden.
Dies als Einstimmung auf den heutigen Tag – nun können Sie sich noch in persönlichen Gesprächen bei unseren Beratungsexperten weiterinformieren.
Auf den Tischen liegen auch noch Prospekte und Broschüren – Sie dürfen sie gern mit nach Hause nehmen.

Übung 2 b und c

Diego: ... und dann bin ich vor zwei Jahren nach Deutschland, da haben wir dann geheiratet. Und dann kam die kleine Evita auf die Welt. Es ist wirklich viel passiert in den letzten zwei Jahren.

Bärbel: Tja, unverhofft kommt oft ... und jetzt möchten Sie hier eine Ausbildung machen. Richtig?

Diego: Na ja, eigentlich habe ich ja schon eine Ausbildung – ich bin nämlich medizinischer Bademeister von Beruf. Aber meine Ausbildung ist leider in Deutschland nicht anerkannt worden. Jetzt suche ich nach neuen Möglichkeiten. Und klar, eine Ausbildung wäre super.

Bärbel: Aha, medizinischer Bademeister, schön, das ist ja interessant. Medizinischer Bademeister, da könnten Sie doch eine Ausbildung zum Physiotherapeuten machen. Das passt doch gut!

Diego: Ja, das habe ich auch gedacht. Ich war da auch gerade bei der Infoveranstaltung. Und der hat so viel erzählt, aber ich habe mir das natürlich nicht alles merken können und hab' noch ein paar Fragen.

Bärbel: Klar, schießen Sie los! Dafür bin ich ja da!

Diego: Können Sie mir vielleicht noch ein bisschen mehr zur Ausbildung sagen?

Bärbel: Ja, natürlich. Es gibt grundsätzlich 2 Teile, den theoretischen und den fachpraktischen Teil.

Diego: Puh – Theorie, na, das muss halt sein. Was lerne ich denn da?

Bärbel: Das ist doch sehr spannend! In der theoretischen Ausbildung haben Sie zum Beispiel Unterricht in Massagetherapie, Anatomie des Menschen, Orthopädie und so weiter. Und im fachpraktischen Teil vertiefen Sie Ihre Kenntnisse und lernen, die Theorie anzuwenden, ein Praktikum eben – das machen Sie am besten in einer Klinik oder in einem Rehabilitationszentrum.

	Praxiserfahrungen sind ja das A und O in einer Berufsausbildung.
Diego:	Mhm. Ja klar. Wie lange dauert denn die Ausbildung?
Bärbel:	Normalerweise 3 Jahre.
Diego:	Was? 3 Jahre? Das ist aber schon ziemlich lang. So viel Zeit wollte ich eigentlich nicht verschwenden.
Bärbel:	Na ja, „verschwenden" ist wohl nicht der richtige Ausdruck.
Diego	Hm, ja, stimmt. Ich würde es nur eben gern kürzer machen. Ich hab' ja eigentlich schon so viel Berufserfahrung in dem Bereich.
Bärbel:	Ja. Stimmt. Sie haben recht. Sie brauchen gar nicht so lange für Ihre Ausbildung. Sie haben ja schon eine gute Vorbildung als medizinischer Bademeister. Sie könnten also auch die verkürzte Ausbildung machen, da lernen Sie statt der 3 Jahre nur eineinhalb Jahre und haben trotzdem den gleichen Abschluss.
Diego:	Oh, das ist ja super, eineinhalb Jahre und ich habe einen neuen Beruf. Super! Ist die Ausbildung denn sehr teuer?
Bärbel:	Na ja, ein bisschen Geld müssen Sie schon investieren,
Diego:	Mhm. Sicher. Claro!
Bärbel:	Vielleicht können wir ja auch einen Zuschuss für Sie beantragen.
Diego:	Ja? Toll! Danke! Also, ich schaff' das auf jeden Fall. Gleich morgen schicke ich meine Bewerbungen los. Und später verdiene ich ja dann genug Geld. Ach, wie viel verdient denn ein Physiotherapeut so im Monat?
Bärbel:	Moment, Moment, so schnell geht das nun auch nicht. Bevor wir übers Finanzielle sprechen, lassen Sie uns doch erst mal die nächsten Schritte planen. Haben Sie denn schon alle Bewerbungsunterlagen beisammen? Die Aufnahmevoraussetzungen der Schulen sind ganz unterschiedlich!
Diego:	Ach so, ja, und welche Unterlagen brauche ich dafür?
Bärbel:	Auf jeden Fall Ihr beglaubigtes Schulzeugnis – mit Übersetzung! –
Diego:	... okay, das habe ich schon!
Bärbel:	Und Ihre Berufsurkunde und den Nachweis, dass Sie in Chile auch schon mehrere Jahre als medizinischer Bademeister gearbeitet haben, auch mit Übersetzung.
Diego:	Claro!
Bärbel:	Und dann noch ein ärztliches Attest.
Diego:	Ein ärztliches Attest? Warum denn? Ich bin doch kerngesund!
Bärbel:	Ja, das muss leider trotzdem sein. Das fordern die meisten Ausbildungszentren. Wenn Sie möchten, helfe ich Ihnen dann bei der Zusammenstellung Ihrer Mappe.
Diego:	Das würden Sie tun? Oh, super. Vielen Dank.
Bärbel:	Aber natürlich, dafür bin ich doch da
Diego:	Ach, und noch was. Sollte ich die Schulen vielleicht erst mal anschreiben und mich vorinformieren?

Fokus 13 *Einen Antrag beim Elternbeirat stellen*

Übung 2

Frau Brandt:	Brandt?
Jan:	Guten Tag, Frau Brandt. Hier ist Jan Augustin. Ich rufe an, weil ich erfahren habe, dass man sich wegen der Kosten für eine Klassenfahrt an Sie wenden kann. Sie sind doch im Elternbeirat. Ist das richtig?
Frau Brandt:	Ja, das stimmt. Aber das kommt ein bisschen darauf an, was Sie jetzt meinen? Wenn Sie Hilfe brauchen, weil Sie etwas nicht bezahlen können, also wenn Sie finanzielle Unterstützung brauchen, dann sind Sie bei mir richtig.
Jan:	Ja, genau das ist mein Problem. Unsere Klasse fährt nämlich dieses Jahr nach Griechenland. Und ich weiß, dass mein Freund, na ja, seine Eltern, die haben halt fast kein Geld. Ich denke, die werden ihn dann auch nicht mitfahren lassen, und das fände ich wirklich total schade. Jetzt wollte ich eben mal nachfragen, was man da tun kann, also ob man da überhaupt was tun kann.
Frau Brandt:	Ja, ja, doch, wenn die Eltern wenig Geld haben, dann kann man schon Geld bekommen – zum Beispiel einen Zuschuss für Ausflüge oder so was – aber das kann ich nicht selbst entscheiden. Die Eltern von Ihrem Freund können sich aber auf jeden Fall an den Elternbeirat wenden.
Jan:	Und was müssen die dann tun? Reicht das, wenn sie bei Ihnen anrufen oder wie geht das?
Frau Brandt:	Nein, nur „anrufen" geht leider nicht, wir brauchen alles in schriftlicher Form. Das heißt: Die Eltern von Ihrem Freund müssen einen Antrag ausfüllen, in dem sie genau beschreiben, worum es geht. Wir haben sogar im Sekretariat der Schule einen Antrag für Zuschüsse zu Klassenfahrten etcetera vorbereitet. Ganz wichtig ist, dass der Antrag rechtzeitig gestellt wird!
Jan:	Also am besten jetzt schon, oder? Wir fahren ja in 4 Monaten!
Frau Brandt:	Ja, genau. Schließlich müssen wir im Elternbeirat ja auch noch darüber beraten. So ein Antrag kann nur von allen Eltern im Elternbeirat genehmigt werden. Und dann muss uns die Familie Ihres Freundes

	alle Angaben zu ihrer finanziellen Situation beschreiben.
Jan:	Okay.
Frau Brandt:	Aber das allein reicht auch noch nicht. Wir brauchen auch für alles Belege oder einen Nachweis. Wenn die Eltern von Ihrem Freund z.B. arbeitslos sind, dann brauchen wir dazu die Bestätigung von der Bundesagentur für Arbeit. Der Nachweis ist also ziemlich wichtig.
Jan:	Hm. Und kann mein Freund Ihnen die Unterlagen dann persönlich geben? Ich kann mir nämlich vorstellen, dass das der Familie total unangenehm ist.
Frau Brandt:	Ja, natürlich kann er das. Und die Familie kann auch ganz sicher sein, dass niemand etwas davon erfahren wird. Wir behandeln alle Angaben streng vertraulich. Den Antrag geben sie dann am besten in einem Umschlag entweder mir, einem Elternbeirat persönlich oder im Sekretariat ab. Wichtig ist, dass Ihr Freund den Namen und die Adresse, Telefonnummer und so weiter draufschreibt.
Jan:	Ach so, gut, verstehe. Und dann wird der Antrag im Elternbeirat besprochen. Wie lange dauert es denn ungefähr, bis so etwas dann genehmigt ist?
Frau Brandt:	Also, zwei Wochen würde ich auf jeden Fall rechnen.
Jan:	Und dann holt man sich das Geld ab oder wie läuft das?
Frau Brandt:	Also, wenn der Zuschuss genehmigt ist, dann ist das ehrlich gesagt so, dass der Elternbeirat das Geld der Schule beziehungsweise der Klassenlehrerin oder dem Klassenlehrer direkt gibt. Ihr Freund hat damit dann gar nichts mehr zu tun. Natürlich haben wir auch nicht unendlich viel Geld zur Verfügung, deswegen muss halt auch immer genau geprüft werden, wer wirklich Geld bekommen kann und wofür.
Jan:	Gut, dann weiß ich Bescheid, vielen Dank. Dann werde ich jetzt mal mein Glück versuchen.
Frau Brandt:	Bitte schön. Alles Gute ... und natürlich viel Spaß bei der Reise!
Jan:	Danke. Tschüs!

Lektion 8

A

1 a weil, dass, als, obwohl **b 2** als **3** dass **4** obwohl **5** weil

2 b falls c falls d falls e weil f als

3 b Falls du gewinnst, lade ich dich zum Essen ein. c Er geht mit Andrea schwimmen, falls morgen die Sonne scheint. d Falls am Samstag schlechtes Wetter ist, können wir nicht Fußball spielen. e Falls mein Computer wieder funktioniert, schicke ich dir morgen eine E-Mail.

4 b als er am Samstag Fußball gespielt hat. c damit ich meinen Kindern bei den Hauaufgaben helfen kann. d falls du sie noch zu Hause hast? e dass du mich mit dem Auto abholst.

5 **1** a **2** b **3** a **4** c **5** b **6** c

B

7 a A 2; B 3; C 1
b **1** ... wenn es Ihnen recht ist **2** Wäre es nicht nett ... . Ja gern, ich heiße **3** Ich fände es schön; das ist aber nett

8 a Frau Summer darf/sollte das Du anbieten. b Frau Lobbe darf/sollte das Du anbieten. c Sie dürfen/sollten das Du anbieten. d Mohammed Türklü darf/sollte das Du anbieten.

9 b **2** D **3** C **4** A
c **1** D **2** A, C

C

10 b an unseren c über seine d um seine e mit dem, von der f auf ein **g** an ihre h mit seiner i für das

11 b der c die d dem e denen f den g die h den

12 b Das ist Paola, von der ich neulich ein dickes Wörterbuch bekommen habe. c Das ist Paola, über die ich schon viel gelacht habe. d Das ist Xin, neben dem ich seit mehreren Jahren wohne. e Das ist Xin, mit dem mich eine sehr enge Freundschaft verbindet. f Das ist Xin, für den der Deutschkurs sehr schwierig war. **g** Das sind meine Freunde, mit denen ich ein Jahr lang Deutsch gelernt habe. h Das sind meine Freunde, auf die ich mich jeden Montag gefreut habe. i Das sind meine Freunde, von denen ich viel über andere Länder und Kulturen erfahren habe.

13 b an die c über die d für das e um den

14 b über den wir früher immer gelacht haben c mit der du gerade gesprochen hast d vor dem ihr Angst habt f für die du dich interessiert hast **g** mit dem ich Arabisch gelernt habe

15 *Musterlösung*:
b in der ich früher gewohnt habe c mit denen ich in die Schule gegangen bin d über das ich mich sehr gefreut habe e von der ich schon oft erzählt habe f auf dem ich letztes Jahr gewesen bin **g** an dem ich am Bahnhof in Berlin angekommen bin

16 a *Musterlösung*:
Freund: mit ihm kann ich über alles sprechen, mit ihm kann ich über alles lachen, mit ihm kann ich überall hinreisen, Freundin: mit ihr kann ich stundenlang telefonieren, ihr kann ich alles sagen, ihr kann ich in jeder Situation vertrauen
b *Musterlösung*:
Ein guter Freund oder eine Freundin ist für mich auch jemand, der sich mit mir und für mich freuen kann, der aber auch mit mir mitleiden kann. Mit einem guten Freund oder einer Freundin kann ich überall hinreisen. Er ist jemand, mit dem ich mich überall wohl fühle. Eine gute Freundin ist jemand, mit der ich stundenlang telefonieren kann, mit der ich viel lachen kann. Sie ist eine Frau, der ich immer vertrauen kann und die mir hilft, wenn ich Probleme habe.

17 a bekannt: ein Bekannter, eine Bekannte
jugendlich: ein Jugendlicher, eine Jugendliche, die Jugendlichen / Jugendliche
erwachsen: ein Erwachsener, eine Erwachsene, die Erwachsenen, Erwachsene
b **2** Erwachsene; **3** Jugendliche, Erwachsene; **4** Bekannter; **5** Erwachsener

18 a **2** Der Nachbar **3** Mit dem Menschen **4** Die Kollegen **5** von den Menschen **6** Das Haus der Nachbarn **7** Der Hut des Herrn **8** all die Menschen
b *Singular*
der ... Mensch, Kollege, Herr, Nachbar
dem ... Menschen, Kollegen, Herrn, Nachbarn
des ... Menschen, Kollegen, Herrn, Nachbarn
Plural
die ... Menschen, Kollegen, Herrn, Nachbarn
die ... Menschen, Kollegen, Herrn, Nachbarn
den ... Menschen, Kollegen, Herrn, Nachbarn
der ... Menschen, Kollegen, Herrn, Nachbarn

19 b–c Pole**n** d Herr**n** e –, Kollege**n** f Nachbar**n** **g** Praktikant**en** h Kollege**n** i –, – j Nachbar**n** k Griech**en**

20 b Du bist der Mann, von dem ich täglich träume,
der einzige, auf den ich mich verlasse;
der eine, über den ich nichts erzähle,
der Mann, für den ich jeden Zug verpasse.
Du bist der Mann, mit dem ich glücklich bin,
du bist der Mann, an den ich immer denke;
der Mann, um den sich für mich alles dreht,
der eine Mann, dem ich mein Leben schenke.

Du bist der Mann, in dem ich mich erkenne –
der Mann, von dem ich mich nie wieder trenne.

D

21 b eifersüchtig c ruhig d geduldig e langweilig g energisch h romantisch

22 b Selbstständigkeit c Zärtlichkeit d Ehrlichkeit e Lebendigkeit f Unabhängigkeit

23 humorvoll, humorlos, der Humor; liebevoll, lieblos, die Liebe; rücksichtsvoll, rücksichtslos, die Rücksicht; fantasievoll, fantasielos, die Fantasie; anspruchsvoll, anspruchslos, der Anspruch

24 b *Musterlösung:* interessant, durchschnittlich, unproblematisch, offen, kritisch, sympathisch, tolerant ...

25 ... humorvoll, ehrlich, geduldig, neugierig, anspruchsvoll, eifersüchtig, langweilig

26 *Musterlösung:*
... das finde ich sehr sympathisch. Mein Name ist Martina und ich komme aus Hannover. Ich wohne erst seit einem Monat in Mainz und suche Leute, die mir die Stadt zeigen. Ich bin sehr sportlich und liebe das Abenteuer. Zuhause bleiben finde ich langweilig. Du schreibst, dass Du bei Wind und Wetter Rennrad fährst. Das gefällt mir, denn vor zwei Wochen habe ich mir ein Rennrad gekauft. Vielleicht können wir einmal zusammen fahren? Falls Du Lust hast, dann schreib mir doch mal.

Bis bald
Martina

27 **1** falsch **2** c

E

29 a **2** ... desto besser spreche ich Deutsch. **3** ... desto mehr musst du putzen. **4** ... desto mehr Benzin braucht es. **5** ... desto weniger Freizeit habe ich.
b den Komparativ
c

lang	länger	am längsten
gut	besser	am besten
groß	größer	am größten
wenig	weniger	am wenigsten

30 b mehr – dicker c später – müder d öfter – besser

31 b Je öfter du keine Zeit für mich hast, desto zorniger werde ich. c Je besser ich dich kenne, desto lieber habe ich dich. d Je weniger Vertrauen du zu mir hast, desto trauriger werde ich.

32 a **1** Ihr spielt gut. **2** Ich erhole mich gut. **3** Sie kennen die aktuellen Hits gut. **4** Man kann viel mit ihnen machen.
b **1** Je mehr ihr übt, desto besser spielt ihr. **2** Je länger mein Urlaub ist, desto besser erhole ich mich. **3** Je mehr Radio die Leute hören, desto besser kennen sie die aktuellen Hits. **4** Je schneller die Computer werden, desto mehr kann man mit ihnen machen.

Lektion 9

A

1 **3** der Bildschirm, **12** die CD, **1** der Computer, **2** das CD-ROM-Laufwerk, **7** das Fax, **4** der Drucker, **5** die Maus, **11** das Regal, **10** der Schreibtisch, **9** die Steckdose, **8** der Stecker, **16** die Stifte, **6** die Tastatur, **15** der DVD-Player, **14** die DVDs

2 b finden würde, würde ... anrufen c könnte ... telefonieren d wäre, könnte ... helfen e Hätte ... aufgepasst, würde ... verlieren

3 a **2** ... hat er überhaupt kein Auto. **3** ... hat er gar kein Geld. **4** ... arbeitet er gar nicht. **5** ... ist er in der Schule öfters sitzen geblieben.
b

...	er	einen Ferrari	hätte
als ob	er	sich alles	kaufen könnte.
als ob	er	einen super anstrengenden Job	hätte.
als ob	er	früher die besten Zeugnisse	gehabt hätte.

4 b gegessen hätte c hätte d gewesen wäre, hätte

5 b Karla tut so, als ob sie kein Deutsch verstehen würde. c Der Computer hört sich an, als ob er kaputt wäre. d ... sieht aus, als ob er von technischen Dingen keine Ahnung hätte.

6 b ... du die ganze Nacht gefeiert hättest. c ... ich es kaputt gemacht hätte. d ... der Motor kaputtgegangen wäre.

7 A Der Mann sieht so aus, als ob er Schmerzen am Bein hätte. In Wirklichkeit hat er keine Lust mehr zu wandern. B Der Mann sieht so aus, als ob er verliebt wäre. In Wirklichkeit will er nur das Geld der Frau. C Der Junge sieht so aus, als ob er und der Hund gute Freunde wären. In Wirklichkeit hat er Angst vor dem Hund.

B

8 b ... Klaus die Küche putzt, trinkt Andreas einen Kaffee in einem Café! c Während Klaus die Wäsche bügelt, geht Andreas spazieren! d Während Klaus im Supermarkt einkaufen geht, sitzt Andreas in einer Buchhandlung und liest!

9 b Während Annika Kaffee kocht, öffnet Gregor alle Fenster. **c** Während Gregor sich an seinen Arbeitsplatz setzt, schaltet Annika den Drucker ein. **d** Während Annika das Papier im Drucker kontrolliert, denkt Gregor über seinen Tagesplan nach. **e** Während Annika mit Kunden telefoniert, beantwortet Gregor E-Mails.

10 a

Zuerst	**Danach**
2 E-Mails lesen	E-Mails beantworten
3 Drucker einschalten	neue Dateien ausdrucken
4 viel arbeiten	zum Mittagessen gehen
5 essen	Tischtennis spielen
6 weiter arbeiten	nach Hause gehen *(Vorschlag)*

b **2** ... E-Mails gelesen habe, beantworte ich sie. **3** Nachdem ich den Drucker eingeschaltet habe, drucke ich die neuen Dateien aus. **4** Nachdem ich am Vormittag viel gearbeitet habe, gehe ich zum Mittagessen. **5** Nachdem ich gegessen habe, spiele ich Tischtennis. **6** Nachdem ich weiter gearbeitet habe, gehe ich nach Hause.

11 b Gestern: **2** Nachdem ich dann erst mal die Wohnung geputzt hatte, habe ich mich kurz an den Schreibtisch gesetzt. **3** Nachdem Helmut mich angerufen hatte und wir lange telefoniert hatten, musste ich dringend zum Einkaufen. **4** Nachdem ich mich ein bisschen hingelegt hatte, habe ich versucht, nun doch zu lernen. **5** Nachdem ich stundenlang mein Buch gesucht (hatte) und es trotzdem nicht gefunden hatte, bin ich mit Freunden in eine Kneipe gegangen.
Heute: **2** Nachdem ich zwei Stunden gelernt habe, mache ich eine Pause. **3** Nachdem ich kurz mit Helmut telefoniert habe, lerne ich noch ein Stündchen. **4** Nachdem ich gegessen habe, setze ich mich kurz in die Sonne. **5** Nachdem ich eine kurze Pause gemacht habe, lerne ich weiter.
c Nachdem Helmut angerufen hatte, musste ich dringend zum Einkaufen. Nachdem ich kurz mit Helmut telefoniert habe, lerne ich noch ein Stündchen.
d Ich habe mich kurz an den Schreibtisch gesetzt, nachdem ich die Wohnung geputzt hatte.
Ich setze mich kurz in die Sonne, nachdem ich etwas gegessen habe.

12 a **2** den Arbeitsplatz aufräumen **3** Anfang und Ende der Pausen bestimmen **4** die Bücher bereitlegen **5** sich etwas Schönes für den Abend überlegen
b **2** Sie sollten den Arbeitsplatz aufräumen, bevor Sie lernen. **3** Sie sollten Anfang und Ende der Pausen bestimmen, bevor Sie mit der Arbeit beginnen. **4** Sie sollten sich die Bücher bereitlegen, bevor es losgeht. **5** Sie sollten sich etwas Schönes für den Abend überlegen, bevor Sie Ihre Arbeit beenden.

13 a **2** A, **3** B, **4** A, **5** B, **6** B
b ... in Ruhe arbeiten. Bevor der neue Kollege gekommen ist, war in der Küche alles sauber. Bevor der neue Kollege gekommen ist, konnte man ohne Probleme telefonieren.
c ... war es immer laut im Büro. Nachdem der neue Kollege gekommen war, war die Küche total unaufgeräumt. Nachdem der neue Kollege gekommen war, konnte sich keiner mehr konzentrieren.

14 b Während **c** nachdem **d** Während **e** bevor **f** bevor **g** nachdem **h** Bevor

15 b bevor **c** während **d** bevor **e** nachdem

16 a *Musterlösung:* Es ging ihr besser, nachdem sie beim Arzt war. / als sie noch bei ihren Eltern lebte. / bevor sie in eine andere Stadt zog. **b** Er war sehr sauer, bevor sie sich entschuldigte. / nachdem er von ihrer Lüge erfahren hatte. / als sie sich trafen. **c** Ich höre immer Musik, wenn ich traurig bin. / während ich koche. / bevor ich morgens aufstehe. **d** Er wohnt bei seinen Eltern, nachdem er aus Spanien zurückgekehrt ist. / solange er studiert. / bevor er ins Ausland umzieht.

C

17 a **A** 2 **B** 3 **C** 1
b **1** Füllen Sie ... ein. Kontrollieren Sie ... Schalten Sie ... ein. **2** Stecken Sie ... schließen Sie ... an ... legen Sie ... ein und drücken Sie ... **3** Legen Sie ... ein, ... Drücken Sie ...

18 a Maike erklärt einer Freundin die Gebrauchsanweisung.
b **2** Taste gedrückt halten, bis die Anzeige blinkt **3** Ansage mindestens 10, höchstens 18 Sekunden lang aufsprechen **4** Taste wieder loslassen **5** Signalton ertönt

D

19 a **B** – **C** \ **D** +
b **A** 5 **B** 3 **C** 6 **D** 4

20 a Ehrlich gesagt: ...; Versuch doch, ... ; ... ich würde ...

21 a **2** erstaunt **3** mitfühlend **4** kritisierend **5** wütend **6** Rat gebend

24 **1** h **2** c **3** d **4** b

E

25 a Irgendwann **b** Irgendwie **c** Irgendwelche **d** irgendeine

Lektion 10

A

1 b C **c** B **d** A **e** C **f** B

2 b was **c** wo **d** wo **e** was **f** was **g** wo **h** was

3 a alles, überall, nichts, da; **b** alles, nichts; **c** Ort, Stadt, Dort

4 b den c wo d wo e mit dem f wo g was h der i an den j wo k die l was

5 b ..., was wir brauchen können. c ..., wo es Schreibwaren gibt. d ..., was du nicht verstanden hast. e ..., wo wir vor einem Monat gewandert sind.

B

7 a hoh**er** b elektrisch**e**, riesig**e** c lang**en** blond**en** d neu**es**, unser**em** e alt**e**

8 a ander**en**, viel**e** interessant**e**, rund**e**, hängend**e**, eckig**e**, tanzend**en**, alt**es** schwarz-weiß**es**, schlafend**er**, uralt**es**, funktionierend**es**, glänzend**e**

b

	Adjektiv			Partizip I		
maskulin	der	hohe	Turm	der	schlafende	Junge
	ein	hoher	Turm	ein	schlafender	Junge
neutrum	das	neue	Instrument	das	funktionierende	Radio
	ein	neues	Instrument	ein	funktionierendes	Radio
feminin	die	riesige	Eisenbahn	die	hängende	Uhr
	eine	riesige	Eisenbahn	eine	hängende	Uhr
Plural	die	alten	Bücher	die	glänzenden	Ringe
	-	alte	Bücher	-	glänzende	Ringe

9 a lächelnder, einladende, weinendes, fragenden b sprechende, stinkenden c sprechenden, lachenden d duftenden, singenden

10 a sprechenden b passender c duftenden, lohnender d beruhigende, bezaubernde e mitfühlenden

C

11 b ... weder ... noch ... c ... weder ... noch ... d ... weder ... noch ...

12 b sowohl ... als auch c Weder ... noch d weder ... noch ... e weder ... noch f Sowohl ... als auch

13 a nur eine Möglichkeit, nämlich c Ich bin wirklich sehr verärgert. Das Hauptproblem war; da kann ich verstehen, dass Sie verärgert sind.

14 Sehr geehrter Herr Hamer,

... immer wieder viel Unterricht ausgefallen. Auch in diesem Schuljahr hat der Lehrer der Klasse, Herr Schluter, schon wieder einen ganzen Monat gefehlt.

Außerdem mussten wir feststellen, dass Herr Schluter den Schülern auch immer wieder falsche Informationen gibt.

Aus diesem Grund ist die Mitarbeit der Eltern zu Hause inzwischen dringend notwendig. **Ehrlich gesagt,** hat man doch gerade als Lehrer eine große Verantwortung für die Kinder. **Dazu gehört auch, dass** jeder Lehrer sich gründlich auf den Unterricht vorbereiten sollte.
Wir finden, dass das Schulamt frühzeitig Maßnahmen überlegen muss, wenn eine Lehrkraft lange krank ist.
Es wäre wichtig, dass Sie bitte in diesem Fall bald etwas unternehmen.
...

15 a Situation 1: *Musterlösung:*
... eine CD per Internet bestellt. Leider hatten Sie eine lange Lieferfrist. Nachdem ich drei Wochen auf die Lieferung gewartet hatte, packte ich die CD aus und musste feststellen, dass kleine Kratzer auf der CD waren. Deshalb musste ich sie zurückschicken. Das war sehr ärgerlich, da ich die CD als Geburtstagsgeschenk geplant hatte. Weil Sie den Preis bereits von meinem Konto abgebucht haben, möchte ich Sie nun dringend bitten, mir das Geld zurückzuzahlen.

b Situation 2: *Musterlösung:*
Sehr geehrte Damen und Herren,
am ... habe ich den Vertrag für mein Zeitschriftenabonnement bei Ihnen rechtzeitig gekündigt. Trotzdem wurde die Zeitschrift weiter an meine Adresse geschickt. Jetzt habe ich auch noch eine Rechnung für das gesamte nächste Jahr erhalten. Weil ich fristgerecht gekündigt hatte, bin ich nicht bereit, diesen Betrag zu bezahlen. Deshalb möchte ich Sie bitten, Ihren Fehler zu korrigieren.
Mit freundlichen Grüßen

16 a

Zeit-/ Ortsangaben	***Sätze***	***Wörter***
Auch in diesem Schuljahr ...	*Wie Sie wissen, ...*	*Dabei ...*
...	*Außerdem mussten wir feststellen, ...*	*Leider ...*
	Dazu gehört auch, dass ...	*Aus diesem Grund, ...*
	Wir finden, dass ...	*Ehrlich gesagt, ...*
	Es wäre wichtig, dass ...	

17 a **1** • Ich habe gesagt, wir waren heute nicht zufrieden! ↗
2 • Die Suppe war kalt. ↘
• Aber die Suppe war kalt! ↗
3 • Und wir mussten sehr lang auf die Bedienung warten. ↘
• Aber wir mussten sehr lang auf sie warten! ↗
4 • Ach ja, und die Musik hier ist viel zu laut. ↘
• Schön. Aber wie gesagt, es ist alles viel zu laut! ↗

b Die Suppe ist versalzen. Das Fleisch ist zäh. Das Gemüse ist halb roh. Die Spaghetti sind zu weich. Der Reis ist zu hart. Der Wein ist zu kalt. Das Bier ist zu warm. Die Teller sind nicht sauber. Die Tischdecke hat Flecken. Der Kellner ist zu langsam.

D

18 **1** E **2** H **3** F **4** X **5** D

Lektion 11

A

1 b ... wird ... rot c wird ... gemacht d werden ... kalt e werden ... verteilt f wirst ... Ärztin

2 Stier: wird ... verbessern, wird ... enttäuschen; Zwilling: werden ... erleben, werden ... verlieren

3 a Tanja: ... werde ... gehen; Sebastian: Mit 45 Jahren arbeite ..., ... werde ... kaufen, ... spielen, ... genießen; Webers: ... feiern in zwei Monaten, wird ... werden; Werner: ... fahre ... im Sommer ..., ... werde ... erholen
b **2** ... wird ... gehen **3** ... arbeitet mit 45 Jahren ... **4** ... wird ... kaufen **5** ... feiern in zwei Monaten ... **6** ... wird ... werden **7** ... fährt im Sommer ... **8** ... wird ... erholen

4 **B** 4 **C** 1 **D** 2

5 b Aufforderung c Vorhersage/Vermutung d Vorsatz/Plan e Aufforderung

6 a ... eine Woche lang jeden Tag abspülen und die Blumen gießen. Ich werde auch früher aufstehen und mit dem Hund spazieren gehen. Ich werde am Wochenende für alle das Frühstück machen. ... b ..., Kinder bekommen und ein Haus kaufen. Ich werde mit dem Rucksack um die Welt reisen. ...

B

7 a **2** Geschwindigkeitskontrolle **3** Ordnungswidrigkeit **4** Führerschein **5** Ortschaft
b **1** Geschwindigkeitskontrollen **2** Führerschein **3** Ortschaft **4** Ordnungswidrigkeit **5** Bußgeld

8 a ▲ ... wirklich nicht in Ordnung
● ... keine Absicht
▲ ... geht doch nicht
● ... da haben Sie natürlich recht; ... ein Auge zudrücken; ... bestimmt nie wieder vorkommen
▲ ... seien Sie doch bitte so nett

9 *Musterlösung:*
Mann: Tut mir leid, das ist mir wirklich unangenehm. Ich wollte nur schnell die zwei Sachen hier bezahlen, weil ich es sehr eilig habe.
Frau: Das ist wirklich nicht in Ordnung. Ich habe es auch eilig.
Mann: Sie haben ja vollkommen recht, es tut mir wirklich leid. Ich bin nur schon so spät dran und muss meine Tochter noch vom Kindergarten abholen. Bitte, fahren Sie doch wieder vor. Das geht natürlich nicht.
Frau: Nein, nein, wenn das so ist. Da will ich mal ein Auge zudrücken. Gehen Sie ruhig vor.
Mann: Vielen Dank. Das ist wirklich sehr nett von Ihnen.

10 *Musterlösung:*
A Kellner: Oh, Entschuldigung, das ist mir wirklich unangenehm. Bitte, entschuldigen Sie!
Gast: Aber das geht doch nicht!
B Gast: Sehen Sie sich das an! Ich bin total nass und jetzt hat mein neuer Anzug auch noch Flecken!
Kellner: Aber, es war doch keine Absicht. Und es wird bestimmt auch nie wieder vorkommen. Selbstverständlich bezahle ich den Schaden. Ach, seien Sie doch bitte so nett und beschweren Sie sich nicht bei meinem Chef, ich arbeite noch nicht so lange hier in diesem Restaurant.
C Kellner: Darf ich Sie vielleicht zu einem Cochtail einladen?
Gast: Das ist wirklich sehr nett von Ihnen. Vielen Dank.

11 b innerhalb c außerhalb d innerhalb e außerhalb f Innerhalb

12 a 1 Bußgeldbescheid 2 Rechnung
b b ... weil sie beim Autofahren ein Handy benutzt hat.
a informiert Herrn Simonis über die aktuellen Kosten seiner Versicherung.

13 a Sehr geehrte Damen und Herren,
hiermit lege ich fristgerecht Einspruch gegen den Bußgeldbescheid vom 10.08.20.. ein. Mir wird zur Last gelegt, dass ich beim Autofahren mit dem Handy telefoniert habe. Das kann aber gar nicht sein, da ich kein Handy besitze. Wahrscheinlich hatte ich etwas anderes in der Hand, vermutlich eine Packung Taschentücher, die man auf dem Foto leicht mit einem Handy verwechseln kann. Daher werde ich den Betrag von 62,51 € nicht überweisen.
b *Musterlösung:*
Sehr geehrte Damen und Herren,
hiermit lege ich fristgerecht Einspruch gegen den Bußgeldbescheid vom 17.11.20.. ein. Mir wird zur Last gelegt, dass ich am 09.10.20.. auf dem Parkplatz vor dem Supermarkt *Schnellkauf* im Halteverbot geparkt habe. Das stimmt nicht. Ich habe mein Auto ordnungsgemäß auf dem Parkplatz geparkt. Ein Mitarbeiter von *Schnellkauf*, der mir die Einkaufstüten zum Auto getragen hat, kann das bestätigen. Aus diesem Grund werde ich das Bußgeld nicht bezahlen.

C

14 a **A** Ich bin der gleichen Ansicht ...; ... sehr wichtig; ... ist das auch so **B** ... ganz anderer Meinung; Zusammenfassend möchte ich sagen ... **C** ... sehe ich das auch so; ... meiner Meinung nach ...; Ich glaube ...
b **1** C **2** A **3** B

16 a „ch": i**ch**, si**ch**er, besi**ch**tigen, Sehenswürdi**g**keiten; „g": besichti**g**en
b „ch": na**ch**, bu**ch**en, Wo**ch**e, do**ch**, einfa**ch**
c „ch": **Ch**aot, we**ch**sle; „k": Sehenswürdi**gk**eiten
d „ch": **Ch**ance, Bran**ch**e; „sch": **sch**on

D

17 b 8–9 c 9–10 d 17–19 e 21 f 22–25 **g** 26–29 h 34–35

18 b da alles neu für mich war ... c ... da ich endlich Deutsch sprechen konnte. d ... da ich viele Freunde habe.

19 b Deshalb c da d denn e da

20 1 a **2** b **3** b **4** c **5** b **6** a

E

22 b nicht die Muttersprache c ein Zimmer in einer Pension d der/die Unbekannte e der Reiseführer f das Ausland

23 a **A** 2 **B** 1 **C** 3
b

	Deutschland	**anderes Land**
Verabredung	mit Termin	ohne Termin
Begrüßung	man sagt, wie es einem geht	„Ganz gut", egal
Essen	Gabel oft mit links mit Messer und Gabel	immer mit rechts, da linke unreine Hand mit den Fingern

Lektion 12

A

1 a als b als c wenn d als

2 a **2** Heinz holt um 8 Uhr die Zeitung aus dem Briefkasten. **3** Aber zuerst füttert er den Hund. **4** Als Erstes schaltet Heinz den Computer ein. **5** Er holt Wasser. **6** Heinz sortiert die Stifte auf seinem Schreibtisch.
b **3** ... Heinz zur Arbeit fährt, füttert er seinen Hund. **4** Nachdem er den Computer angeschaltet hat, schreibt er seiner Freundin eine E-Mail. **5** Bevor Heinz die Blumen im Büro gießt, holt er Wasser. **6** Nachdem Heinz die Stifte auf seinem Schreibtisch sortiert hat, beginnt er zu arbeiten.

3 a **2** ... seit sie einen Sohn bekommen hat. **3** ... bis ihr Sohn in den Kindergarten geht. **4** ... seit er sechs Wochen alt ist. **5** ... seit sie einen Kinderwagen transportieren muss.
b

Sabine arbeitet nicht mehr,	seit	sie einen Sohn bekommen	hat.
Sie will zu Hause bleiben,	bis	ihr Sohn in den Kindergarten	geht.
Sabine geht mit ihrem Sohn zum Babyschwimmen	seit	er sechs Wochen alt	ist.
Sabine fährt ein größeres Auto	seit	sie einen Kinderwagen transportieren	muss.

4 b Seit ich geschieden bin, streite ich mich nicht mehr mit meinem Mann. c Seit ich einen Computer habe, muss ich meine Briefe nicht mehr mit der Hand schreiben. d Seit ich regelmäßig Obst esse, bin ich nicht mehr so oft müde.

5 b ... bis ich mir einen Ferrari kaufen kann. c bis du die Mailbox abhörst und endlich zurückrufst. d ... bis ich die Geschichten aus *Tausendundeiner Nacht* im Original lesen kann. e ... bis ich wenigstens einmal gewinne.

6 1 bis **2** Seit **3** seit **4** bis **5** Seit **6** bis

7 a seit b bis c bis d seit e bis

8 a während, als , wenn, nachdem, seitdem, da, bis

9 *Lösung (von oben nach unten):* 5 – 6 – 7 – 4 – 1 – 2 – 3 – 8 – 9

10 a
Frau: Ich kann doch jetzt nicht umziehen!
Ich habe so eine Wut, seit ich diesen Brief gelesen habe.
Ich weiß nicht, was ich machen soll.
Ich kann schon gar nicht mehr schlafen!
Aber ich mag keine Vereine! Lieber zahle ich eine Mieterhöhung, bevor ich in einen Verein gehe.
Mein Gott, wie lange soll ich denn noch hier warten?

11 a Das kann doch jedem / mal passieren.
Jetzt erzählen Sie erst mal, / was passiert ist.
Sie müssen einfach etwas / Geduld haben.
Wir werden schon eine Lösung finden.

B

12 a **2** Mieterverein **3** Jahresbeitrag **4** Beitritt **5** Bearbeitungsgebühr **6** Mitglied **7** Gebühren

13 b bekommen c betragen d sein e Mitglied werden

14 a **2** alle Freunde und Bekannten nach offenen Stellen fragen **3** viele Nebenjobs haben **4** die Straßenbahn nehmen **5** meine Brille regelmäßig tragen **6** keine Zigaretten mehr kaufen
b **2** Ich finde eine Arbeit, indem ich alle Freunde und Bekannten nach offenen Stellen frage. **3** Ich verdiene mehr, indem ich viele Nebenjobs habe. **4** Ich komme bei Regen trocken zur Schule, indem ich die Straßenbahn nehme. **5** Ich kann besser sehen, indem ich regelmäßig meine Brille trage. **6** Ich höre mit dem Rauchen auf, indem ich keine Zigaretten mehr kaufe.

15 a **2,5 –** handelt dieselbe Person **3, 4** handeln verschiedene Personen
b **1, 2, 5**
c 2 Elvira heiratet Bernd, ohne ihn zu lieben. **5** Ich kann dir nicht helfen, ohne genau zu wissen, worum es geht.

16 1 Ich soll der Firma Texclean 34 Euro für die Reinigung von zehn Hemden bezahlen, ohne dass die Firma Hemden für mich gewaschen hat. **2** Ich möchte das regeln, ohne die Reinigung der Hemden zu bezahlen. **3** Sie haben einen Mahnbescheid von der Firma Texclean bekommen, ohne diese Reinigung zu kennen? **4** Sie haben den Mahnbescheid vom Gericht bekommen, ohne dass Sie zuvor Mahnungen von der Firma bekommen haben?

17 b Meine Mutter spart Benzin, indem sie an roten Ampeln den Motor ausmacht. c Unsere Katze fängt Mäuse, indem sie stundenlang vor dem Loch der Mäuse sitzt. d Meine Schwester lernt viele Sprachen, indem sie viel in der Welt herumreist. e Mein Vater macht uns allen eine Freude, indem er am Wochenende immer mit uns frühstückt.
f Mein kleiner Bruder geht oft allein zum Schwimmen, ohne dass meine Eltern das erlauben. **g** Meine Tante geht uns manchmal auf die Nerven, indem sie täglich dreimal anruft.

18 b ohne dass c ohne dass d ohne dass e indem f ohne dass

19 a ... Sie am Wochenende tanzen b ... Sie Mitglied werden c ... Sie einfach Ihre Kontoverbindung angeben d ... sparen Sie 100 Euro e ... Sie uns gleich anrufen

C

22 b Das Restaurant ist eigentlich immer geöffnet, außer am Sonntag. c Also haben alle etwas gegessen, außer mir! d Das Essen hat keinem so richtig geschmeckt, außer Dörte. Sie hat gleich zwei Portionen gegessen. e Am Ende waren auch noch alle betrunken, außer Fredi! Das fanden alle lustig, außer ihm. f ... Niemand wollte mir etwas leihen, außer mein Freund Fredi. ... **g** Also zu meinem nächsten Geburtstag lade ich niemanden mehr ein, außer vielleicht meinen lieben Freund Fredi und meine Eltern.

D

24 a

1922	Entschluss, Nonne zu werden
1928	Gang ins Kloster mit 18 Jahren
1928-1946	Arbeit als Lehrerin und später als Direktorin an der St. Mary's School
seit 1946	Kampf gegen die Armut in Kalkutta
seit 1948	Leben in den Slums von Kalkutta
1971	Friedensnobelpreis des Papstes
1979	Friedensnobelpreis
5. September 1997	Tod

E

25 a

seine Meinung vertreten	**unsicher sein**	**zustimmen**
Ich glaube, dass ...	Ich weiß es nicht	Das denke ich auch
Meine Meinung ist ...	Ja, ganz genau!	
Ich finde/denke, dass		Ich bin derselben Meinung

widersprechen	**andere nach ihrer Meinung fragen**
Das kann schon sein, aber ...	Was meinen Sie dazu?
Das finde ich überhaupt nicht.	Und du? Was denkst du darüber?
Aber da bin ich ganz anderer Meinung	Wie ist ihre Meinung?

26 a hast b sprecht c glaubst d denken e schönredest

27 b ... besten ... drei ... 1000 Euro geliehen – ... ein Auto gekauft ... fahren konnte – ... 100 Euro zurückgeben – ... das Geld nie bekommen – ... Geld ... einen Computer ...

28 a **2** B **3** A **4** B

Lektion 13

A

1 b jünger, am jüngsten c älter, am ältesten d gesünder, am gesündesten e besser, am besten f netter, am nettesten g lieber, am liebsten h mehr, am meisten

2 a **B** tiefste, tieferer **C** mehr, reichste **D** die größte, größere **E** kälteste **F** älteste
b

der teure Spieler den teuren Spieler	der *teurer***e** Spieler den *teurer***en** Spieler	der *teuerst***e** Spieler den *teuerst***en** Spieler
ein teurer Spieler einen teuren Spieler	ein *teurer***er** Spieler einen *teurer***en** Spieler	

3 a mehr c besseres d schnellere e weniger

4 b höchste c längste d größte e schnellste

5 b schönste c mehr d neuesten e höhere f niedrigste g Größere, niedrigerem

6 b keine vernünftigere **c** beste **d** weniger

8 2 Davon halte ich nicht viel **3** Ich finde es besser so, wie es in ... ist **4** Ganz meine Meinung **5** In diesem Zusammenhang muss man **6** Verglichen mit **7** Ich bin auch gegen **8** Meiner Ansicht nach **9** Ich bin für

B

9 b geputzt c aufgebaut d dekoriert e informiert

10 b geputzten c aufgebauten d dekorierten e informierten

11 a Qualifiziert**er** b gemacht**en** c Interessiert**e** d gebrauch**tes** e neugeboren**e** f gestaltet**e**, geprüft**em**

12 a **1** C **2** A **3** B
b **A** geplanten, organisierten **B** gewählte, besuchten **C** betroffenen, geschriebenen, geleistete

13 b verletzter c Neu eröffnetes d gestohlenem

16 1 falsch, b **2** richtig, b **3** richtig, b **4** falsch, c

C

17 b werden ... gestellt c wird ... erzählt d werden ... besichtigt e werden ... gemacht f werden ... gekauft

18 b gegründet c zerstört d erbaut e gebaut f aufgeteilt g geöffnet h gefeiert

19 a Kinder, die zuerst in der DDR und nach der Wiedervereinigung im vereinten Deutschland aufgewachsen sind
b **1** richtig **2** richtig **3** falsch

20 2 Bild D, ... ist ... verliehen worden **3** Bild B, ... ist ... gewählt worden **4** Bild C, ... ist ... ernannt worden

21 a ... das erste Rauchverbot eingeführt?
b Von wem ist der Eiffelturm gebaut worden? Von wem wurde der Eiffelturm gebaut?
c Wo ist der Film „7 Jahre in Tibet“ mit Brad Pitt gedreht worden?
Wo wurde der Film „7 Jahre in Tibet“ mit Brad Pitt gedreht?
d Wann ist die Tower Bridge für den Verkehr geöffnet worden?
Wann wurde die Tower Bridge für den Verkehr geöffnet?

D

23 2 f **3** d **4** g **5** a **6** c **7** b

24 a **1** falsch **2** richtig **3** falsch **4** richtig **5** falsch

25 a richtig b falsch c falsch d richtig e richtig

Lektion 14

A

1 b

	Schweiz	Österreich
Nachbarländer:	Frankreich, Deutschland, Österreich, Liechtenstein, Italien	Deutschland, Tschechien, Slowakei, Ungarn, Slowenien, Italien, Schweiz, Liechtenstein
Einwohnerzahl:	7 300 000	8,2 Millionen
Größe in km^2 (ca.):	42 000 km^2	84 000 km^2
Autokennzeichen:	CH	A
Hauptstadt:	Bern	Wien
Einige Städte:	Basel, Luzern, Zürich, St. Gallen, Lausanne, Genf, Winterthur, Davos	Bregenz, Innsbruck, Salzburg, Klagenfurt, Graz, Eisenstadt, St. Pölten, Linz
Einige Berge:	Dufourspitze, Dom, Weißhorn, Matterhorn	Großglockner, Wildspitze, Weißkugel
Einige Flüsse:	Rhein, Limmat, Aare, Rhône	Lech, Inn, Salzach, Donau, Mur
Einige Seen:	Bodensee, Zürichsee, Neuenburgersee, Genfersee, Lago Maggiore	Wolfgangsee, Millstättersee, Wörthersee, Neusiedlersee
Politische Gliederung in:	20 Vollkantone und 6 Halbkantone	9 Bundesländer
Staats- und Regierungschef:	keinen Regierungschef, aber eine Bundesregierung	Bundeskanzler
Mitglied der EU?	Nein	Ja, seit 1995

2 a Italienisch, Französisch, Deutsch, Rätoromanisch
b Müsli, Muesli

3 a **2** Maus **3** Haus **4** Tuch **5** Mut **6** kleine Maus **7** Müsli

4 a 2 Aprikosen 3 Tomaten 4 Bohnen 5 Quark, Schlagsahne 6 Eis, Sahne
b 2 Kühlschrank 3 Postbote 4 Hausmeister 5 Aufzug 6 Sessel
c 1 Führerschein-Prüfung, Vorfahrt 2 Fahrrad, Straßenbahn 3 Gehweg 4 Fahrkarte 5 Haltestelle
d 1 Streichhölzer 2 Tabakladen 3 Hörnchen 4 Kaufhaus 5 Rock 6 Erdgeschoss

Wiederholungsstationen

1

-ung	-e	-anz	-ie	-keit	-heit
die Anstrengung	die Langeweile	die Toleranz	die Sympathie	die Sportlichkeit	die Gesundheit
die Spannung	das Interesse		die Fantasie	die Selbstständigkeit	die Berühmtheit
					die Beliebtheit

2 **Sie ist ein Mensch mit ...**
humorvoll
gefühllos
geduldig
tolerant

Er ist ein Mensch mit ...
fantasielos
ungeduldig
rücksichtslos
liebevoll
respektvoll

3 a stürmisch**e**, gemeinsam**e** b Einsam**er**, nett**e** c Gelangweilt**e**, abwechslungsreich**en** d Modern**es**, engagiert**e**/engagiert**en**

4 b jüngeren c langweiligsten, langweiligeren d teuersten e lustigste f besseren, mehr g neuesten

5 a 2 tropfend**en** 3 schreiend**e** 4 geparkt**es** 5 bezahlt**e** 6 verloren**en**
b 2 aufgehende 3 blühenden 4 gedeckten 5 aufgeräumte 6 singenden 7 erledigte 8 geplanten

6 b unser**en** neu**en** Kolleg**en** c Pinguine, Aff**en**, Giraffe d mein**em** Nachbar**n**, Nachbar**n** e Dam**en**, Herre**n**, Frau, Herr**n** f Kund**en** g Bekannt**en**, Freund

7 b d**es**, Kuss**es** c ein**es**, Urlaub**(e)s** d d**es**, Kind**es** e ein**es**, Freund**es** f ein**es**, Mensch**en**

8 b ... **die** Briefe transportiert. c ... **in der** ein Schatz liegt. d ... **in dem** steht, wie sehr ich jemanden mag. e ... **an dem** mir alles gelingt. f ... **was** mir Glück bringt. g ... **bei dem** alles schief geht.

9 c über den d mit dem e die ... mit denen f der g das h wo i auf der j der k der l in der/wo m was n was

10 b irgendwohin c irgendetwas d irgendwelchen e irgendwann f Irgendwie

11 b Es hat ... geregnet, war es ... kalt c es ist ... einfach, Es gab ... Streit d es gibt ... zu sehen e hat es ... gefallen f klingelt es g habe es ... eilig

12 b die Sonne c Es d 5 Euro e Fernando f Es g Er

13 b schoss ... kaputt c rannte d konnte e wartete, war, wurde, bekam, auf- und ablief, flog, schloss

14 b ... mich mein Chef darum gebeten hatte. c ... die Zutaten nicht eingekauft hatte. d ... die Geschäfte schon geschlossen waren. e ... meine Nachbarn schon ins Bett gegangen waren.

15 b werden c wirst d werden e wird f wird

16 *Musterlösung:*
b ... ich doch auch solche Kleider hätte! c ... ich doch auch vier Wochen am Meer wäre! d ... könnte ich doch auch schon richtig gut schwimmen! e ... ich doch nicht zu meiner Tante müsste!

17 b Hätte ich doch das Auto genommen! c Hätte ich doch den Regenschirm mitgenommen! d Wäre ich doch früher ins Bett gegangen! e Hätte ich ihn doch in meinem Kalender aufgeschrieben!

18 *Musterlösung:*
Wenn ich auf den Mond fliegen könnte, würde ich mir einen super Astronautenanzug kaufen.
Wenn ich ein Clown wäre, würde ich jedem Zuschauer eine rote Rose schenken.
Wenn ich zaubern könnte, hättest du das schönste Leben auf Erden.
Wenn ich noch nie im Ausland gewesen wäre, würde ich immer noch davon träumen.
Wenn ich keine anderen Sprachen gelernt hätte, könnte ich nicht mit anderen Menschen sprechen.

19 *Musterlösung:*
b Ach, wäre ich doch eine Hausfrau! Wenn ich eine Hausfrau wäre, dann müsste ich nicht bis spät arbeiten und könnte mehr Zeit zu Hause bei den Kindern sein. c Ach, wäre ich doch ein Student! Wenn ich ein Student wäre, dann müsste ich nicht immer putzen und kochen und könnte viele nette Leute kennenlernen. d Ach wäre ich doch ein Geschäftsmann! Wenn ich ein Geschäftsmann wäre, dann müsste ich nicht in einer WG wohnen und hätte viel Geld. e Ach, wäre ich doch ein Kind! Wenn ich ein Kind wäre, dann hätte ich nicht so viele Sorgen und könnte jeden Tag in die Schule gehen.

20 b Es hört sich so an, als ob der Staubsauger saugen würde. Aber in Wirklichkeit ist alles noch dreckig.
c Es sieht so aus, als ob sich Peter gut eingelebt hätte. Aber in Wirklichkeit vermisst er seine Familie.
d Der Lehrer hat geklungen, als ob er ziemlich wütend wäre. Aber in Wirklichkeit hatte er nur wenig Zeit.
e Er tut so, als ob er einen wichtigen Termin hätte. Aber in Wirklichkeit geht er nur einen Kaffee trinken.

21 a **2** ... wird ... geröntgt **3** ... wird ... operiert **4** ... wird ... gemacht
b **1** ... untersucht **2** ... wurde ... geröntgt **3** ... wurde ... operiert **4** ... wurde ... gemacht
c **1** ist ... untersucht worden **2** ist ... geröntgt worden **3** ist ... operiert worden **4** ist ... gemacht worden

22 b ... darf noch nicht bewegt werden. c ... kann in drei Wochen entfernt werden. d ... muss ein Spezialschuh getragen werden.

23 b für c für d über e auf f in g an

24 b mit ihm c davon d über sie e daran / an ihn f über ihn

25 **2** Es macht mir keinen Spaß **3** Es wäre mir am liebsten **4** Ich finde es total langweilig **5** Es ist schrecklich

26 **2** zu schreiben **3** vorzubereiten **4** zu bekommen **5** zu feiern

27 b / c zu d zu e zu/zu f /

28 b brauchen ... zu kopieren c brauchen ... zu holen d brauchen ... zu gehen e brauchen ... zu bezahlen

29 b wenn c wenn d als e wenn f als

30 b nachdem c Während d Nachdem e während

31 b Bevor c Immer wenn d Jedes Mal wenn, bis e Seit f als

32 a ... mit dem Auto fahren. b ... deswegen bin ich mit deinem Auto gefahren. c ... deshalb musste ich an einem Hang parken. d ... weil ich sie so lange nicht gesehen hatte. e Darum habe ich vergessen, die Handbremse zu ziehen. f Da ich das Auto an einem Hang geparkt hatte ... g ... denn unten am Hang war ein großer See.

33 b Obwohl c Trotzdem d weil e Deshalb

34 a 2 a, 3 b
b 1 a, 2 c, 3 b
c 1 b, 2 a, 3 c
d 1 c, 2 a, 3 b

35 c ... um sein Deutsch zu verbessern. d ... um ihre Sprachkenntnisse zu erweitern. e ... damit sich die Schüler auf die Prüfungen vorbereiten. / ... um die Schüler auf die Prüfungen vorzubereiten.

36 b statt ... zu c um ... zu d ohne ... zu e statt ... zu f um ... zu

37 b ... falls ich heute noch einkaufen gehe. c ... falls ich nicht arbeiten muss. d ... falls ich die Prüfung bestanden habe. e falls ich keine anderen Pläne habe.

38 a ... desto b Entweder ... oder c zwar ... aber d weder ... noch e sowohl ... als auch

39 b wegen c außerhalb d wegen e während

40 b Wegen der Mieterhöhung wenden Sie sich am besten an den Mieterverein. c Trotz der Garantie hat das Kaufhaus das Spielzeug nicht zurückgenommen. d Wegen des Vertrags würde ich mal bei der Gewerkschaft nachfragen. e Trotz Reparaturen funktioniert das Faxgerät immer noch nicht.

41 b Außer Opa Albert – Nur Opa Albert c Außer Sohn Julian und Oma Marta – Nur Sohn Julian und Oma Marta d Außer dem Vater – Nur der Vater e Außer der Mutter – Nur die Mutter

Lösungen zu den Tests

Test zu Lektion 8

1 a A; b C; c B; d C; e A
2 a umschreiben; b erhalte; c verlieren; d bilden; e erraten
3 a falls; b weil; c als; d weil; e falls
4 a an die; b von dem / über den; c von denen; d mit dem; e vor der
5 *Musterlösung:*
a ... schneller kann man feststellen, ob man wirklich gut zusammenpasst. b ... mehr Verehrer hat sie. c ... leichter findet er eine Frau. d ... besser funktioniert die Beziehung. e ... schwieriger ist vielleicht die finanzielle Situation.

Test zu Lektion 9

1 1 der Rechner; 2 die CD-ROM; 3 der Bildschirm / der Monitor; 4 der Drucker; 5 die Maus; 6 die Tastatur; 7 das Fax(gerät); 8 die Software
2 b Es sieht so aus, als ob es bald regnen würde. Aber in Wirklichkeit regnet es heute nicht. c Es scheint, als ob Frau Perle sehr reich wäre. Aber in Wirklichkeit hat sie nicht viel Geld. d Herr Kurban tut so, als ob er viel zu tun hätte. Aber in Wirklichkeit arbeitet er weniger als seine Frau. e Es hört sich so an, als ob unsere Nachbarn eine Party feiern würden. Aber in Wirklichkeit sind die drei Kinder allein zu Hause. f Beate tut so, als ob sie einen sehr anstrengenden Job hätte. Aber in Wirklichkeit surft sie nur im Internet. g Es sieht so aus, als ob der Computer funktionieren würde. Aber in Wirklichkeit geht er gar nicht.
3 a Nachdem Frau Winter ihre Sekretärin begrüßt hat, setzt sie sich an den Schreibtisch. b Nachdem sie den Computer eingeschaltet hat, liest sie ihre E-Mails. c Während Frau Winter die E-Mails beantwortet und Akten durchsieht, trinkt sie mehrere Tassen Kaffee. d Nachdem Frau Winter einige Rechnungen geschrieben hat, telefoniert sie mit Kunden. e Während sie mittags etwas in der Kantine isst, unterhält sie sich mit Kollegen. f Während sie am Nachmittag eine Geschäftsreise plant, versendet ihre Sekretärin die Rechnungen.
4 *Musterlösung:*
Liebe Martina, ich kann Dich gut verstehen, denn ich hatte auch einmal so eine Kollegin. Ich wusste lange Zeit nicht, was ich machen sollte. Aber schließlich habe ich mit ihr gesprochen und ihr ganz offen gesagt, wie ich mich fühle. Sie hat zwar behauptet, dass das alles so nicht stimmt, aber seit dieser Zeit hat sie viel mehr gemacht. Sprich doch auch einmal mit Suse! Ich wünsche Dir viel Erfolg für das Gespräch. Grüße Britta

Test zu Lektion 10

1 c alles; d was; e überall dort; f wo; g nichts; h was; i den Ort; j wo; k alles; l was
2 a aussteigende; b wartendes; c startendes; d streitende; e Telefonierende; f funktionierenden; g spielenden; h tanzenden
3 a weder ... noch; b weder ... noch; c sowohl ... als auch; d sowohl ... als auch
4 Vor einiger Zeit habe ich bei Ihnen ein Buch zum Thema „Hund und Garten" bestellt. Darauf warte ich seit acht Wochen. Obwohl ich Ihnen schon vor vier Wochen geschrieben habe, haben Sie mir nicht geantwortet. Ich bin sehr wütend, weil ich das Geld bereits überwiesen habe. Trotzdem schreibe ich Ihnen noch einmal, damit Sie die Sache noch regeln können. Aber ich warte nicht mehr lange. Meine Geduld ist zu Ende. Deshalb erwarte ich die Zusendung des Buches bis zum 30. August. Wenn ich bis dahin nichts bekommen habe, gehe ich zum Rechtsanwalt. Der Sommer ist bald vorbei, deswegen brauche ich das Buch nicht mehr lange. Leider ist mein Hund seit zwei Wochen krank. Das Haus muss ich auch verkaufen. Eigentlich brauche ich das Buch schon jetzt nicht mehr. Wissen Sie was? Überweisen Sie mir am besten mein Geld zurück und die Sache ist erledigt.

Test zu Lektion 11

1 a Aufforderung; b Versprechen; c Vorsatz; d Aufforderung; e Vorhersage/ Vorsatz
2 a gehören wird; b werden ... heiraten; c werden ... feiern; d wird ... haben; e wird ... kommen; f werden ... machen; g sein werden; h arbeiten werden; i werde ... haben; j werden ... brauchen
3 *Musterlösung:*
1 Der Gast sollte pünktlich kommen. 2 Man sollte eine Kleinigkeit mitbringen, Blumen oder Pralinen. 3 Es ist einfach höflich, wenn man nicht raucht, während jemand isst.
4 a da; b deshalb; c denn; d deswegen
5 *Musterlösung:*
... mit großem Interesse habe ich Ihre Talkshow „Gutes Benehmen – Ist das noch aktuell?" am Mittwochabend gesehen. Allerdings finde ich es sehr schade, dass solche Sendungen so spät kommen. Um 23 Uhr kann ich während der Woche nur selten fernsehen, da ich früh aufstehen muss. Trotzdem habe ich die Sendung gesehen, weil das Thema mich interessiert hat.

Test zu Lektion 12

1 a Seit; b bis; c seit; d Seit; e bis
2 a Seit Yasemin abends nichts Fettes mehr isst, schläft sie viel besser. b Nachdem ich beim Mieterverein angerufen hatte, habe ich mich viel besser gefühlt. c Wenn Onkel Heinz Geburtstag hat, (dann) backt Tante Erna immer ihren berühmten Apfelkuchen. d Als ich noch zur Schule ging, engagierte ich mich schon beim Roten Kreuz. e Nachdem Nasseer Mitglied geworden war, bekam er Hilfe vom Mieterverein. f Lara und Lars warten mit ihrer Hochzeit, bis Lars im nächsten Jahr sein Studium beendet. g Seit Karin sich für Straßenhunde engagiert, hat sie überhaupt keine Zeit mehr für ihren Freund.
3 a ... indem sie gespendete Kleidung prüft, sortiert und in Kisten verpackt. b ... ohne Geld zu bekommen. c ... ohne dass diese Mitglied sein müssen. d ... indem man einen

Erste-Hilfe-Kurs beim Roten Kreuz besucht. e ... ohne vorher etwas gegessen und getrunken zu haben. f ... ohne dass du deine Eltern um Erlaubnis fragst.

4 *Musterlösung:*
Am Abend des 23. Septembers schlief der Vater von Familie Meier vor dem Fernseher ein. Er hielt noch seine brennende Zigarette in der Hand. Sessel und Sofa begannen schnell zu brennen. Der Hund von Familie Meier war ebenfalls im Wohnzimmer. Er fing an zu bellen und weckte so den Vater. Der Vater war zuerst so verwirrt, dass er nicht wusste, was er tun sollte. Überall brannte es. Der Hund aber rannte zur Tür und öffnete sie. Er weckte die schlafende Mutter und die beiden Kinder. Alle rannten aus dem Haus. Der Vater rief per Handy die Feuerwehr. Der Hund bekam zum Dank eine große Wurst.

Test zu Lektion 13

1 b größerer; c junge; d günstig; e größte; f viele; g schöneren

2 a verärgerten; b gegründete; c gebasteltes; d geplante; e geöffneten

3 a ... das Rauchverbot, ... es die persönliche Freiheit des Menschen einengt.
b ... ist es in anderen Ländern schwierig, zum Arzt zu gehen.
c ... meiner Heimat ist es in Deutschland sehr sauber.
d ... den Reden der Politikers, ... sie möchten nur wiedergewählt werden.
e ... gibt es viele Arme. ... sehr groß zwischen Reichen und Armen.

4 a Am 8. Mai 1945 wurde der Zweite Weltkrieg beendet. b 1949 wurden die Bundesrepublik Deutschland und die DDR gegründet. c 1961 wurde die Mauer gebaut. d Am 9. November 1989 wurden die Grenzen geöffnet. e Am 3. Oktober 1990 wurde die Wiedervereinigung zum ersten Mal gefeiert.

5 *Musterlösung:*
Der Tag der Deutschen Einheit am 3. Oktober ist seit 1990 Deutschlands Nationalfeiertag. Man feiert die Wiedervereinigung von West- und Ostdeutschland.